古代遼寧

ANCIENT LIAONING

辽宁省博物馆　编

文物出版社

图书在版编目（CIP）数据

古代辽宁 / 辽宁省博物馆编． —— 北京 ：文物出版
社，2017.11
ISBN 978-7-5010-5501-2

Ⅰ．①古… Ⅱ．①辽… Ⅲ．①辽宁－地方史－古代
Ⅳ．①K293.1

中国版本图书馆CIP数据核字(2017)第288591号

古代辽宁

编　　者：辽宁省博物馆

封面题签：刘建敏
封面设计：王　鑫
装帧设计：李　红
责任编辑：杨新改
责任校对：安艳娇
责任印制：张道奇

出版发行：文物出版社
社　　址：北京市东直门内北小街2号楼
邮　　编：100007
网　　址：http://www.wenwu.com
邮　　箱：web@wenwu.com
经　　销：新华书店
制版印刷：北京图文天地制版印刷有限公司
开　　本：889×1194　1/16
印　　张：27
版　　次：2017年11月第1版
印　　次：2017年11月第1次印刷
书　　号：ISBN 978-7-5010-5501-2
定　　价：560.00元

古代
遼寧

鸣谢单位

辽宁省文物考古研究所　　　　　新宾满族自治县赫图阿拉城文物管理所

沈阳市文物考古研究所　　　　　桓仁满族自治县五女山博物馆

沈阳新乐遗址博物馆　　　　　　东港市文物管理所

大连市文物考古研究所　　　　　北镇市文物处

旅顺博物馆　　　　　　　　　　义县文物管理处

鞍山市博物馆　　　　　　　　　阜新蒙古族自治县文物管理所

抚顺市博物馆　　　　　　　　　北票市文物管理所

本溪市博物馆　　　　　　　　　朝阳县文物管理所

锦州市博物馆　　　　　　　　　建平县文物保护管理所

阜新市博物馆　　　　　　　　　喀喇沁左翼蒙古族自治县博物馆

辽阳博物馆　　　　　　　　　　兴城市文物保护管理所

铁岭市博物馆　　　　　　　　　绥中县文物保护管理所

朝阳博物馆

朝阳市北塔博物馆

葫芦岛市博物馆

编辑委员会

目 录
CONTENTS

汇聚与传递——《古代辽宁》序

Preface of *Ancient Liaoning*

◎ Guo Dashun

  建于沈阳市浑南区的辽宁省博物馆新馆的基本陈列"古代辽宁"，在原馆"辽河文明"展的基础上，增添了大量新资料和新的研究成果，对辽宁古代历史的发展进程有更全面也更充分地展现。这里结合展览内容和我近年的一些想法，从考古资料复原辽宁古代历史的角度谈点体会。

  我在纪念辽宁省考古六十年的一次讲座中将辽宁考古史分为迄始期（1895~1949年）、起步期（1949~1966年）和开拓期（1978年至今）。之所以将20世纪70年代以后称为开拓期，不仅是因为这三十多年来不断有重要的考古新发现，更主要的是这一时期正是从考古学文化区系类型理论创建到运用考古资料探索中华文化与文明起源、统一多民族国家形成发展这些重大学术课题持续取得突破性进展即古史重建时期，我省有幸得到这一理论的指导并成为重要试点，这对于摆脱关外历史短暂后进传统观念的影响尤为紧要，从而使此后的辽宁古代历史考古研究少走弯路，进展较快，赶上了全国的步伐。

  对古代辽宁进行的区系划分表明，以医巫闾山为分水岭（不是以辽河为界）形成的辽西和辽东两个文化区，是古代辽宁的基本格局。这以新石器时代和青铜时代为明显。区内和区内各小区都渐有较为明确的文化编年和文化发展演变序列的建立。发展的不平衡性主要表现为辽西经常处于领先地位，但这并不妨碍东与西的交互影响，区域特色更为浓厚的辽东向西的推进在辽宁历史发展进程中的某些重要时段，如青铜时代中晚期也一度成为大趋势。近年还发现新石器时代晚期的偏堡子文化由辽东向西北方向移动，并在蒙古草原和松辽平原的交界处与主要分布在辽西到燕山以南的小河沿文化有大幅度融合现象。"若断若续"是对辽宁地区历史文化发展演变阶段性和连续性特点的准确概括。秦汉以后这种地区差异虽然有所淡化，但此后东北地区的政权更替和诸民族的活动轨迹仍与这一基本格局有关，如从战国时代起燕秦汉王朝分别在辽西和辽东设郡，西汉中晚期到东汉辽东四郡的设立和变迁，汉末魏晋到南北朝时期公孙氏、鲜卑族慕容氏三燕（前燕、北燕和后燕）与高句丽政权在辽东到辽西的先后建立，从燕秦汉到明代修筑长城在辽西和辽东的差别，直到满族在辽东山区的崛起等。

在考古学文化区系类型初建的基础上，古代辽宁的深入研究突出表现为逐步接近学科的前沿课题，具体如下：

辽宁历史的发端。这是大家都很关心的问题。因为邻近且纬度相近的河北省张家口地区泥河湾旧石器时代遗址群已发现距今百万年甚至接近 200 万年的遗存层位和石制品，而现今辽宁地区最早人类活动遗迹的营口金牛山、本溪庙后山旧石器时代早期遗存时代在距今三四十万年前后。不过新近从辽东半岛传来可喜信息，是在大连渤海东海滨的复州湾发现的骆驼山洞穴。这个洞穴以褐红砂黏土夹角砾岩为主的堆积厚达 40 米，顶层的年代超过距今 40 万年，且以华北动物群为主，显示出与金牛山和庙后山古人类生活环境相同而堆积更为丰富，或预示着古代辽宁的历史发端还可大为提早。同时，由于这几处旧石器时代早期遗址都位处亚洲大陆东部沿海，金牛山人近于智人的体质特征和用火遗迹都表现出相当的进步性，如有新的发现，可能会对目前有关亚洲现代人是否来自非洲的争论提供更多新的证据。

万年文明起步和文明起源"三部曲"（古国—方国—帝国）与"三模式"（原生型、次生型和续生型）的提出，是近年辽宁历史考古研究的重大成果，也是辽宁古代历史发展中分量最重的内容。

苏秉琦先生于 20 世纪 90 年代初提出的"万年文明起步"观点，是以距今 8000 年前后的阜新县查海遗址出土的少量玉器和由此所反映的当时社会分工导致社会分化为依据的。在此前后的有关发现还可举出：邻近的内蒙古敖汉旗兴隆洼遗址继续有选料和色泽、形状、大小甚至重量都极少差别的成对玉玦所表现出的高度专业化的制玉工艺，摆塑和浮雕"类龙"形象的反复出现，迄知年代最早之一的人工栽培的黍与粟，查海和兴隆洼遗址以至辽河下游的沈阳新乐遗址等成行排列各具独立性的房址群，兴隆洼遗址有随葬成对整猪的大型居室墓葬等。这些发现表明，对于史前时期这一较早阶段从物质到精神领域的发展水平确都不可低估。

牛河梁作为红山文化最高层次的中心遗址，以围绕女神庙分布的积石冢群、祭坛与墓葬随葬以龙凤等神化动物形玉器为主的玉器群（或简称"坛庙冢"与"玉龙凤"）

的完整配套组合以及"唯玉为葬"的习俗，将中华五千年古国和中华民族文化传统的源头形象地呈现在世人面前。近年学界更关注红山文化人体形象的考古资料。因为作为创造历史的主人，人体形象在世界古代史一直被视为物质文化的第一要素。红山文化的人体形象出土数量已达30余尊，规模有以大中型为主的大小层次，质地有玉石和泥（陶）塑（朝阳市龙城区半拉山一个规模不大的积石冢就同时有石雕和陶塑人像出土），技法有高浮雕，也有工艺要求更高、在人体雕塑中更具代表性的圆雕，多有写实与神化的完美结合，姿态有各种坐式、蹲踞式和站立式，这在中国史前文化中是唯一的，也改变着中国上古时期人体雕塑不发达的印象。被称为"海内孤本"的庙宇遗址和庙内大型泥塑神像群的发现，表明这些塑像大多是作为崇拜对象的，是红山文化祖先崇拜发展到较高水平的表现。中国没有传统的宗教，以血缘为纽带的祖先崇拜是中国人信仰观念和崇拜礼仪的主要形式，也是中国文化传统的根脉。安阳殷墟西北岗王陵区内上千座祭祀坑和卜辞中对先公先王各类祭祀礼仪的记载表明，商代的祖先崇拜十分发达，为国家重典，礼繁而隆重，向前追溯到史前时期顺理成章，但目前所知的史前文化中，只有五千年前的红山文化与之前后有所衔接，应予格外关注。

辽宁地区历年文物普查积累的各个时代遗存以青铜时代遗址数量最多，说明青铜时代是古代辽宁甚为繁荣的一个时代。除辽西山区和辽东半岛南部有较为丰富且发展连续的青铜文化遗存以外，辽河下游也有分布较为集中的高台山文化、新乐上层文化和以郑家洼子第6501号大墓为代表的曲刃青铜短剑文化，就是较为偏僻的辽东山区也确立了区域特色更为浓厚又同周边广泛联系的马城子文化。辽东半岛南端继与山东半岛古文化有密切关系的早期青铜时代的双坨子下、中层文化之后的双坨子上层文化，无论遗址分布的密集度、临海坡地石砌房址群组成的大型聚落（如因现代移山工程惜已不存的金州区大王山特大型遗址）、浓厚的渔捞经济和由工具演变而来的戈、剑、矛、钺、镞等成组合的石兵器或石礼器，延续小珠山上层文化墓葬形制（有甘井子四平山、旅顺老铁山和近年发掘的金州湾后石王宝山和营城子鞍子山积石冢等）的多种类型的积石墓（冢），如旅顺羊头洼于家坨头积石冢和金州庙山土龙积石墓，都是半岛地区最具岛屿区域性标志的古文化特征。这种"原生型"特征一直传承至当地曲刃青铜短剑的出现和以大石棚、石柱为主体的巨石文化。至于夏家店下层文化，对该文化遗址数量、分布密度和规律的研究表明，如以调查程度较为翔实的内蒙古赤峰市敖汉旗登记的近3000处遗址点为标准统计，分布密度相近的赤峰南部各旗县和朝阳、阜新地区各县夏家店下层文化遗址点总数量当超过上万处。围绕中心聚落普遍出现的由台地、山坡到山顶呈立体式分布又连续性极强的聚落群，特别是近年在北票康家屯和邻近赤峰三座店、二道井子城堡式村砦遗址分别揭露出带城门、马面的城墙和房址外有院落和以道路、排水渠相维系、由数个院落组成的院区，还有敖汉旗大甸子墓地从墓葬规模到以兽面纹为代表的彩绘陶器等随葬品的严格的等级分化，都表现出当时层次分明的社会组织结构和文化演变的稳定性，已具备形成超中心聚落的条件，作为雄踞燕山南北、渤海湾北岸"与夏为伍"的强大方国，与文献记载商远祖的活动轨迹有不少吻合之处，或即先商文化的一支。而寻找该文化都邑级大遗址，是今后在夏家店下层文化分布区做田野考古调查工作的重中之重。

山海关外渤海北岸的绥中姜女石遗址群确认为秦皇汉武东巡至碣石时的行宫遗址，是辽宁秦汉历史考古研究的阶段性大事。这一发现将辽宁秦汉历史考古研究从郡县提高到国家层面。深层次的考虑是，这个遗址群与其以西的河北省秦皇岛市北戴河金山嘴—横山遗址群连成一线，沿海岸绵延达 50 余千米，且将人文景观融于自然景观，气势宏大，被称为秦始皇"择地作东门"（《史记·秦始皇本纪》）的国门所在。秦汉王朝都将统一大帝国的象征性建筑群选择在渤海湾北岸，除优越的地理环境以外，更与包括辽宁在内的燕山南北地区在统一多民族国家形成过程的地位和作用有着直接关系。这以姜女石遗址所在的辽西地区为最。在红山文化和夏家店下层文化奠定的历史文化基础上，商周时期的辽西地区，先有商晚期到周初以殷遗和燕式为主的青铜重器、北方式青铜器和当地魏营子文化的共存融合，接着是四面八方的古文化：北部夏家店上层文化和南部燕文化，西部玉皇庙文化和辽东地区的曲刃青铜短剑文化向辽西的汇聚，其中与东北地区有着天然联系的燕文化和被认为是秽貊族的曲刃青铜短剑文化的接触交融逐渐成为主流，从春秋战国之交前后出曲刃青铜短剑的墓葬同时随葬典型燕式铜礼器，到战国中晚期成套燕式鼎豆壶等陶礼器与其辽东特点的手制外叠唇陶罐共出的实例，反映这一融合是以当地或来自东部民族对燕国礼制的逐步接受为主要形式的。靠近华北平原辽西走廊西端的葫芦岛市建昌县东大杖子发现的战国中晚期大型墓地，有使用重棺椁、随葬成套彩绘陶礼器、玉石饰件的典型燕文化墓葬和使用石椁、随葬金套柄曲刃青铜短剑的墓葬等高等级墓葬共出于同一墓地，表明在这一融合过程中可能已形成政治和文化中心。随着铁器的推广进而燕文化的强势，这一民族文化的交流融合从战国中期起越过医巫闾山，以点线到面的态势向辽东甚至更远地区深入，从而为燕秦汉王朝在辽宁地区建立郡县并得以长期延续准备了条件，以至到汉代出现了以辽阳（襄平）为中心沿边地区的一度繁盛。辽阳三道壕有反映以农耕为主经济生活较为活跃的辽东边郡兵屯遗址，辽阳市以及沈阳市围绕战国至汉代古城所在地的老城区继续有数量以千百计的规模较大分布密集的从西汉初到汉魏时期的墓群的发掘，除此而外，早年出套室结构壁画墓的大连市营城子汉代墓地，又有随葬成组龙纹的金带扣的汉墓发现，普兰店张店汉城周边姜屯墓地发掘有随葬鎏金铜车马明器、铜贝鹿镇、玉覆面特别是玉圭璧组合的等级较高的墓葬群，南北相距不足 30 千米的营口市熊岳镇和盖县老城也都勘探出时间平行有交错、堆积较丰富的汉城址线索，说明辽南地区在这一繁荣过程中走在前列，这也是东汉末在辽东建立的公孙氏政权虽然本身存在时间短暂，文化延续却较长，对东北及东北亚地区古文化影响也较大的主要原因。

随着秦汉帝国解体后各民族的大迁徙和大融合，北方民族的兴起作用显著。地处东北南部的辽宁是这一时期多民族多文化活动比较频繁的一个地区，先后崛起的鲜卑、契丹、蒙元、满族在全面吸收先进汉文化的同时，也不断给中原汉文化注入新的活力，是为中华文明"续生型"的典型代表。

3~5 世纪分别在辽西和辽东兴起的慕容鲜卑族和高句丽族文化，既各有自身的渊源、发展序列、民族和区域特色及发展道路，又始终与中原晋唐王朝和汉文化保持着密切关系。继北票北燕冯素弗墓和朝阳袁台子壁画墓等汉化很深的鲜卑族贵族墓葬之后，又有朝阳十二台砖厂墓葬出土的罕见的完整甲骑具装和北票喇嘛洞可能为东迁的扶余族墓地的发掘，特别是近年在朝阳老城区揭露出龙城宫城具中国古代都城特点的三门道结构的南城门遗址，确认了十六国时期三燕都城——龙城的具体位置和轮廓范围；北票金岭寺有围沟环绕的多间对称连组院落内设亭式建筑，结构和布局既具中国古代建筑布局传统，又有自身特点，可能与慕容鲜卑王族的祭祀有关。新近在位于唐营州城（今朝阳老城）东百余千米的阜新县高林台古城发掘出有唐代官署级瓦当的建筑遗迹线索，是朝阳市区以外辽宁地区甚为少见的一处典型的唐代遗存，这对研究唐王朝与正在当地兴起的契丹族的关系、唐王朝对辽东的经营以至在东北各民族活动地区实行的羁縻制度，都具有重要价值，期待有进一步发现。辽东山地陆续有五女山山城、望江楼墓地等高句丽早期遗迹的调查发掘，还发现了桓仁冯家堡子等与高句丽文化起源有关的遗存；地处辽东山地前沿、面向辽河平原险要位置的沈阳东郊石台子山城，发现有西北侧附多个马面的全封闭的人工石筑城墙和规模巨大的蓄水池；盖县青石岭山城调查发掘有以存高达 20 余米的夯土墙与高句丽传统的石筑墙相结合的、长度远超一般高句丽山城的城墙，城内近中心部位建有从南向北起四级台阶上保存有成行排列的由近于自然板石的大柱础，东西各延伸达百余米、可能为储粮的大型干栏式建筑群址，其规模甚至超过丸都山城的同类建筑，都是研究高句丽中晚期山城结构、布局以及高句丽对辽东地区经营的新资料。尤其是作为辽东城山上城的灯塔县燕州山城，在东接辽阳市区的太子河渡口前修筑大规模成体系的石砌建筑群和由城内通向太子河的大型水渠，进一步显示出高句丽对有先进汉文化深厚基础的辽东城的特殊重视。

继法库叶茂台契丹贵族妇女墓出小木作小帐建筑罩浮雕彩绘四神纹石棺、卦山水和花鸟轴画、着覆刻片金山龙纹衾和立翅冠帽以及多瓷种辽宋陶瓷器、漆器等集中反映辽代早中期经济、文化、贵族生活和葬俗的墓葬之后，阜新县关山、凌源县八里堡和康平县张家窑林场都有对辽代家族墓园的整体勘探和发掘；关山契丹显贵肖和家族墓天井南北两壁各绘高近5米的门神为辽墓人物画所仅见，更在墓道南北两壁分别绘汉和契丹出行场面，将辽代分俗而治的制度给予形象地表达。辽阳市灯塔县江官屯辽金时期大规模瓷窑址的抢救性发掘，为东北及邻区出土的辽金瓷器增加了一个可以比对的窑口，如胎釉选料、烧制甚为精美的仿定瓷等，还发现了多种反映新的烧窑技术的陶窑遗迹和窑具，如炕洞式窑床，窑场内还发现了可能为官营管理机构的大型建筑址。朝阳北塔、义县奉国寺配合维修工程进行的考古发掘，取得回廊加配殿等具时代特征的塔寺布局及演变的新资料，建筑史和艺术史界还有对辽代建筑与佛教艺术方面的深入研究。这些考古发现和研究成果都在显示，契丹族以"二元"化的政治制度和婚姻制度作保障，大幅度吸收汉文化主要是唐文化，又保持和发展本民族文化特色，在政治、经济和文化等领域都取得了很高的成就，形成中国历史上"宋辽交辉"的局面。正在北镇县医巫闾山进行的辽代显、乾二帝陵考古，地上勘查的初步成果显示，陵区选址与环境、依山势布置的享殿等多重建筑基址以及石板路、坝墙、排水渠等各类建筑的高规格与宏大规模，所体现的自然与人文结合的大文化景观，既继承了中国古代帝王以山为陵的传统，又达到一个新的意境，这一"名山与帝陵"的罕见组合，是契丹先人创造并留传给后人的珍贵历史文化遗产。

从2007年起连续三年的明代长城调查，确认了辽宁是全国同时保存有边防与海防遗存少有的一个省份。调查登录的成体系的镇、卫、所、堡及关、门、马市等遗迹，显示长城在承担着军事防御任务的同时，也起到长城内外各民族关系缓冲和交往有序化的作用，从而促进了多民族交往的水平。出身渔猎文化的满族，继承"长城内外是一家"的理念，最终结束了自秦汉统一以来草原民族与中原农耕民族对立的格局，长城失去作用的同时，中华统一多民族国家得到进一步巩固和加强。从抚顺市新宾县赫图阿拉城的后金国汗宫（大衙门）布局结构仍采用满族民居"口袋房"形式，到清初在沈阳建都时已按中国传统城市的井字街改造明代沈阳卫十字街布局的方城，并依藏传佛教坛城进行都城的总体规划，还形成"宫寝分离"和"宫城一体"的特点，体现了满族开国史吸收汉文化及蒙藏文化形成本民族特色的过程。由近圆形边城内套方城、外对称分布四塔寺（都为喇嘛教覆钵式塔）组成的清初沈阳城，作为中国古代都城规划史最后一例，已渐为建筑史界和规划界所接受，正在开展的列入国家社科项目的"盛京城考古"将为此提供更多证据。

以上可见，古代辽宁的历史从来就不是孤立发展的，而是始终与周边地区保持着密切联系。辽宁地区作为东北古文化区的一部分，又处于东北渔猎文化与中原农耕文化和西部欧亚大陆草原游牧文化接触交流的前沿地带，并以此联系着广大东北亚地区。就近年学术界关注的东西文化交流线路和内涵，古代辽宁也在不断提供新的资料和研究成果。"辽河文明展"和这次的"古代辽宁展"都有这方面的内容，重点放在十六国时期，其实东西文化关系在古代辽宁的各个阶段都有不同程度的表现，这其中相近或相同的文化因素，有的是共同的时代特点，可相互比较，有的则可能有所联系和影响。

这在万年以前的旧石器时代晚期就已有所显露。鞍山市海城小孤山旧石器时代晚期洞穴遗址，所出带双排倒刺的骨鱼镖，比较资料在国内尚无先例，欧洲的马格德林文化却有较多标本。两地出土的共同因素还有钻孔骨针（同阶段时间稍晚的北京山顶洞人骨针为剔孔）、用兽牙做成的串饰，小孤山所出一件有刻划放射状线纹的圆饼形蚌饰在欧洲旧石器晚期洞穴遗址中也有类似发现。小孤山遗址多种文化因素与欧洲大约同时期先后遗存的相近，值得关注。

红山文化的彩陶中，一种呈棋盘格式分布的等腰和直角形三角纹、菱格纹以及曲折线图案彩陶较为多见，它们与西亚一带的彩陶图案风格十分接近，联系善用砌石建筑和人体雕像的发达，表明当时红山文化在吸收中原仰韶文化绘彩技法创造出具本文化特点的彩陶的同时，还与近东等西亚地区有着并非不密切的文化交流关系。小河沿文化特有的绳纹筒形罐等在内蒙古中南部的庙子沟文化中频繁出现，小河沿文化盛行的屈肢葬也为西部地区固有葬俗。就是年代更早的查海和兴隆洼等遗址由无门道房址、室内成人葬等组成的聚落，也近于大约同时期西亚史前如土耳其安那托利亚距今8000年前后的恰塔·夫尤克乃遗址出入口设在屋顶、内外往来以梯相连的房屋结构和有居室葬习俗的聚落形态。而主要在史前时期广泛流行于从欧亚大陆草原地带到东北亚的饰压印纹夹砂平底筒形罐则起到东西文化联系的桥梁作用。

这种东西文化相近的时代特征或交流到青铜时代仍势头不减。夏家店下层文化三袋足器的突然兴起显然与三袋足器起源地的内蒙古河曲地区有关；一端作扇面形的铜耳环和陶器上的篦点纹装饰是与欧亚大陆同时代古文化相同的因素，近年有研究成果还提出，作为西周以后玉礼器串饰主要成分的红玛瑙珠源自出现年代更早、数量也较多的西亚地区，而夏家店下层文化是目前所知中国境内以红玛瑙珠作为串饰最早的实例之一。从商代中晚期起，由鄂尔多斯地区甚至源自更远的中西亚和欧亚草原地区的北方式青铜器，从三北地区（陕北、内蒙古中南部、晋北和冀北）经辽西山区和辽西走廊、辽河下游一直传播到鸭绿江口，在辽东地区发现这类北方式青铜器的遗址时间也可早到商周之际，如出平板斧、兽首铜刀、饰折线几何纹铜钺的原铁岭市法库湾柳遗址和出銎啄戈的丹东市大孤山有关遗存，可知这一传播速度之快和道路之畅通。与此有关的是，受西部影响的北方式青铜器（工具和兵器）与中国特有的商周青铜容器（礼器）这两种青铜文明之间的关系，是中国青铜器研究的新课题，辽宁主要是辽西为商周青铜容器与北方式青铜器共出最东的一个地区，由于辽西地区青铜铸造业出现较早（西台红山文化遗址和四分地夏家店下层文化遗址都有铸小件饰品的陶合范发现，大甸子夏家店下层文化墓葬出有使用内范的铜套件等），因此不能忽视当地与外来青铜文明的碰撞与结合。

此后这种东西交流以十六国时期和辽代为活跃。北燕冯素弗墓随葬有由东罗马经柔然国输入的多件钠钙玻璃制品，其中无模吹制有复杂装饰的鸭形壶，经炉前多人多道工序快速配合制作，可能是盛香料一类化妆品的专用器，在罗马帝国也是制作难度高、形制罕见的精品。多处三燕贵族墓葬出土的金步摇与步摇冠以及其他黄金镶嵌宝石的装饰器具也多为来自中、西亚的进口品。三燕与高句丽接触频繁，中、西亚文化通过这一路线东传到朝鲜半岛与日本列岛，并都是以玻璃器和金饰件等高级宝物类奢侈品作为主要交流内容。与此相应的是，佛教从北路东传也是由西域、河西走廊经辽西、辽东到达高句丽，再向南传播的，朝阳北塔揭露出的北魏时期塔近佛寺中心的布局和塔内环实体塔心的殿堂式回廊结构是其中一个重要实证和环节。到了辽代，契丹和汉族的贵族墓中也常有来自西部的伊斯兰式玻璃器随葬，如叶茂台辽墓随葬的玻璃调色盘，朝阳辽耿延毅墓和内蒙古通辽陈国公主墓随葬的玻璃器等。朝阳北塔的辽代天宫出土一件由波斯直接传入的萨珊或伊斯兰时代的带把金盖玻璃胡瓶，这件玻璃瓶器壁极薄却有十分规整的流线型造型，半透明的色泽变化均匀，器内底还套接一小瓶，也是当时以少见的精品作为输出品的。还有辽代作为饰品和信仰物大量使用的琥珀，经成分测试，是由原产地波罗的海经由中亚地区转输到辽王朝的。联系辽末耶律大石在新疆到中亚一带建立的西辽国，表明这一东西交流路线在辽代仍然畅通。

以上说明，在历史上确有一条贯穿欧亚大陆到东北及东北亚地区的草原之路，辽宁地区是这条草原之路的枢纽和通向东北亚的起点。

除东西交流外，地处渤海与黄海北岸、有 2000 余千米海岸线的辽宁，还有通过海路与环渤海沿岸及更南地域的南北交流。辽东半岛黄海沿岸新石器时代的大连市小珠山下、中、上层文化和丹东市后洼下、上层文化以及早期青铜时代的双坨子下、中层文化，与隔海的山东半岛大汶口文化、龙山文化和岳石文化一直保持着不同程度的密切关系；红山文化玉器经由山东半岛与长江中下游的玉文化有交互影响关系，牛河梁遗址还有仿南海盛产的海贝玉饰出土；小河沿文化接受山东大汶口文化的强烈影响也应与环渤海地区的南北海上交流有关；沿渤海湾北岸多有夏家店下层文化遗址分布，特别是在锦州市郊临近渤海湾北岸的水手营子遗址发现随葬铜柄戈的夏家店下层文化晚期墓葬，这件铜柄戈时代特征标准（与二里头三期铜戈形制相近），重量达千克，柄饰商代青铜器常用的联珠纹，装饰性很强，是权杖式性重器，说明环渤海沿岸也是该文化活动频繁的重点地区，并与山东岳石文化有海上交流；青铜时代辽东半岛靠山面海、南北连续分布的大石棚群，作为从大西洋到太平洋沿岸巨石文化的一环，其文化联系当不限于东北亚地区；秦皇汉武在紧临渤海湾北岸选址建行宫，除了祭祀礼仪以外，也应同秦汉帝国开拓海疆有关；文献有战国秦汉时期齐人与燕人在海上活动并通过海上与朝鲜半岛交往的记载；东汉末年山东大族邴原、管宁等"浮海"移民入辽东，到公孙氏统治辽东时期"令行于海外"（《魏书·管宁传》），并通过海上与东吴交往。辽东海运到隋唐和辽金元时期趋向频繁，隋唐时期从辽东到东北有多条水道通朝鲜半岛和日本列岛，辽金在东京辽阳以南沿海置州建关以控制南北海上交通，元代以运输江南粮食为主的海运，常经直沽（今天津）达辽东的盖州甚至辽阳行省首府所在地的辽阳及朝鲜半岛，这方面已积累的考古线索有待进一步调查确认。1991 年开始为时五个年度的对绥中县三道岗元代沉船调查发掘，出土和收集的磁州窑瓷器，有出自河北省磁县滏阳河上游的彭城窑，是经河运至直沽口又转海运沿渤海湾北岸到辽东、东北或更远地区的。明王朝控制辽东及东北地区也一度以海路为主要通道。虽然元明清三朝都不同程度实施过海禁，明王朝更有以辽阳为中心抵御倭寇的辽东海防线，但民间的物质文化、精神文化的开放交流从未被锁国政策真正扼杀过。还有历代直至近代由海运入辽河口（今盘锦附近）改河道漕运向辽宁和东北腹地的深入。频繁的海上交通为不同地域不同民族文化间的交流提供条件，更促进社会发展和民族文化的传承。

南北海上交流以史前时期辽西地区为起点的"玦文化圈"涉及范围最广，延伸地域最远。目前的发现和研究成果以为，玉玦及有关组合器（主要为管状玉玦和匕形玉器）作为文化含量较高的因素，在距今 8000 年前的辽西地区，形制和组合都已较为固定和成熟，大约同时或先后也出现在东北吉黑地区、俄罗斯远东地区以及日本海沿岸和列岛北部。向南通过环渤海湾地区或沿太行山东麓，经山东到达环太湖和岭南地区，还跨海影响到台湾岛、菲律宾岛以及越南和泰国东海岸等地，形成一个由北到南的"玦文化圈"，是为包括南太平洋和中南美洲在内的"环太平洋玉文化圈"中形成最早也是影响最大的一个海洋文化圈。

世界文化结构如果可以分为欧亚大陆和环太平洋的东西两大块，中国古代文化有分别面向这两大块的西北和东南的"两半"，那么既与欧亚大陆东西草原之路又与南北环太平洋文化带有关的辽宁地区，经常处在大陆文化与海洋文化这两大文化板块的结合点上，也许我们还应该从这个视角考察和理解古代的辽宁历史。

当然，以地下出土的文物为实证复原辽宁历史，还包含着丰富多彩的艺术和深邃的思想内涵，这对于像辽宁这样既是文化生长点又是文化交汇带的发展相对稳定地区可能具有更多典型性。仅从上述在古代辽宁发展进程中所起作用较大的各区域不同文化间的交流所揭示的规律性现象看：以渔猎为本具开放性的东北古文化有对邻区先进文化因素鉴别和吸收的优势；不同经济类型不同传统的诸文化间碰撞产生飞跃性成果；异质艺术形式的共存如红山文化的玉器和彩陶；反映精神生活的非实用因素在文化交流中特别活跃和由此表现出的精神高于物质的境界；以上又集中体现为不同文化间的交汇推动民族文化的传承即"汇聚与传递"是中华文化连绵不断的根本原因，还有与此有关的尊重当地文化传统的治理观念和以沟通自然的宇宙观为基础的中国文明起源和国家形成发展的道路进而"天下一家"的情怀等等，无不闪烁着思想火花。所以，当我们在穿越古代辽宁的历史隧道时，如果还意识到同时也置身于一个艺术和思想宝库，那一定会有更深的感悟，对现实和未来的发展也会得到更多启示。这方面的研究领域无限广阔。让我们怀着敬畏之心，以开阔的视野，共享各民族的先人们在辽宁大地上创造的文明成果。

2016 年 12 月写于

英国白金汉郡 AMERSHAM 图书馆

［壹］

史前时期

（距今约28万~约4000年）

✳

Chapter I

The Prehistoric Era

(approximately 280,000–4,000 years ago)

开拓洪荒　洞穴岁月

Exploring the Primitive Cave Era

　　考古学一般将人类起源至农业出现以前的这一漫长时期称作"旧石器时代"，打制石器是这个时代的重要标志。辽宁是远古人类活动较早的地区之一，考古发现有旧石器时代早、中、晚期较完整的发展序列，其文化特征与华北地区的旧石器文化相近。其中金牛山人向早期智人的进化程度和仙人洞人创造的物质文化水平，均居于人类进化史的前列，成为辽河文明的先导。

Archaeologists generally place the origin of humanity in the long period before the appearance of agriculture, a time known as the Paleolithic, or Old Stone Age. The manufacture of stone tools is the hallmark of this era. Liaoning is an area of relatively early human activity, where archaeologists have discovered fairly complete developmental sequences encompassing the early, middle and late Paleolithic, whose cultural characteristics are quite similar to those of the Paleolithic culture of northern China. Included among these are degree of evolution towards *Homo sapiens* of the Jinniushan people, and the level of material culture of the Xianrendong people, placing them among the front ranks in the story of human evolution and making them the forbears of Liaohe River civilization.

金牛山遗址全景

1. 金牛山人头骨（复制品）
Skull Fossil of the Jinniushanman(Copy)

旧石器时代 Paleolithic Age

高16厘米

营口金牛山遗址出土

辽宁省博物馆藏（原件现藏北京大学赛克勒博物馆）

金牛山遗址出土的距今约28万年的古人类化石共55块，属于一位20~22岁的女性个体，为大约同时代人类化石标本发现最多也最完整的实例。这一发现填补和连接了人类进化序列上的重要缺环，对研究直立人向早期智人转变具有重要学术价值。

2. 刮削器
Stone Scrapers

旧石器时代 Paleolithic Age

长2.5~5.6厘米

营口金牛山遗址出土

辽宁省文物考古研究所藏

3. 葛氏斑鹿角化石
Antler Fossil of *Cervus* ef. *Grayi*

旧石器时代 Paleolithic Age

高40厘米

营口金牛山遗址出土

辽宁省博物馆藏

4. 棕熊头骨化石

Skull Fossil of *Ursusarctos*

旧石器时代 Paleolithic Age

存长15.5、宽9.6、厚4.3厘米

营口金牛山遗址出土

辽宁省文物考古研究所藏

5. 梅氏犀下颌骨化石

Mandible Bone of *Dicerorhinusmercki*

旧石器时代 Paleolithic Age

高12厘米

营口金牛山遗址出土

辽宁省文物考古研究所藏

6. 砍砸器

Stone Chopper

旧石器时代 Paleolithic Age

长7厘米

本溪庙后山遗址出土

辽宁省文物考古研究所藏

7. 肿骨鹿角化石

Atler of *Megalocerosor Dosianus*

旧石器时代 Paleolithic Age

高12厘米

本溪庙后山遗址出土

辽宁省文物考古研究所藏

8. 普氏羚羊颌骨化石

Horns of *Gazella Przew Alskyi*

旧石器时代 Paleolithic Age

高6厘米

朝阳喀左鸽子洞遗址出土

辽宁省文物考古研究所藏

9. 石球

Stone Ball

旧石器时代 Paleolithic Age

直径6厘米

鞍山海城仙人洞遗址出土

辽宁省文物考古研究所藏

10. 骨鱼镖

Bone Fish Dart

旧石器时代 Paleolithic Age

长19厘米

鞍山海城仙人洞遗址出土

辽宁省文物考古研究所藏

仙人洞遗址（又叫小孤山遗址）鱼镖是目前中国发现的时代最早，也是中国旧石器时代遗址出土的唯一一件骨鱼镖。其形制与欧洲马格德林文化骨鱼镖相似。选用鹿角为料，以锯、切、刮等多种技术制成。两侧削出双排倒刺，且有"栏"有柄，便于叉牢猎物，经模拟实验可捕捉60厘米以下的鱼类。

仙人洞遗址全景

11. 骨针

Bone Needles

旧石器时代 Paleolithic Age

长5~7厘米

鞍山海城仙人洞遗址出土

辽宁省文物考古研究所藏

仙人洞人已掌握在骨针顶端钻孔的技术。有了骨针，人类就能缝制衣物以抵御严寒，也就能走出洞穴，走向平原，向更寒冷的地区迁徙，开拓更为广阔的生存空间。

12. 骨矛头

Bone Spear-head

旧石器时代 Paleolithic Age

残长7.6厘米

鞍山海城仙人洞遗址出土

辽宁省文物考古研究所藏

用动物肢骨制成。器身大体呈扁铲形，整个器身都经过研磨。

13. 穿孔项链

Necklace with Perforation

旧石器时代 Paleolithic Age

长1.6~3.3、宽0.6~1.6厘米

鞍山海城仙人洞遗址出土

辽宁省文物考古研究所藏

此项链用小野猫、貉犬齿和贝壳等钻孔制成。圆形贝饰上还有一圈刻纹，说明随着生产和生活的改进，古人类的艺术思维和审美观念也在逐渐形成和发展。

走出蒙昧　文明曙光

Out of Darkness into the Light of Civilization

距今一万年前后，以磨制石器的使用、原始农业的产生、陶器的发明为标志，古人类跨入了新石器时代。辽宁境内发现新石器时代遗址450余处，人类的足迹已遍布辽宁大地。其中8000年前后查海遗址出现的礼玉和龙崇拜观念，使辽宁地区率先进入"文明起步"阶段；5000年前牛河梁规模宏大的"坛庙冢"祭祀遗址群，是中华大地较早升起的文明曙光。

Roughly 10,000 years ago, during a transition marked by the use of polished stone tools, primitive agricultural production and the invention of pottery, ancient people entered the Neolithic era. Over 450 Neolithic sites have been discovered in Liaoning, and human traces are found throughout the province. Included among these are the ritual jades and the concept of dragon worship from the 8,000-year-old Chahai site, make the Liaoning region take the lead in entering early civilization. The massive, 5,000-year-old Niuheliang "altar-temple-grave" sacrifice site is an early example of Chinese civilization.

查海遗址全景

14. 之字纹深腹陶罐

Deep Belly Pottery Jar with Impressed Zigzag Design

新石器时代 Neolithic Age

口径28、底径15、高40.5厘米

阜新查海遗址出土

辽宁省文物考古研究所藏

筒形罐是中国东北地区新石器时代最典型的陶器。一般用于炊煮食物，器形较大者也可作为储藏食物之用。

15. 龙纹陶片

Potsherds Decorated with Dragon

新石器时代 Neolithic Age

大：长6.8、宽6厘米

小：长6.5、宽3.5厘米

阜新查海遗址出土

辽宁省文物考古研究所藏

为陶器上龙纹的残片，龙身蜷曲，有鳞无足。与查海遗址出土蛇衔蟾蜍纹陶罐上的蛇形象相近，但是龙身有粗大鳞纹。龙作为一种被高度神化的动物形象，其起源与宗教祭祀相关。查海遗址大型龙形堆石，位于聚落的中心，充分体现出其地位的尊崇。同时墓葬随葬精美玉器，也与通神有关。玉与龙的初现是辽河流域文明起步的重要标志。

16. 蛇衔蟾蜍纹陶罐

Pottry Jar with a Toad in the Mouth of a Snake

新石器时代 Neolithic Age

口径33、高47厘米

阜新查海遗址出土

辽宁省文物考古研究所藏

夹砂黄褐陶。敞口，方唇，腹斜收，平底。口沿下饰斜线纹。陶罐一面浮雕单个蟾蜍，另一面浮雕蛇衔蟾蜍。龙的起源，有源于鳄鱼说、蜥蜴说、虺蛇说。陶罐上的蛇衔蟾蜍画面，以及查海遗址出土的龙纹陶片、大型石堆龙等，似乎暗示作为中华民族象征的"龙"的形象，是以蛇身为主体的，龙是由蛇演变而来的。

17. 石磨盘、磨棒
Stone Millstone and Frotton

新石器时代 Neolithic Age

石磨盘：长39、宽25.5、厚4.5厘米

石磨棒：长34、直径4.5厘米

阜新查海遗址出土

辽宁省文物考古研究所藏

磨盘整体略呈委角长方形，磨面略凹。磨棒呈长条圆柱形，一端稍大。

查海遗址石堆龙遗迹

18. 玉玦

Jade Split Rings

新石器时代 Neolithic Age

左：外径1.4、内径0.5厘米

右：外径1.7、内径0.6厘米

阜新查海遗址出土

辽宁省文物考古研究所藏

玉质沁成乳白色，经鉴定为透闪石软玉。正圆形，玦环体，宽而厚。出土时，恰位于墓主人的头骨两旁，应为耳饰。这是中国乃至全世界已知最早的真玉器。查海遗址出土玉器全部选用透闪石软玉，器类有玦、匕形器、弯条形器、管以及斧、锛等工具，造型规整，已掌握了以管钻法钻孔的技术，开启了东北地区制玉工艺的先河，对后期红山文化的玉器有深远影响。

19. 玉匕

Jade Dagger-like Ornaments

新石器时代 Neolithic Age

长5.4~10.4、宽1.2~1.4厘米

阜新查海遗址出土

辽宁省文物考古研究所藏

以乳白色为主，夹杂墨绿色。扁条状，一面弧起，一面内凹，下端呈圆弧状，边缘皆磨薄。顶端有钻孔，用以穿系。

20. 玉斧、玉凿

Jade Axe and Chisel

新石器时代 Neolithic Age

玉斧：长6.7、宽3.2厘米

玉凿：长9.6、宽1.7厘米

沈阳新乐遗址出土

沈阳新乐遗址博物馆藏

玉斧玉质沁成白色，些许部位透出原先的碧玉质。玉斧直刃。表面及两侧缘磨制圆润光滑。玉凿玉质沁成白色。长条形，侧锋，刃部稍呈弧形。表面打磨圆润光滑，两侧缘棱角线分明，玉凿顶端较为粗糙，似未经打磨。

21. 陶斜口器

Pottery Vessel with a Inclined Mouth

新石器时代 Neolithic Age

高36厘米

沈阳新乐遗址出土

沈阳新乐遗址博物馆藏

22. 煤精制品

Black Agate Artifacts

新石器时代 Neolithic Age

煤精球形器:直径1.2~1.3厘米

煤精泡形器:直径3.35、高1.2厘米

煤精耳珰形器:底径1.4~1.8、高2.5~3.6厘米

沈阳新乐遗址出土

沈阳新乐遗址博物馆藏

新乐遗址出土的煤精制品，原料产自抚顺，形状有耳珰形、球形和泡形器等。打磨光滑，工艺精美。用途可能与原始占卜有关。

23. 玉刻刀、玉雕刻器

Jade Graver and Burin

新石器时代 Neolithic Age

玉刻刀：长11.5、宽1.25厘米

玉雕刻器：长5.9、宽1.3厘米

沈阳新乐遗址出土

沈阳新乐遗址博物馆藏

玉刻刀墨绿与乳白夹杂玉质。长条圆柱体，一端由两面斜磨成刃，一端由四面斜磨成尖，四斜面的大小长短不均匀。玉雕刻器墨绿玉。长条形，器体表面隆起较饱满，两端均双向打磨成正锋直刃，一端稍宽，窄端刃部有缺口。器体一边侧缘保留有玉料切割留下的痕迹。

后洼遗址全景

24. 席纹筒形陶罐
Cylinder Pottery Jar with Pattern Matting

新石器时代 Neolithic Age

口径34、高41厘米

丹东后洼遗址出土

辽宁省文物考古研究所藏

25. 舟形陶器
Pottery Artifact Shaped Like a Boat

新石器时代 Neolithic Age

高5厘米

丹东后洼遗址出土

辽宁省文物考古研究所藏

夹砂红陶，含滑石粉。手制。长椭圆形，腹部稍宽，圜底。这种舟形器的原型为独木舟，亦用于海上交通。在黄海沿岸的大连、旅顺地区也发现有这种独木舟形器，是古代居民海上交通的见证。

26. 陶网坠、石网坠
Pottery and Stone Fishing Net Weights

新石器时代 Neolithic Age

陶网坠：长5~5.5、宽3.8~4厘米

石网坠：长8~9.5、宽6~7.5厘米

丹东后洼遗址出土

辽宁省文物考古研究所藏

后洼遗址出土的陶、石网坠达百余件，说明辽东沿海居民早就开始从事渔猎生产。

27. 鸭形石坠饰
Stone Pendant Shaped Like a Duck

新石器时代 Neolithic Age

长4、高4厘米

丹东后洼遗址出土

辽宁省文物考古研究所藏

后洼遗址出土有一批小型滑石和陶塑的艺术品，其中动物形象数量最多，有猫头饰、鸟形饰、鸭形坠饰、鱼形坠饰、竹节形坠饰等，其特点是多圆雕，随意性强。

28. 猪头形石坠饰
Stone Pendant Shaped Like a Pig-head

新石器时代 Neolithic Age

长4、宽2厘米

丹东后洼遗址出土

辽宁省文物考古研究所藏

29. 三环足陶盘
Three-ring-footed Pottery Plate
新石器时代 Neolithic Age
口径20、高9厘米
旅顺郭家村遗址出土
辽宁省博物馆藏

30. 陶豆
Pottery Stemmed *Dou*
新石器时代 Neolithic Age
口径8、高11厘米
旅顺郭家村遗址出土
辽宁省博物馆藏

郭家村出土的陶器以夹砂黑陶为主，有三足盘、鼎、镂孔豆、碗、钵等，与山东龙山文化陶器属同一类型。

31. 骨锥
Bone Awl
新石器时代 Neolithic Age
长10、宽7厘米
旅顺郭家村遗址出土
辽宁省博物馆藏

32. 陶塑人物坐像残件

Clay Fragments of Sculpture of Seated Males

新石器时代 Neolithic Age

上：上身残长22、宽20.5、厚6.5厘米

下：足残长19.3、宽17.5、厚11.9厘米

喀左东山嘴遗址出土

辽宁省博物馆藏

泥质红陶，质地坚硬。相当于真人大小的三分之一，上下身各一块，在同一层位出土，大小比例相若，为同一个体。上身残块成片状，正面为胸腹部分，塑出手臂，以右手握左手的手腕部，交叉于腹部中间；下身残块有空内腔，左膝部有一圆孔通入体腔内，整体姿态为盘膝正坐式，右腿搭在左腿上，下身底部平整。具有红山文化时期的特点。

33. 双龙首玉璜

Jade *Huang*-pendant with Two
Dragon Heads

新石器时代 Neolithic Age

长4.1厘米

喀左东山嘴遗址出土

辽宁省文物考古研究所藏

淡绿色。中部对穿一孔，两端各作一龙首，吻前伸，上唇翘起，口微张，眼为菱形框，身饰瓦沟纹。穿孔残。一面雕纹，另一面为素面。

34. 壁画残块

Mural Fragments

新石器时代 Neolithic Age

长12、宽9厘米

朝阳牛河梁女神庙遗址出土

辽宁省文物考古研究所藏

壁画残块形状不规则，其壁面抹压平整光滑，用朱红色颜料彩绘勾连几何形纹饰，壁面上有自然细小的干裂纹；背面印有木骨架的痕迹。这应是中国境内发现较早的居室彩绘壁画。

牛河梁女神庙遗址

35. 泥塑乳房
Clay Sculpture of Breasts
新石器时代 Neolithic Age
长8.5~14、宽7.5~10.5厘米
朝阳牛河梁女神庙遗址出土
辽宁省文物考古研究所藏

36. 泥塑人面残片
Human Face Fashioned from Clay
新石器时代 Neolithic Age
残宽8.8、通高8厘米
朝阳牛河梁遗址第三地点G2出土
辽宁省文物考古研究所藏

37. 女神头像
Clay Facial Sculpture of a Goddess
新石器时代 Neolithic Age
面宽16.5、残高22.5厘米
朝阳牛河梁女神庙遗址出土
辽宁省文物考古研究所藏

女神头像出土于女神庙主室两侧，用黄黏土掺草禾塑成。大小接近真人，面部磨光并涂朱，五官比例和谐，微笑欲语，头顶有发髻或饰物，具有蒙古人种特征。双眼用玉石镶嵌，下唇贴蚌片代齿，更显神秘。

38. 彩陶筒形器

Cylindrical Painted Pottery Vessel

新石器时代 Neolithic Age

口径25、高45厘米

朝阳牛河梁女神庙遗址出土

辽宁省文物考古研究所藏

泥质红陶。器中空无底。器身饰黑
彩，母题有弧线三角勾连纹、垂鳞纹
和各式几何纹。筒形器是红山文化独
有的器形。筒形器在积石冢中大量出
土并有规律地排列，成为红山文化葬
制的一大特色。

39. 陶熏炉器盖

Pottery Incense Burner Lid

新石器时代 Neolithic Age

底径11.7、高8.4厘米

朝阳牛河梁遗址第一地点J1出土

辽宁省文物考古研究所藏

牛河梁遗址第二地点

◀ 40. 彩陶盖瓮

Painted Pottery Lidded Urn

新石器时代 Neolithic Age

口径13.2、底径12、通高49.2厘米

朝阳牛河梁遗址第二地点4号冢6号墓出土

辽宁省文物考古研究所藏

泥质红陶，红陶地上饰黑彩。敛口，圆唇，广肩，鼓腹，小平底，腹部饰竖桥状耳，圆碟式盖，顶端有半环形捉手。盖身饰重圈纹，瓮身饰三周勾连涡纹带。彩陶是中国新石器时代具有代表性的文化符号，红山文化的彩陶受到中原地区仰韶文化的强烈影响，在发展过程中又不断地融入自身的文化因素，形成了以龙鳞纹为代表的独具特色的红山文化彩陶。

41. 玉龟壳

Jade Tortoise-shell

新石器时代 Neolithic Age

长5.4、宽4.1、高2.7厘米

朝阳牛河梁遗址第二地点1号冢21号墓出土

辽宁省文物考古研究所藏

淡绿色。龟体椭圆，龟壳作隆起状，上有三道竖线，阴线勾勒出龟背纹。腹部正中有一圆凹，之上有对琢的两孔。

42. 玉兽面形牌饰

Jade Plaque with Beast-mask Design

新石器时代 Neolithic Age

长10.3、宽14.8厘米

朝阳牛河梁遗址第二地点1号冢21号墓出土

辽宁省文物考古研究所藏

玉料呈淡绿色。薄片状，双面雕猪首正面像。
大耳，镂孔圆睛、鼻孔，阴线勾勒出眼眉、
鼻、吻廓线，下颌部有两小孔。

43. 玉璧

Jade *Bi*-disc

新石器时代 Neolithic Age

长13.4、宽12.1、圆孔直径3.4厘米

朝阳牛河梁遗址第二地点1号冢11号墓出土

辽宁省文物考古研究所藏

白色，土渍严重。体扁平，近似正方形，一
端为圆角，一端为直角，靠近一边的中部有
两个对钻的小圆孔。

44. 玉璧

Jade *Bi*-disc

新石器时代 Neolithic Age

外径14.7厘米

朝阳牛河梁遗址第二地点1号冢21号墓出土

辽宁省文物考古研究所藏

圆形略方，外缘呈刃状，上端钻两个对穿孔。

45. 钺形玉璧

Jade *Bi*-disc

新石器时代 Neolithic Age

长12.4、宽10.5厘米

朝阳牛河梁遗址第二地点1号冢23号墓出土

辽宁省文物考古研究所藏

淡绿色，土渍严重。正方形，一端为圆角，一端为弧形，中间有一大孔，直边的中部有两个小孔。

46. 双人首三孔玉梳背饰

Jade Ornament with Two Human-head and Three Holes

新石器时代 Neolithic Age

长16.8、宽3.1厘米

朝阳牛河梁遗址第二地点1号冢17号墓出土

辽宁省文物考古研究所藏

白色。长方形，两端各有一人首，中间钻三个等距孔，其下对钻三小孔。上下两排孔之间有一凸棱，上阴刻数道短斜线。额上似有冠饰。通体洁白光滑。

47. 碧玉猪龙
Jade Pig-shaped Dragon
新石器时代 Neolithic Age
宽7.8、高10.3厘米
朝阳牛河梁遗址第二地点1号冢4号墓出土
辽宁省文物考古研究所藏

48. 勾云形大玉佩

Large Jade Pendant Shaped Like Curling Cloud

新石器时代 Neolithic Age

宽28.6、高9.8厘米

朝阳牛河梁遗址第二地点1号冢27号墓出土

辽宁省文物考古研究所藏

玉呈深绿色，间有黄瑕斑。体甚长却很薄，有正反面之分。反面略内弧，正反面均饰瓦沟纹，正面纹饰较规整，纹饰依体形而盘卷曲折，尤其是因光线照射角度不同，而使玉质的明暗变化极为明显。在纹饰间透雕一小圆孔和窄条形镂孔，外形对称。勾云形玉佩是红山文化玉器中的典型器之一，造型抽象，幻化多变，似鸟非兽。或认为其具权杖功能，是神权与王权结合的体现。

49. 双鸮玉佩

Jade Ornament with Two Owls Design

新石器时代 Neolithic Age

长12.9、宽9.5厘米

朝阳牛河梁遗址第二地点1号冢26号墓出土

辽宁省文物考古研究所藏

淡绿色，有土渍。呈长方形。两端用阳线琢
出猫头鹰的面部轮廓，中间有一略呈长方形
的孔，背面一端有两孔，另一端有四孔，可
用来穿系。

50.玉鼓形箍
Jade Hoop

新石器时代 Neolithic Age
外径7.5、内径6.4厘米
朝阳牛河梁遗址第五地点1号冢1号墓出土
辽宁省文物考古研究所藏

黄绿色。整个器形如鼓身，箍身宽扁，内壁平直，外壁为凸弧面。磨制光滑。

51.玉龟
Jade Tortoises

新石器时代 Neolithic Age
左：通长9.4、宽8.5厘米
右：通长9、宽7.7厘米
朝阳牛河梁遗址第五地点1号冢1号墓出土
辽宁省文物考古研究所藏

龟首作三角形，其一颈前伸，另一乌龟颈微缩，用阳线作象征性的口和目，背略弧凸，光素无纹，腹部平，其中一件腹部中间有一内凹。应象征雌雄之分。出土时墓主人左右手各握一只。

52.彩陶罐
Painted Gallipot

新石器时代 Neolithic Age
口径11.4、腹径22.5、高18厘米
朝阳牛河梁遗址第五地点2号冢
2号墓出土
辽宁省文物考古研究所藏

53. 双兽首三孔玉梳背饰
Jade Ornament with Three Holes and Two Bear-heads

新石器时代 Neolithic Age
长17、宽3.8厘米
朝阳牛河梁遗址第十六地点1号墓出土
辽宁省博物馆藏

质宝润，半透明。两侧面各圆雕一兽首，大耳，尖长嘴，鼻尖微翘，形象应该是熊。正面均匀钻三个大孔，每个大孔的底边正中各钻一小孔，似乎用以缝缀在其他材料之上。整体打磨光滑。

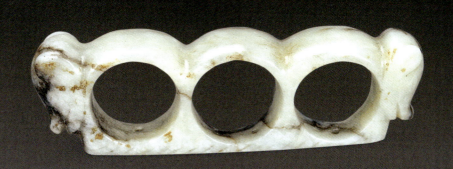

54. 斜口筒形玉器
Jade Vessel with Slanting Mouth

新石器时代 Neolithic Age
长径7.4、短径5.8、高15.5厘米
朝阳牛河梁遗址第十六地点2号墓出土
辽宁省博物馆藏

青白玉。器壁均薄，外壁光素平滑。整体作椭圆形长筒状，上端作斜坡形口，斜坡口磨成刃状，下端平直口，下端直径略小于上端，外形似倒置的马蹄状。下端两侧各有一个小圆孔，可穿系。筒内有加工时留下的多道痕迹，斜口处留有磨痕缺口，似经长期使用所致。斜口筒形器是红山文化代表性玉器之一。出土时一般置于头骨下，多以为是束发器。或以此器上下贯通为红山人"绝地通天"之神器。

55. 勾云形玉佩

Jade Pendant Shaped like Curling Cloud

新石器时代 Neolithic Age

长22.5、宽11.4、厚0.8厘米

朝阳牛河梁遗址第十六地点2号墓出土

辽宁省博物馆藏

勾云形玉佩是红山文化玉器中的典型器之一，造型抽象，幻化多变，似鸟非兽。或认为其具权杖功能，是神权与王权结合的体现。

56. 玉方璧

Jade *Bi* with the Square Shaped

新石器时代 Neolithic Age

上：长11.5、宽10.1、厚0.6厘米

下：长12.6、宽10.2、厚0.5厘米

朝阳牛河梁遗址第十六地点2号墓出土

辽宁省博物馆藏

淡青色。近于圆角方形，中间有一大圆孔，体平而薄，上端近边缘钻一孔或两孔，边沿斜磨成刃，通体光滑无纹饰。从小穿孔看，系佩玉一类。

57. 玉凤

Jade Phoenix

新石器时代 Neolithic Age

长20.5、宽12.7厘米

朝阳牛河梁遗址第十六地点4号墓出土

辽宁省文物考古研究所藏

玉凤形态与常见的正面展翅的红山文化玉鸟不同，为侧面回首卧姿，扁喙微钩、疣鼻、凸额，背羽上扬，宽短尾下垂，形象写实。卓尔不群的造型、优雅高贵的体态，烘托了其作为百鸟之王的不凡气度。

牛河梁遗址第十六地点 4 号墓玉器出土情况

58. 玉人
Jade Figure of a Man
新石器时代 Neolithic Age
高18.5厘米
朝阳牛河梁遗址第十六地点4号墓出土
辽宁省文物考古研究所藏

玉人为淡绿色玉，立姿。采用圆雕技法，外轮廓线较平直。玉人眉头紧皱，双眼半合，嘴巴半张，耳廓内收，额间凹陷，肚脐凸鼓，双臂屈肘贴于胸前，十指张开，足跟上提，足尖着地。通体作运气状，为一副神灵附体进入痴迷状态的表情，是巫者作法时的形象，表明5000年前红山文化巫觋阶层的存在。

59. 白玉猪龙
White Jade Pig-shaped Dragon
新石器时代 Neolithic Age
宽10.7、高15.6厘米
朝阳牛河梁遗址采集
辽宁省博物馆藏

通体厚重，制作规整，是已发现红山文化玉猪龙中最精致的一件。特征为肥首大耳，约占全躯之半。双目圆睁，外雕双连弧曲眶线，使额部如后来商代特有之菱形纹。鼻部加刻数道皱纹，吻较长，与蜷曲之尾衔接，犹未断开，处于较早阶段。造型雄浑粗犷，充分体现红山文化玉器的艺术风格与时代气息。

60. 绿松石鱼形坠饰

Turquoise Fish-shaped Earrings

新石器时代 Neolithic Age

长2.6、宽0.8厘米

阜新胡头沟石棺墓出土

辽宁省博物馆藏

61. 玉鸟

Jade Bird

新石器时代 Neolithic Age

长3.6、宽4厘米

阜新胡头沟石棺墓出土

辽宁省博物馆藏

62. 玉鸮

Jade Owls

新石器时代 Neolithic Age

长3.1~4.6、宽2.4~3.1厘米

阜新胡头沟石棺墓出土

辽宁省博物馆藏

［貳］

夏商周时期

（距今约4000~约2500年）

＊

Chapter II

The Xia, Shang and Zhou Periods

(approximately 4,000 to 2,500 years ago)

与夏为伍　北土方国

Regional Northern States　Associated with the Xia

　　距今约四千年以后，中华大地经过古国时代各地部族的文化交流、碰撞与融合，进入夏商王朝与周围方国并存的时代。辽宁地区既有"与夏为伍"的夏家店下层文化，又有高台山文化、马城子文化、双砣子文化等多种类型的其他青铜文化，构成商周北土的不同部族方国。这些文化各具特色，又与中原夏商王朝保持着密切联系，是后来东北不同系统民族文化的源头。

　　Approximately 4,000 years ago, clans from different areas of ancient China underwent a process of cultural exchange, conflict and merging that marked the beginning of the era of the Xia and Shang dynasties and their coexistence with surrounding regional states. The Liaoning area also featured the Lower Xiajiadian culture associated with the Xia, as well as many other types of bronze cultures, including the Gaotaishan, Machengzi and Shuangtuozi cultures, which formed regional states made up of different northern clans during the Shang and Zhou periods. Although each of these cultures had its own special characteristics, they maintained close relations with the Xia and Shang dyansties of the central Chinese plains and were the precursors of the different northeastern ethnic cultures that followed.

康家屯遗址全景

1. 尊形陶鬲

Pottery *Li* in the Zun-shape Design

夏家店下层文化

Lower Stratum of the Xiajiadian Culture

口径15、高19厘米

北票康家屯城址出土

辽宁省文物考古研究所藏

2. 陶甗

Pottery *Yan*

夏家店下层文化

Lower Stratum of the Xiajiadian Culture

口径20.9、高51厘米

北票康家屯城址出土

辽宁省文物考古研究所藏

3. 卜骨

Oracle Bone

夏家店下层文化

Lower Stratum of the Xiajiadian Culture

长8、宽5厘米

北票康家屯城址出土

辽宁省文物考古研究所藏

4. 石磬

Stone *Qing*(Music Instrument)

夏家店下层文化

Lower Stratum of the Xiajiadian Culture

长57、宽26厘米

朝阳水泉出土

朝阳博物馆藏

磬是中国古代特有的一种石质敲击乐器，体形硕大，石质坚硬，叩之声音清脆悠扬，古人认为其可以上达天神。单独悬挂的磬被称为"特磬"，数件成组的被称为"编磬"。

5. 石钺

Stone *Yue*

夏家店下层文化

Lower Stratum of the Xiajiadian Culture

长12、宽7.5厘米

朝阳联合公社西房山大队出土

朝阳博物馆藏

6. 彩绘陶鬲

Painted Pottery *Li*

夏家店下层文化

Lower Stratum of the Xiajiadian Culture

口径16、高24厘米

敖汉旗大甸子墓地出土

辽宁省博物馆藏

器形瘦高。敞口，短颈，高裆袋足，锥形足根。全器在磨光的黑陶地上绘朱黄两彩兽面形纹饰。彩绘陶鬲是夏家店下层文化彩绘陶中具代表性的器物之一。彩绘陶器是夏家店下层文化最精彩的内涵之一，器类有罐、罍、尊、鼎、鬲等。纹饰以兽面纹、龙纹、云纹等为主体，它们既是等级身份的标志，也是工艺精湛的艺术品。鬶、爵、盉等仿铜酒器与彩绘陶器共出，反映了夏家店下层文化与中原夏和早商文化的密切关系。

7. 彩绘陶罐

Painted Pottery Jar

夏家店下层文化

Lower Stratum of the Xiajiadian Culture

口径11、腹径18.7、底径11.7、高17.5厘米

敖汉旗大甸子墓地出土

辽宁省博物馆藏

8. 彩绘双腹陶罐

Painted Pottery Jar with Double Bellies

夏家店下层文化

Lower Stratum of the Xiajiadian Culture

口径7.4、腹径18.6、底径8、高27.3厘米

敖汉旗大甸子墓地出土

辽宁省博物馆藏

泥质黑陶。上下双腹如葫芦形，圆口，口沿外卷，高颈，颈和
上腹界限明显，上腹微鼓，束腰，下腹圆鼓，假圈足。颈上部
饰四乳突，上腹堆贴贝纹，束腰处三道凸弦纹。在磨光的黑陶
地上绘朱黄两彩花纹，颈及双腹饰回纹三道，间以叶蔓纹，
并巧用陶地的黑色，使之成为三色相间，显得花色繁丽富于变
化。此器造型奇特，亦有"塔式瓶"之称，在数百座墓葬中，
仅此一件，甚为珍贵，当为殉葬的一种特制礼器。

9. 彩绘陶鼎

Painted Pottery *Ding*-tripod

夏家店下层文化

Lower Stratum of the Xiajiadian Culture

口径18.8、高12.8厘米

敖汉旗大甸子墓地出土

辽宁省博物馆藏

10. 彩绘陶罐

Painted Pottery Jar

夏家店下层文化

Lower Stratum of the Xiajiadian Culture

口径10.5、腹径18、底径6.3、高15.3厘米

北票大板镇征集

北票市博物馆藏

通身施彩，纹样似卷云纹，又似青铜器上的勾连纹。这种彩绘画面光滑，又似在各种曲面上作画，线条曲折流畅，图案复杂多变，其工艺技法已达到很高的水平。

11. 镂孔圈足陶钵

Pottery Bowl with Openwork and Ringed Foot

高台山文化 Gaotaishan Culture

口径10.5、底径6.6、高13厘米

沈阳新民高台山墓地出土

沈阳市文物考古研究所藏

高台山文化分布于下辽河平原，距今约3300年，有稳定的聚落址和独立的墓区，以随葬陶钵覆于陶壶上、皆素面施红衣为特征。这支青铜文化与夏家店下层文化东西相邻并频繁交流，同时对辽东以至东北其他青铜文化的形成发展产生过很大影响。

12. 陶壶

Pottery Pot

高台山文化 Gaotaishan Culture

口径8、腹径21、底径6.5、高24厘米

沈阳新民高台山墓地出土

沈阳市文物考古研究所藏

13. 陶壶
Pottery Gallipot
马城子文化 Machengzi Culture
口径7、腹径12.3、底径5.3、高12.1厘米
本溪马城子C洞出土
辽宁省文物考古研究所藏

马城子文化主要分布在辽东山地，距今
3300年前后。居民死后埋葬在家族洞穴墓
葬中，随葬器物主要为陶器和石器。火葬
较为普遍。

14. 横耳陶钵
Pottery Bowl
马城子文化 Machengzi Culture
口径13.5、底径6.5、高7厘米
本溪马城子C洞出土
辽宁省文物考古研究所藏

15. 錾耳陶钵
Pottery Bowl
马城子文化 Machengzi Culture
口径11.5、底径7、高6.5厘米
本溪马城子洞穴墓地出土
辽宁省文物考古研究所藏

16. 陶纺轮

马城子文化 Machengzi Culture

底径4.4、厚2.9厘米

本溪马城子洞穴墓地出土

辽宁省文物考古研究所藏

17. 陶罐

Pottery Jar

双砣子文化 Shuangtuozi Culture

口径14、腹径27、底径7、高35厘米

大连大嘴子遗址出土

大连市文物考古研究所藏

18. 陶壶
Pottery Pot
双砣子文化 Shuangtuozi Culture
口径16.5、腹径34、底径7.6、高41厘米
大连大嘴子遗址出土
大连市文物考古研究所藏

19. 舟形陶器
Pottery Boat-shaped Artifact
双砣子文化 Shuangtuozi Culture
长径24、短径20、高10.5厘米
大连大嘴子遗址出土
大连市文物考古研究所藏

20. 骨鱼卡
Bone Fishing Tools
双砣子文化 Shuangtuozi Culture
长5.5厘米
大连大嘴子遗址出土
大连市文物考古研究所藏

骨鱼卡是一种钓具，其使用方法是在系线的鱼卡
两端挂上饵料，投入水中，鱼吞食后，待其排水
时鱼卡即横卡在鱼嘴里，鱼便被捕获。在遗址中
发现有十余件储存着鱼类遗骸的陶罐，表明渔猎
是当时的主要生活来源之一。

21. 石矛

Stone Spear

双砣子文化 Shuangtuozi Culture

长17.5、宽5厘米

大连大嘴子遗址出土

大连市文物考古研究所藏

22. 石剑

Stone Dagger

双砣子文化 Shuangtuozi Culture

长21.5、宽7厘米

大连大嘴子遗址出土

大连市文物考古研究所藏

23. 石戈

Stone *Ge*

双砣子文化 Shuangtuozi Culture

长16、宽6厘米

大连大嘴子遗址出土

大连市文物考古研究所藏

大嘴子遗址出土的石戈形制古朴，具备
早期铜戈的特征，应是仿铜戈作品，也
是该遗址时代明确的一件石戈，距今约
4000年。

华风北渐　商鼎周彝

Northern Transmission of Chinese Culture
Bronze Ware from Shang and Zhou Dynasties

　　商末周初，在辽西大凌河流域发现了多处窖藏商周青铜器，均为社稷重器，其中的燕侯器说明周初燕国势力已达辽西，箕侯、伯矩和圉族器，也见于北京琉璃河燕国墓地，且有接受燕侯赏赐的记录，说明这些器物的主人是周初活动于燕地的"殷遗民"，他们服事于燕侯，但仍保持着原氏族组织，且等级较高，是周初封燕后对当地殷遗民采取宽容统治方式的表现。

　　A large number of Shang and Zhou bronze wares dating from the end of the Shang and the beginning of the Zhou, all important state ritual wares, were discovered in storage pits in the Daling river basin of western Liaoning. The presence of the Marquis of Yan's wares among them indicates that the power of the state of Yan had already reached western Liaoning by the start of the Zhou. Wares from the ethnicities of the Marquis of Ji, Boju and Yu are also found in the Yan tombs on the Liuli River near Beijing. Furthermore there are records that they received favours and awards from the Marquis of Yan. This shows that the owner of these wares was a survived aristocrat of the Yin from the late Shang period, who was active in the Yan region at the start of the Zhou. These people served the Marquis of Yan, but maintained their original clan organization and relatively high rank. This is a demonstration of the tolerant method of rule used by the early Zhou over survivors of the Yin (Shang).

北洞孤山景观　　北洞2号坑出土青铜器情况

1. 喀左小城子乡洞上咕噜沟窖藏
2. 喀左山嘴子乡海岛营子马厂沟窖藏
3. 喀左平房子乡北洞孤山窖藏
4. 喀左平房子乡山湾子窖藏
5. 喀左坤都营子乡小波汰沟窖藏
6. 喀左兴隆庄乡宣家窝堡和尚沟墓地
7. 朝阳木头城子窖藏
8. 朝阳大庙窖藏
9. 翁牛特旗梧桐花乡头牌子窖藏
10. 赤峰大西牛波罗遗迹点
11. 克什克腾旗天宝同遗迹点

商周青铜器窖藏及其他遗址分布图

24. 带铃铜俎（复制品）
Bronze Chopping Block with Bells (Copy)
商 Shang Dynasty
长33.5、宽18、高14.5厘米
义县花尔楼青铜器窖藏出土
辽宁省博物馆藏（原件现藏锦州市博物馆）

俎面为长方浅盘形，下有二半环鼻，连铰状环，分悬二铃，铃上花纹不清。四板状足，足饰兽面纹。俎在青铜器中罕见，此器有铃，尤为珍异。俎本是古代切肉、盛肉的案，铜俎则是用于祭祀的礼器，下悬有双铃，具有北方草原青铜文化的风格。这种特征在很多窖藏铜器中有所体现，表明中原与北方青铜文化的交流、融合乃是辽宁地区青铜文化的主流。

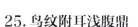

25. 鸟纹附耳浅腹鼎
Bronze *Ding*
西周 Western Zhou Dynasty
口径39.1、高23.4厘米
喀左马厂沟青铜器窖藏出土
辽宁省博物馆藏

敞口，折沿，方唇，附耳，浅圆腹，平底，三柱足。口沿下方浮雕有一圈长尾鸟纹，间以小扉棱，以细致的云雷纹衬地，足上亦有纹饰。此鼎器形特别，腹部所饰长尾鸟纹，凸起如高浮雕，甚为精美，具有西周前期成康昭王时代的特点。

26. "史伐"卣

Bronze You

西周 Western Zhou Dynasty

口径14.5×11、底径16.9×13.2、通高24.5厘米

喀左马厂沟青铜器窖藏出土

辽宁省博物馆藏

椭圆形体，提梁两端饰有牛首，提梁上饰并列的
蝉纹。盖上有杯状纽及角状突起，盖与口沿下
各饰一周夔纹带，间以兽首，纹带上下各饰一周
联珠纹，圈足饰两道凸弦纹，器腹光素无纹。
盖及器内腹部铸有相同铭文："史伐乍(作)父壬障
（尊）彝"。"史"，官名，掌记事、祭祀等，铭谓
此系史官名伐者为其父名壬者所作之器。"伐"
一释"戌"。

27. 弦纹甗

Bronze *Yan* with String Grains

西周 Western Zhou Dynasty

口径29.5、高49厘米

喀左马厂沟青铜器窖藏出土

辽宁省博物馆藏

28. 宽带纹贯耳壶

Bronze Pot with Tubular Ears and Broad Band Design

西周 Western Zhou Dynasty

口径10、高41.6厘米

喀左马厂沟青铜器窖藏出土

辽宁省博物馆藏

壶体呈长圆形，束颈，贯耳，长鼓腹，圜底。此壶似原本有座，经打磨后成现状，故不稳。壶身饰有纵横相交的宽带形纹，形制罕见。此器造型独特，简洁朴素典雅，风格独异，宽带纹，具有西周前期的特点，时代当在西周早期偏后。长鼓腹在西周早期也少见，贯耳为仿商后期的特点，与西周中后期造型不同。

29. "蔡"簋

Bronze *Gui*

西周 Western Zhou Dynasty

口径22.3、底径17.2、高16.3厘米

喀左马厂沟青铜器窖藏出土

辽宁省博物馆藏

30. 蝉纹盘

Bronze Plate with Cicada Design

商 Shang Dynasty

口径33.5、底径21.3、高12.8厘米

喀左马厂沟青铜器窖藏出土

辽宁省博物馆藏

盘呈圆形，侈口，浅腹，高圈足。口沿下饰一周横向的蝉纹带，间以小兽首，以云雷纹衬地；蝉纹下饰一周联珠纹，圈足亦饰横向的蝉纹带，间以短扉棱，云雷纹衬地。此器纹饰清晰、无耳，具有商代后期的特点。

31. 鸭形尊（复制品）

Bronze *Zun* in Duck Shape (Copy)

西周 Western Zhou Dynasty

高44厘米

喀左马厂沟青铜器窖藏出土

辽宁省博物馆藏（原件现藏中国国家博物馆）

商周时期的青铜礼器，包括以动物为造型的器类，均具有庄重、威严的特征和神秘感。这件嘎嘎欲鸣的鸭形器，一反常态，写实而又亲切，为庙堂典礼增加了生活气息。

32. "燕侯" 盂（复制品）

Bronze *Yu* (Copy)

西周 Western Zhou Dynasty

口径34、底径23.5、高24厘米

喀左马厂沟青铜器窖藏出土

辽宁省博物馆藏（原件现藏中国国家博物馆）

此盂形体端庄，有对称的大鸟纹，极显其尊贵，内壁有铭文"匽（燕）侯乍（作）饙盂"。燕侯器在喀左出土，表明周初燕国势力已达辽西地区。

33. 兽面纹鼎

Bronze *Ding* with Beast-mask Design

西周 Western Zhou Dynasty

口径30、高36.5厘米

喀左北洞村2号青铜器窖藏出土

辽宁省博物馆藏

口呈三角圆形，蹄形足，直耳外撇。腹部饰两层花纹，上部兽面，间以短扉棱，下腹饰简化变体双夔纹，整体雷纹衬地；外底有带状铸纹；足上部饰间以短扉棱的兽面纹，其下有四道凸弦纹。此器口呈三角圆形，为西周中期的特点，从器形、纹饰上看，为西周昭穆恭王时代的器物。

34. 勾连雷纹瓿

Bronze *Bu* with Interconnecting Thunder Design

商 Shang Dynasty

口径29、底径26、高29厘米

喀左北洞村2号青铜器窖藏出土

辽宁省博物馆藏

35. "𤰞"方鼎

Bronze Square *Ding*

商 Shang Dynasty

口径40.8×30.5、高51.7厘米

喀左北洞村2号青铜器窖藏出土

辽宁省博物馆藏

口略大于底，底微凸，柱足较粗短。口沿下饰兽面纹带，雷纹衬地，腹部饰乳丁纹框，四隅有扉棱；内底四角对应于鼎足部有四个圆窝，外底有十字形铸纹；足上部饰兽面纹。腹内长壁及内底都铸有铭文，内壁铭文4行24字："丁亥𤰞商（赏）又（右）正𡕹贝才（在）穆朋二百𡕹展（扬）𤰞商（赏）用乍（作）母己障（尊）彝"；内底中心铸有铭文四字："𣂪（箕）侯亚𤰞"。全文大意是：𤰞（人名）在穆（地名）赐右正（官名）𡕹（人名）贝二百朋，𡕹称扬箕侯亚𤰞的赏赐，铸造此鼎以祭祀母己。𡕹属于商末箕侯亚𤰞族，周初仍在燕任右正。箕侯亚𤰞人造的青铜器，曾在北京卢沟桥出土。方鼎是铜器之尊，已出土的商周方鼎大都见于商代国都和王墓之中，王畿之外的大型方鼎目前仅此一件。此鼎制作精工，形制规矩，铭文秀丽。箕侯在周初虽服侍于燕侯，但在商代是仅次于商王的巨族，这件方鼎是箕侯权势地位的体现。

37. "父丁"罍

Bronze *Lei*

西周 Western Zhou Dynasty

口径16.8、底径16、高41.1厘米

喀左北洞村1号青铜器窖藏出土

辽宁省博物馆藏

圆形罍，圈足甚矮，两耳及鼻作兽首形，耳衔圆体圆环。颈部饰凸弦纹两周，肩部环列凸起的圆涡纹六个，肩下凹槽一周。口颈内有铭文一行六字："父丁昷（孤）竹㪍（微）亚"（"㪍（微）"在"亚"字形中）。此罍造型、铸工一般，但五字铭文字体雄壮清晰，含义深邃，前二字有释为"孤竹"，对此虽有不同看法，但普遍认为这件商代罍的出土，为孤竹国在辽西的具体位置提供了证据。

◀ 36. 卷体夔纹蟠龙盖罍

Bronze Covered *Lei* with a Rolling *Kui*-dragon and Interlaced Dragons

西周 Western Zhou Dynasty

口径15.5、底径16.5、通高44.5厘米

喀左北洞村2号青铜器窖藏出土

辽宁省博物馆藏

圆形有盖罍。盖上有半浮雕龙纹，通体作蟠龙状。盖面及周沿以三个长尾夔纹盘绕，中心一蝉纹。龙身腹底对应于盖面中心也饰一阴线简化的蝉纹。罍高圈足，通体花纹，两面四分，上下四层，每面上腹饰对向变形卷体夔纹，突目、利爪、尖齿。下腹饰兽面纹，近底及圈足饰夔纹，通体以雷纹衬地。耳、鼻作兽首状，耳衔圆体圆环，可游动，两耳兽面顶端及耳面饰夔纹。龙被认为是华夏民族的图腾、文明统一的象征、中华传统文化连绵不断的标志。这件铜罍装饰精美华丽、庄重典雅。与1959年四川省彭县竹瓦街西周初年窖藏坑出土的铜罍相似，生动地说明商周时期青铜文化已覆盖中华大地的广阔地域，对研究地域、国别之间的文化交流有一定的价值。

38 "冈父辛" 鼎

Bronze Ding

西周 Western Zhou Dynasty

口径27.7、高36厘米

喀左北洞村2号青铜器窖藏出土

辽宁省博物馆藏

直耳，圆腹，最大腹径在中部，足略似蹄状，外底有网状铸纹。腹起大棱，将腹部分为三面六组花纹，每组颈上部夔纹相对，腹部二夔龙相对成一兽面，尾后各填一夔龙，皆扬须、张目、卷尾。耳饰变形夔纹，足饰兽面纹。通体以细雷纹衬地，纹皆平雕，唯龙目鼓起，神态生动。腹内壁铸铭文三字："冈父辛"，"冈"为族徽，冈族在商代已有，延续到西周乃至春秋。此器形体较大，饰大兽面，厚重圆浑，具有商末周初的特点，趋向马蹄状的鼎足则为西周早期成康时代的特点，与西周初期的大盂鼎足相似，为西周早期器。

39."曾伯"簋
Bronze *Gui*

西周 Western Zhou Dynasty

口径17.3、底径18、高14.5厘米

喀左山湾子青铜器窖藏出土

辽宁省博物馆藏

敛口，鼓腹，圈足，两兽耳下有垂珥，颈饰斜角云雷纹，圈足饰目雷纹。器内底铸铭文："曾白（伯）乍（作）宝障（尊）彝"。

40.双耳鬲
Bronze *Li* with Two Ears

西周 Western Zhou Dynasty

口径14.7、高17厘米

喀左山湾子青铜器窖藏出土

辽宁省博物馆藏

41."伯矩"甗

Bronze *Yan*

西周 Western Zhou Dynasty

口径25.5、高41厘米

喀左山湾子青铜器窖藏出土

辽宁省博物馆藏

方唇，索状直耳。甑鬲间有箅，柱状实足，口沿下饰一周三组兽面纹，衬以细致的雷纹带。鬲部款足上部饰凸起的兽面纹。甑部内腹上近口沿处有铭文六字："白(伯)矩乍(作)宝隣（尊）彝"。此器"伯矩"铭文与北京房山琉璃河西周燕国墓葬所出"伯矩"器器名一致，为同一家族同组的器物，对研究伯矩家族及西周封国有极高的历史价值。器主伯矩有接受燕侯赏赐的记录，这是有关周初封燕势力已达长城以北的又一实证。

42. 兽面纹甗

Bronze *Yan* with Beast-mask Design

西周 Western Zhou Dynasty

口径25.5、高41厘米

喀左山湾子青铜器窖藏出土

辽宁省博物馆藏

大敞口，方唇，索状直耳，足根略大于柱足，口沿下饰兽面纹宽带，款足饰大兽面。内腹上部铸铭文："㚤嫘厴乍（作）宝彝"。当为成王时器。

43. 兽面纹盂

Bronze *Yu* with Beast-mask Design

西周 Western Zhou Dynasty

口径36.1、底径25、高24.4厘米

喀左山湾子青铜器窖藏出土

辽宁省博物馆藏

大敞口，方唇，附耳，高圈足外撇。口沿和圈足
饰涡纹和折身夔纹，夔身较短；腹饰兽面纹，无
地纹。器壁较薄，下腹壁厚仅0.1厘米。此器与
1955年出土的"匽侯"盂相似，为西周早期器
物，器形较大，比较少见。

44. 提梁卣

Bronze *You* with a Handle

西周 Western Zhou Dynasty

口径14.5×11.4、底径17.8×13.7、通高37.7厘米

喀左山湾子青铜器窖藏出土

辽宁省博物馆藏

瓜棱形盖纽，提梁两端作羊首形，腹下垂，圈
足。器形素朴端庄。器内底铭文："舟父甲"，
器盖内铭文："车隽父丁"。

45. "鱼"尊

Bronze *Zun*

西周 Western Zhou Dynasty

口径25.3、底径15.3、高37厘米

喀左山湾子青铜器窖藏出土

辽宁省博物馆藏

形体近觚形，喇叭口，起四棱脊，略挑出器口。花纹可分三段，各段纹饰均以棱脊为鼻，主纹间填云雷纹地。颈部为四组倒置的蕉叶兽面纹，下为一对相向的夔龙纹；腹部和圈足均饰兽面纹。圈足内侧铸有铭文："鱼"，为家族族徽，在商代已有发现。此器器形独特，西周早期有瘦高、趋向觚形的尊，"鱼"尊即具有此特点。此外，侈口圈足、挑檐及扉棱等纹饰均具西周早期青铜器的特征。

46. 牛纹罍

Bronze *Lei* with Two Beast-head Design

西周 Western Zhou Dynasty

口径17.7、底径17.2、高29.6厘米

喀左山湾子青铜器窖藏出土

辽宁省博物馆藏

颈、肩、圈足各饰两道弦纹；肩饰凸起的牛纹，前肢弯曲，尾下垂，以牛首形的器耳为共同的头部，形成一首双身纹饰，牛首状器耳有珥，牛的双角均上翘高耸立于器耳之上，反向的牛尾间以凸起的兽首，腹下部近圈足处有一兽首形鼻，与牛尾间兽首处于同一垂直线上。此器造型别致，铸作粗犷，其造型、纹饰与四川彭县窖藏出土的牛头饰大铜罍相同，对研究燕与巴蜀的文化交流可资借鉴。

47. 兽面纹大圆鼎

Bronze Big Round *Ding* with Beast-mask Design

商 Shang Dynasty

口径61、高86厘米

喀左小波汰沟青铜器窖藏出土

辽宁省博物馆藏

深腹，圆锥形柱足。口沿下饰六组兽面纹，下有三道凸弦纹，足部饰以扁棱为鼻的兽面纹。整体范线清晰，形体较大，造型稳重。此鼎单层花纹，无地纹，为商早期的风格。鼎呈圆形，大而稳，代表了商代早期青铜铸造业的辉煌成就。这件形制花纹都十分标准的商代二里岗时期的大铜鼎，是商代中期罕见的重器，可见商代青铜器在长城以北的分布，不仅时代可以追溯到商代中期，而且级别已很高。

48. "登卢" 方罍

Bronze *Lei*

西周 Western Zhou Dynasty

口径17.3×15.8、底径15×11.6、通高51.3厘米

喀左小波汰沟青铜器窖藏出土

辽宁省博物馆藏

屋脊式盖。腹为四面体，直颈、弧形肩，下腹
内收，方圈足。通体四角及中间均起棱背，腹
两侧各有一兽首形环耳，耳衔一游环。肩上部
饰两道凸弦纹，腹前后两面均有一兽首形鼻，
盖及器身通体饰多组兽面纹，细雷纹衬地，形制
优美，纹饰繁缛。器盖内一侧有铭文两字："登
卢"，为家族族徽，时代当在西周早期。

49. "圉"簋

Bronze Gui

西周 Western Zhou Dynasty

口径24、底座22×22×11、高31.4厘米

喀左小波汰沟青铜器窖藏出土

辽宁省博物馆藏

圆形方座簋。器腹饰以扉棱为鼻的兽面纹，圈足上饰夔纹，方座四面各饰一兽面纹。两兽耳下带珥，耳上的三层动物造型装饰很独特，装饰有虎噬猪的形象。这是北方草原题材与商周礼器融合一体的成功范例，也是燕国青铜器独有的特点。内底铸铭文14字："王柔于成周王赐圉贝用作宝隣（尊）彝"，是辽宁地区首次出现的有周王和王都记载的铭文，内容与北京琉璃河黄土坡燕都墓地所出铜器铭文相同。此簋与北京琉璃河出土的"圉"器同属一族之器，琉璃河"圉"方鼎铭文记有该族在周初与燕侯的从属关系。所以，"圉"簋是继燕侯盂之后，把辽宁出土铜器与西周早期的燕联系起来的又一例证，是研究周初燕国疆域的重要资料。

游牧民族　北方铜器

Nomadic Herders　Northern Bronze Ware

在商末周初，辽宁地区还存在着一种北方式青铜文化遗存。这类具有浓厚草原游牧文化特色的青铜器，以兵器、工具及马具为主，便于携带，适于游牧民族的马上生活。立雕的动物形象极为生动，富于个性。这类青铜器从黑海沿岸到蒙古高原均有发现，是这一时期欧亚草原的主导性文化。大约在公元前二千纪末，一些游牧民族由今内蒙古中南部向东迁徙，直至辽宁及以东地区，形成一条以内蒙古长城沿线为时空范畴的文化传播带。

At the end of the Shang dynasty and the beginning of the Zhou, the Liaoning region still had the remnants of a kind of northern-style bronze ware. This bronze ware, with strong characteristics of the nomadic herders of the grassland, consisted mainly of items with military, work and equestrian applications. Easy to carry, they were well-suited to the mounted lifestyle of the nomadic herders. With carvings of animals, the wares are highly vivid and individualized. This kind of bronze ware has been discovered throughout the area between the coast of the Black Sea and the Mongolian Plateau. It was one of the predominant Eurasian grassland cultures of this time period. Approximately the end of the Second Millennium BCE, some nomadic herders migrated east from what is today the central south parts of Inner Mongolia, settling in Liaoning and areas to the east, and forming a cultural transmission zone shaped in time and space by the Inner Mongolian Great Wall.

50. 铜銎内戈

Bronze *Ge* with a Shaft-hole

商 Shang Dynasty

长20、銎径2.5厘米

绥中冯家村窖藏出土

绥中县文物保护管理所藏

51. 铜三齿器

Bronze Implement with Three Spikes

商 Shang Dynasty

长7.5、齿长5厘米

绥中冯家村窖藏出土

绥中县文物保护管理所藏

52. 青铜戚

Bronze *Qi*

商 Shang Dynasty

长14.5厘米

绥中冯家村窖藏出土

绥中县文物保护管理所藏

铸造。体呈长条状，中有一脊，或饰数道横凸线纹，椭圆形銎口，侧有铜柱，趋刃部渐宽，弧形刃有明显磨损。戚是商代的一种兵器。

53. 鹿首铜刀
Bronze Knife with a Deer-head Shape
青铜时代 Bronze Age
长23.5厘米
法库湾柳街遗址出土
铁岭市博物馆藏

54. 牛首铜削

Bronze Knife with an Oxen-head

春秋 Spring and Autumn Period

长24、牛首高6厘米

建平县太平庄乡出土

建平县博物馆藏

濊貊遗踪　曲刃短剑

Traces of the *Hui* and *Mo* People
Bronze Dagger with Anfractuous Blade

　　从西周至战国时期，东北南部流行以T形柄曲刃青铜短剑为特征的青铜文化。由于这类短剑以辽宁地区出土最多且时代早晚连续，故被称为"辽宁式铜剑"。这种短剑多为墓葬随葬品，伴出有多纽铜镜、车马器等，其分布远及朝鲜半岛以及日本列岛及俄罗斯远东地区，或与东北古代"濊""貊"族的活动有关。

　　From the Western Zhou until the Warring States period, a bronze culture characterized by bronze dagger with anfractuous blade with T–shaped handles was widespread in the southern part of northeast China. Because this kind of short sword is most commonly found in the Liaoning area, and shows continuity throughout the period, it has been called the Liaoning–style bronze sword. This kind of short sword was predominantly used as a funerary item, often accompanying items such as multi–knobbed bronze mirrors and carriages. Distributed as far away as the Korean peninsula, Japanese archipelago and Russia's extreme east, it may be connected to the ancient *Hui* and *Mo* peoples of northeast China.

55. 双虺纠结铜具
Bronze Implement in the Shape of Coiled Double Serpents
春秋 Spring and Autumn Period
宽7.1、高10.3厘米
朝阳十二台营子2号青铜短剑墓出土
辽宁省博物馆藏

56. 三纽铜镜

Breast Protector Mirror with Three Knobs

春秋 Spring and Autumn Period

直径20厘米

朝阳十二台营子1号青铜短剑墓出土

辽宁省博物馆藏

镜面微鼓，镜面边缘处有两周几何形纹饰带，由曲尺形、长方形、梯形、三角形、平行四边形等纹饰组成，内圈纹饰较细密，外圈纹饰稍粗疏。镜背无纹饰，近边缘处有三枚小鼻纽，呈三角形排列。镜缘尖锐，由镜背、镜面同向斜抹成刃状。同墓共出两面形制相同的三纽镜。此类铜镜的用途尚待研究。

57. 三角几何纹三纽铜镜

Bronze Mirror with Knobs

春秋 Spring and Autumn Period

直径20.5厘米

朝阳十二台营子3号青铜短剑墓出土

辽宁省博物馆藏

平面圆形，镜背上部近沿处有三个呈"川"字形排列的扁长纽，纽上铸复线曲折纹。背面纹饰由地纹和主纹组合而成，地纹为细密的平行短线，三组下方的地纹上铸三角几何纹宽条带，条带内空白，以45°和90°角曲折勾连。镜背周沿铸一周几何花纹带，由三角形、曲尺形、直线、斜线相间组成。镜缘平，无隆起。整体厚重，铸造工致。多纽铜镜是曲刃青铜短剑文化具有代表性的器物之一。镜背多饰几何纹，侧边置两个以上镜纽，其发源地应在辽河流域，后流布于朝鲜半岛及日本列岛。

58. 曲刃青铜短剑
Bronze Dagger with Anfractuous Blade

春秋 Spring and Autumn Period

长36.7、宽6.5厘米，石枕状器长9.6、厚3.6厘米

朝阳十二台营子2号青铜短剑墓出土

辽宁省博物馆藏

青铜铸造。曲刃柱脊，剑叶肥大，刃由两段弧曲线连接而成，连接处出一明显的突棘。剑茎遗有木质和麻缕痕，说明原装有木柄。黑色矿石质加重器原装于剑的柄首，侧视如枕，两端高、中腰低。此剑铸工精良，保存亦好，十分锋利。同墓共出两件。

59. 人面纹铜牌饰
Bronze Plates with Human Face Design

春秋 Spring and Autumn Period

长9.2、宽7.5厘米

朝阳十二台营子1号青铜短剑墓出土

辽宁省博物馆藏

中间为一人面形，突额、长鼻、突唇、圆眼，外边绕由两蛇盘曲构成的圈框，在人面与蛇形圈框之间有六个宽辐条形连接支撑，人面上下的两个宽辐条上饰有三角形花纹。背面有一穿鼻。青铜短剑的族属是为研究者所关注的题目。此牌人物造型较罕见，这种典型北方人种特征的人面形象，是极其珍贵的研究资料，对研究使用青铜短剑人群的族属具有重要价值。

60. 三角形铜具

Triangular Bronze Implement

春秋 Spring and Autumn Period

长12厘米

朝阳十二台营子2号青铜短剑墓出土

辽宁省博物馆藏

61. 铜斧石范

Stone Models of Bronze Axe

春秋 Spring and Autumn Period

长9、宽6.2厘米

朝阳龙城区三家乡下石片子村出土

朝阳博物馆藏

62. 绳纹夔纹铜盉

Bronze *He* with Rope-like Design

春秋 Spring and Autumn Period

口径13.5×10.4、底径9.1×6.8、高10.6厘米

喀左南洞沟石椁墓出土

辽宁省博物馆藏

63. 三穿铜戈

Bronze *Ge* with Three *Chuan*

春秋 Spring and Autumn Period

通长18.8、内长7.3厘米

喀左南洞沟石椁墓出土

辽宁省博物馆藏

64. 鳐鱼形铜饰件
Bronze Ornaments in the Shape of Ray
春秋 Spring and Autumn Period
长9.5~15.7、宽9.3~13.1厘米
喀左南洞沟石椁墓出土
辽宁省博物馆藏

正面均为鳐鱼形，扁口，比目，短身，细尾，左右有宽鳍如翅。大者腹部有上下两桥形纽，小者有"十"字形纽，均供穿带使用。春秋时期车马具为鳐鱼形，背面有两桥状纽。大的可用作马额前的当卢，小的可作穿连马头革带的节约，形状生动，用作车马饰极具巧思。这种海鱼至今仍出没于渤海湾一带，表明当时这类青铜文化已与海洋结缘。

65. 盾式铜镜

Shield-shaped Bronze Mirrors

春秋 Spring and Autumn Period

长13.3、宽11.8厘米

葫芦岛乌金塘墓地出土

辽宁省博物馆藏

同墓共出土八件，仅两件完整。两件形制相似，平面，呈圆头平底束腰盾形，其一背双纽，并列于上端；另一件背三纽，呈上下排列，两纽并列于圆端，一纽在下近平底处。均为桥纽，镜缘隆起，与镜背平，背素无纹，正面光亮。该镜属于北方地区的多纽镜系列，唐以前铜镜以圆为主，有少量方镜，该镜的盾式外形突破了早期镜的造型，不能不说是一种创新，而其亮白的铜镜表面有一种近似于汉镜的光泽，似可表明当时北方地区铸镜的合金比例趋向完美。

67. 曲刃青铜短剑

Bronze Dagger with Anfractuous Blade

春秋 Spring and Autumn Period

通长43.4、剑宽5.6、脊径2.3厘米

凌源三官甸子青铜短剑墓出土

辽宁省博物馆藏

由剑身、剑柄和枕状器三部分组成。剑身柱状脊有锉磨棱面，曲刃，刃叶下部外曲，中部稍外曲，上部近平直，直至汇成剑锋；剑柄T字形，中空，喇叭状口，周身饰几何纹饰，柄筒有一对方形穿孔，无纹饰，柄首三角形纹，槽口外平直。铁矿石磨制的枕状器两个，镶嵌在柄首槽内，顶部三道棱背，底平直，一端呈乳头状，中间一深沟槽，为系绳之处，乳头状相对置入槽内。

 ### 66. 长方形板状双组铜铃

Quadrate Bronze Bells with Two Knobs

春秋 Spring and Autumn Period

长8.4~9、宽7~7.4厘米

葫芦岛乌金塘墓地出土

辽宁省博物馆藏

呈扁平长方体，上侧有两个方形小环组，正面有相互交错的几何形纹饰，中空，含一小铜饼；背面有四个三角形镂孔，两侧各有两个长椭圆形镂孔。一般铜铃为圆形，二里头时期就已出现，此后犬形、马形铃等均有发现，但少见方板状铜铃。此铃为车马器，其样式独特，代表北方民族的文化特征。

68.青铜盖鼎
Bronze Covered *Ding*
战国 Warring States Period
口径10.5、腹径15、通高17.4厘米
凌源三官甸子青铜短剑墓出土
辽宁省博物馆藏

圆腹，附耳。盖上直立三环纽，鼎盖饰一周圆形图案，圆形由八个扇形组成，其中四个扇形无纹饰，四个扇形内排列整齐的米点纹，这两种扇形间隔排列在同一圆周内。器身口沿下亦饰一周同样纹饰，鼎腹中部、附耳与三足之间饰一周凸起的三角卷云纹饰带。此器纹饰为团花纹的变形，战国时期有一种团花纹鼎比较简略，造型具有燕文化的特点，纹饰独特。此鼎出土对研究燕文化与北方民族之间的文化关系有一定的历史与艺术价值。

69. 蛇衔蛙铜饰件

Bronze Ornament in the Shape of Two Snakes
Holding a Frog in the Mouth

战国 Warring States Period

长20、宽5.7厘米

凌源三官甸子青铜短剑墓出土

辽宁省博物馆藏

车马具。蛙前肢撑立后肢收屈，两条蛇各吞咬住
蛙收屈的后肢，蛇身纠结形成三个椭圆形穿孔，
蛇尾稍翘，蛇身截面呈半圆形，蛇腹底有三个半
环形组。蛙背和蛙眼镶嵌绿松石，蛙蛇腹底有柱
状梁及环状组。蛇衔蛙这种题材，春秋战国时在
祭器上多见，这里作为车马具，当是追求一种神
秘感。

70. 大铜蛙饰件

Bronze Ornaments in the Shape of Frog

战国 Warring States Period

长9.2、宽6.8厘米

凌源三官甸子青铜短剑墓出土

辽宁省博物馆藏

71. 小铜蛙饰件

Bronze Ornaments in the Shape of Frog

战国 Warring States Period

长4.2~4.5、宽3~3.3厘米

凌源三官甸子青铜短剑墓出土

辽宁省博物馆藏

72. 铜虎饰件

Bronze Ornaments in the Shape of Tiger

战国 Warring States Period

大铜虎：长10.5、宽3.8厘米

小铜虎：长4.9、宽3.6厘米

凌源三官甸子青铜短剑墓出土

辽宁省博物馆藏

73. 鹿形金饰片
Gold Ornament in the Shape of Deer
战国 Warring States Period
长4.8、宽3.8厘米
凌源三官甸子青铜短剑墓出土
辽宁省博物馆藏

74. 虎形金饰片
Gold Ornament in the Shape of Tiger
战国 Warring States Period
长5.6、宽2.8厘米
凌源三官甸子青铜短剑墓出土
辽宁省博物馆藏

75. 兽首形陶鼓风管
Pottery Blastpipe Shaped of Beast Head
战国 Warring States Period
残长21.8、直径6.6厘米
凌源三官甸子青铜短剑墓出土
辽宁省博物馆藏

76. 铜钟

Bronze Bells

战国 Warring States Period

长径8.1~11.6、短径5.9~11、高14.2~19.2厘米

凌源三官甸子青铜短剑墓出土

辽宁省博物馆藏

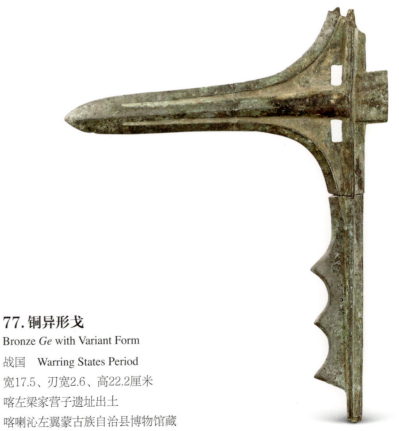

77. 铜异形戈

Bronze *Ge* with Variant Form

战国　Warring States Period

宽17.5、刃宽2.6、高22.2厘米

喀左梁家营子遗址出土

喀喇沁左翼蒙古族自治县博物馆藏

东大杖子墓地全景

东大杖子 M40 揭开外椁板后全景

东大杖子 M40 仿铜陶礼器出土情况

78. 陶鼎

Pottery *Ding*

战国 Warring States Period

口径36、通高39厘米

建昌东大杖子墓地40号墓出土

辽宁省文物考古研究所藏

泥质黑灰陶夹少量砂。器盖圆形隆顶，中心内置一衔环钮，外周排列三只短尾卧兽。鼎身子母口，圜底，腹部有两长方形附耳，柱状蹄足。口处饰一周凹弦纹，腹中部饰一周凸弦纹，两道弦纹之间刻划短斜线连接的云纹。

79. 彩绘陶豆

Painted Pottery *Dou*

战国 Warring States Period

口径20.5、底径17.7、通高56.6厘米

建昌东大杖子墓地40号墓出土

辽宁省文物考古研究所藏

半球形豆盖上三只长尾、独角的蹲兽，盖
口及底缘饰凹弦纹。半球形豆盘，方唇，
近口处饰对称环形小耳，柱状柄，喇叭形
圈足。通体红彩勾绘卷云纹。

80. 彩绘陶钫

Painted Pottery *Fang*

战国 Warring States Period

口缘长17.5、足缘长21.5、通高72.5厘米

建昌东大杖子墓地40号墓出土

辽宁省文物考古研究所藏

盖作方形，盖面中为大方孔，周围八件花
瓣状饰件。方形口微外侈，腹微鼓，由界
栏式扉棱分成四区，方圈足。颈部两面有
兽面铺首，另外两面附伏虎状饰件，饰件
与器身由榫卯结构连接。通体红彩绘单线
卷云纹。

81. 金柄青铜短剑

Bronze Dagger with a Gold Handle
and Anfractuous Blade

战国 Warring States Period

长31.8、柄宽14.4厘米

建昌东大杖子墓地11号墓出土

辽宁省文物考古研究所藏

82. 圆形柿蒂纹滑石饰件

Stone Ornaments

战国 Warring States Period

外径7.2~7.3、内径4.4~4.5厘米

建昌东大杖子墓地40号墓出土

辽宁省文物考古研究所藏

滑石质，灰白色，局部有黄色沁。整体
呈圆环形，圆形外饰透雕柿蒂形，内缀
三个透雕卷云纹，表面有线切痕迹。出
土于内外椁之间。

83. 蟠虺纹铜盖壶

Bronze Pots with Coiled Serpent Design

战国 Warring States Period

口径26、底径14.5、通高42.5厘米

建昌东大杖子墓地出土

葫芦岛市博物馆藏

[叁]

战国至隋唐时期

（公元前5世纪~公元907年）

＊

Chapter III

From the Warring States through the Sui and Tang Periods

(Fifth Century BCE–907 CE)

开疆设郡　秦汉一统

Opening the Frontier and Establishing Prefectures
Qin Han Unification

　　战国晚期中华大地呈现出从分裂逐步走向统一的态势。随着燕国势力的东进，东北南部纳入燕国版图，辽宁地区逐渐成为中原文化的一部分。秦汉时期，随着国家的繁荣强盛，中央王朝加快了开发东北的步伐，辽宁境内发现的这一时期的遗存，证明辽宁已经成为当时东北地区政治、经济、文化的中心，以及向周边地区传播中原先进文化的枢纽。

　　During the late Warring States period as the state of Yan gained influence in the east, the southern part of northeastern China came into Yan's sphere of influence and the Liaoning region gradually became a part of the culture of the Chinese central plains. During the Qin and Han dynasties, and together with the nation's rise to strength and prosperity, the central government accelerated its northeastern expansion. Relics and sites from that period discovered in Liaoning show that Liaoning had already become a cultural, political and economic centre of northeast China.

1. 铸花铜戈
Cast Bronze Halberd with Flower Design
战国 Warring States Period
通长28.6、刃宽3.3厘米
凌源五道河子墓群M1出土
辽宁省博物馆藏

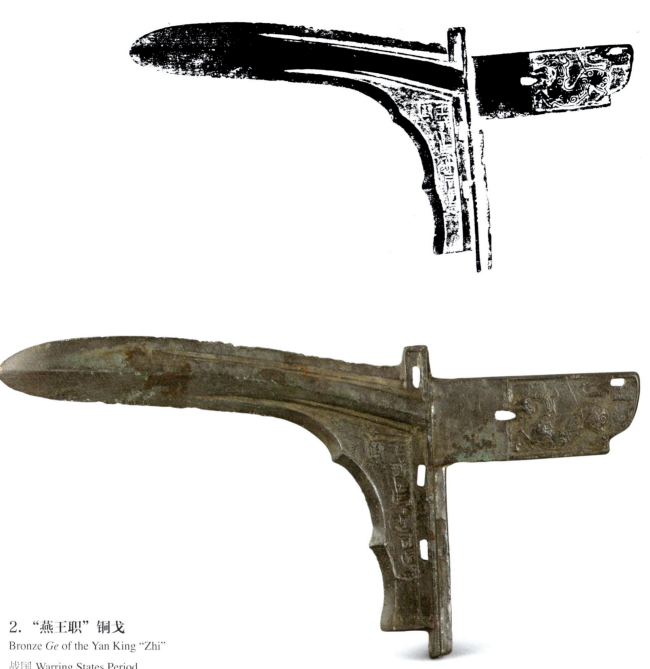

2. "燕王职"铜戈

Bronze *Ge* of the Yan King "Zhi"

战国 Warring States Period

通长27.2、刃宽3厘米

北票东官营子出土

辽宁省博物馆藏

铭文"郾王职戈乍（作）御司马"八字。《史记》所载燕世系中无职一代，但"王职"铭文的兵器发现已不下十数件，多见于河北易县燕下都。它的发现可补史之阙疑，燕确应有"职"一代，依时间推算也可能是燕昭王。燕王戈在辽宁发现，为燕在辽宁境内的活动提供了极重要的物证。

3. "启封" 铜戈

Bronze Ge of "Qi Feng"

战国 Warring States Period

通长24、刃宽3.3厘米

大连市新金县出土

辽宁省博物馆藏

战国时期魏国铸造的兵器。在它的内部有铭文："廿一年启封命痈工师鈌冶者"，背面刻有"启封"二字。

4. "燕王喜"铜短剑
Bronze Dagger of The Yan King "Xi"

战国 Warring States Period

通长24厘米

北镇亮甲河岸采集

辽宁省博物馆藏

铭文"匽王喜□乍（作）□鋏（鈹）"。

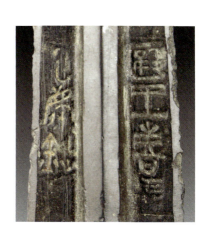

5. "安阳" 钱范
Coin Mold with Characters *Anyang*

战国 Warring States Period

长10.3、宽3.8、厚0.6厘米

阜新蒙古族自治县博物馆藏

6. 铜鼎
Bronze *Ding*

战国 Warring States Period

口径16、通高27厘米

辽阳新城战国墓出土

辽宁省博物馆藏

7. 木俑

Wooden Figures

战国 Warring States Period

高13.3~16厘米

辽阳新城战国墓出土

辽宁省博物馆藏

8. 夔龙纹滑石片

Soapstone Carved with *Kui*-Dragon Pattern

战国 Warring States Period

长10.7、宽6.1厘米

辽阳徐往子战国墓出土

辽阳博物馆藏

姜女石建筑遗址石碑地全景

姜女石建筑遗址Ⅲ区全景

9. "千秋万岁" 瓦当

Tile-End with Characters "Qian Qiu Wan Sui"

汉 Han Dynasty

直径18厘米

绥中姜女石建筑遗址出土

辽宁省文物考古研究所藏

两汉时期最流行卷云纹瓦当和吉语文字瓦当。"千秋万岁"瓦当属于吉语文字瓦当，在瓦当中数量最多、流行时间最长、分布范围最广，是吉语文字瓦当中出现时间最早的瓦当之一。

10. 空心砖踏步（院门台阶）

Hollow Brick Step

秦 Qin Dynasty

长155、宽33、厚17.5厘米

绥中姜女石建筑遗址出土

辽宁省文物考古研究所藏

泥质灰陶烧制。表面饰菱格纹，其余三面无纹饰。这类空心砖多发现于建筑及院落的门址处，其用途为起台阶作用的踏步。

11. 夔纹大瓦当

Tile-end with *Kui*-Dragon Design

秦 Qin Dynasty

长68、高37、当面直径52厘米

绥中姜女石建筑遗址出土

辽宁省文物考古研究所藏

当面饰高浮雕夔纹，夔纹已简化，蜷曲盘绕，两相对称，状如山峦；瓦身顶面拍印细绳纹，内面无纹饰。这件瓦当是迄今已发现的历代瓦当中最大的一件。同类的曾发现于秦皇陵2号建筑基址。当为秦始皇皇家大型宫殿特用之建筑构件，可称"瓦当王"。

12. "柳城"陶壶

Pottery *Hu* with Characters *Liucheng*

汉 Han Dynasty

口径14、底径16、高29厘米

朝阳十二台乡腰而营子砖厂遗址出土

朝阳县博物馆藏

13. "柳"字板瓦
Slightly Concave Tile Engraved with Character *Liu* in Relief

西汉 Western Han Dynasty

残长20.9、宽11.5、厚1.3厘米

朝阳袁台子遗址出土

辽宁省博物馆藏

1979年在朝阳市十二台营子乡袁台子村调查并发掘了一处战国秦汉大型遗址，该遗址出土了121块带有"柳""城""柳城"字样的板瓦和筒瓦残片。字均用陶拍拍印而成，字体为篆、隶书两种。这些板瓦的发现证实今朝阳袁台子一带即为汉辽西郡"柳城县"所在地，也为附近其他几座汉代县城的位置提供了坐标。

14. "柳"字陶拍

Pottery Paddle Engraved with Character *Liu*
Rendered in Sunken Relief

西汉 Western Han Dynasty

长10.8、宽7、高3.2厘米

朝阳袁台子遗址出土

辽宁省博物馆藏

15. 双鸟回首铜柄铁剑

Iron Sword with Bronze Hilt Decorated
with Two Birds Looking Backwards

西汉 Western Han Dynasty

长85、刃宽3厘米

铁岭西丰西岔沟墓地出土

辽宁省博物馆藏

16. 双牛纹铜牌饰
Bronze Ornament with Double Cow Design

西汉 Western Han Dynasty
长14.9、宽7厘米
铁岭西丰西岔沟墓地出土
辽宁省博物馆藏

西岔沟墓地出土的青铜牌饰共20余面，有的表面鎏金，纹饰有双牛、双马、双羊、双驼、犬马、犬鹿、鹰虎等。或作温静相处状，或作搏斗撕咬状。还有各种兽角、兽首、兽足构成的富有变化的几何图案。铜牌饰题材广泛，造型艺术风格独特，题材皆来自于生产、生活和战斗场面。

17. 鎏金神兽双羊纹铜牌饰
Gilded Double-goats Bronze Ornament

西汉 Western Han Dynasty
长9.5、宽4.8厘米
铁岭西丰西岔沟墓地出土
辽宁省博物馆藏

18. 星云纹铜镜
Bronze Mirror with Nebular Design

西汉　Western Han Dynasty

直径10.5厘米

铁岭西丰西岔沟墓地出土

辽宁省博物馆藏

19. 铜护心镜
Bronze Chest Plate

西汉　Western Han Dynasty

直径8.1厘米

铁岭西丰西岔沟墓地出土

辽宁省博物馆藏

20. 石串珠项饰

Necklace with Stone Beads

西汉 Western Han Dynasty

串珠直径约0.9、长2.3厘米不等

铁岭西丰西岔沟墓地出土

辽宁省博物馆藏

21. 银丝扭环耳饰

Earrings with Silver Twisted Strands

西汉 Western Han Dynasty

长6.1厘米

铁岭西丰西岔沟墓地出土

辽宁省博物馆藏

这种金、银丝穿珠扭环耳饰一般每墓只出一件，当为耳坠，形制与做法大致相同。多以一根直径约一毫米的金、银丝拧成双股直绳，至其尽端分开，一股拗曲成钩，以挂于耳上。另一股则拍扁成叶状，用以遮蔽耳孔，有时将某一股绳又分成单股，并各绕出对称的小环，在其上穿缀绿石和白石管状珠，六瓣瓜棱形红玛瑙珠和扁圆形蓝琉璃珠等。五色间杂，灿丽夺目。

22. 金丝扭环耳饰

Earrings with Gold Twisted Strands

西汉 Western Han Dynasty

长6.8~8厘米

铁岭西丰西岔沟墓地出土

辽宁省博物馆藏

民族融合　魏晋风云

Ethnic Blending　Wei Jin Instability

　　三国两晋南北朝时期，全国范围政权更迭纷繁。汉魏之际，辽宁境内"三郡乌桓"和公孙氏政权分别割据辽西和辽东，后都为曹魏所代。两晋时期，慕容鲜卑崛起于辽西，建立"三燕"政权，高句丽则占据辽东山地。南北朝时期，辽宁东部地区被高句丽占领，辽西地区则先后经历了北魏、东魏、北齐政权。这些政权和民族间的碰撞、兼并，加速了经济文化交流，为华夏文化注入了活力。

　　During the era of the Three Kingdoms, Eastern and Western Jin, and Northern and Southern dynasties, political regimes changed frequently for the whole country. During the Han and Wei periods, Liaoning was partitioned into western and eastern sections by both the Wuhuan and the Gongsun clan regimes. Both were later replaced by the state of Cao Wei. During the Eastern and Western Jin period, the Murong Xianbei arose in western Liaoning, establishing the Three Yan (Former Yan, Later Yan, and Northern Yan) regimes, while the Koguryo occupied the mountains of Liaodong. During the Northern and Southern dynasties, the eastern part of Liaoning was occupied by the Koguryo, while western Liaoning fell successively under the regimes of the Northern Wei, Eastern Wei, and Northern Qi dynasties. These clashes and annexations among the regimes and people, accelerated economic and cultural exchange, energizing the culture of ancient China.

23. 骨尺

Bone Ruler

东汉末—三国

the End of Eastern Han—the Three Kingdoms

长23.8、宽1.9厘米

辽阳三道壕壁画墓出土

辽宁省博物馆藏

24. 鸟纹博局镜

Rubbing of Game Board Mirror with Bird Decoration

东汉末—三国

the End of Eastern Han–the Three Kingdoms

直径17厘米

辽阳三道壕一号壁画墓出土

辽宁省博物馆藏

出土于墓主的枕头下，用绢包裹。铜镜边缘较宽，近边缘处饰锯齿纹、折线纹，外区为常见的斜线纹，铭带处有铭文："吾作大竟（镜）真是好，同（铜）出余（徐）州清且明分"。内区为四组两两相对的鸟纹，鸟的眼睛为乳丁纹，纽区饰博局纹，上有乳丁，乳丁小而尖。这种博局镜是汉魏时期常见的铜镜纹饰。

25. 青瓷虎子

Celadon Chamber Pot

晋 Jin Dynasty

通长25、通高19厘米

辽阳上王家晋墓出土

辽宁省博物馆藏

26. 金铃
Small Gold Bells
晋 Jin Dynasty
上排：通高1.2~1.7、腹径1.1~1.6厘米，
包括铃丸在内重42.1克
下排：通高2.1、腹径2厘米，
包括铃丸在内重98.1克
北票房身村墓地出土
辽宁省博物馆藏

27. 新月形嵌玉金饰
Crescent-shaped Gold Ornament Inlaid with Jade
晋 Jin Dynasty
长 14、宽 5 厘米
北票房身村墓地出土
辽宁省博物馆藏

以金片剪作新月形，中心鼓出一长方形框，挖
孔背后复铆一金片作壁，框内嵌青色玉石片作
饰，两侧划对凤纹神采飞动。金片两端各钻出
四个圆孔，似可穿线悬项作饰，或是缝于某件
衣物上作为服饰。慕容鲜卑常饰龙凤纹。此件
凤纹为刻划而成，制法少见而别致。

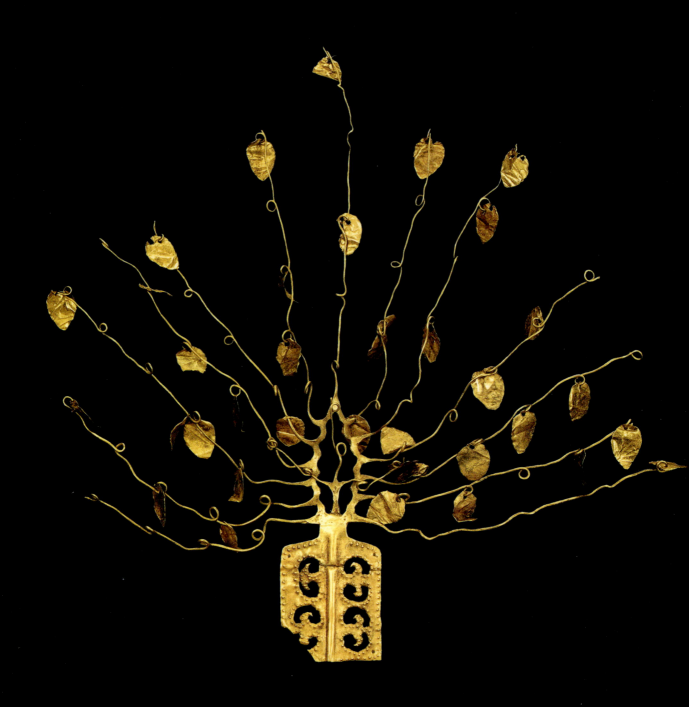

28. 花树状金步摇
Tree-shaped Gold Shimmering Headdress

晋 Jin Dynasty

高27.3厘米

北票房身村墓地出土

辽宁省博物馆藏

喇嘛洞墓地西区全景

29. 釉陶羊尊
Glazed Pottery *Zun* in the Shape of Sheep

晋 Jin Dynasty

长27.5、宽14.8、高26.2厘米

北票喇嘛洞墓地出土

辽宁省文物考古研究所藏

尊为泥质红陶胎，通体酱色釉。中空。槐叶形目，八字形鼻孔，箴口。吻下一绺山羊胡，两耳斜侈，一对羊角分别环于耳侧，角上具齿棱。羊首昂起，四肢曲缩于腹下，宽扁短尾曲于臀后，背部有一桥状提梁，梁面有齿棱。羊首顶部有一近圆形开口并扣一近三角形盖，其上有带孔盖纽。下具管状舌。另在羊吻部正面还有一孔，与颈和腹腔相通。这件釉陶羊尊造型逼真，四蹄卧地，身体浑圆，釉色晶莹典雅，在众多的三燕文物中仅此一例，弥足珍贵。

30. 铁环首刀
Iron Knife with an Annular Head

晋 Jin Dynasty

长78.7、宽3.6厘米

北票喇嘛洞墓地出土

辽宁省文物考古研究所藏

31. 鎏金铜人面

Gilded Bronze Mask

晋 Jin Dynasty

长10、宽6.8厘米

北票喇嘛洞墓地出土

辽宁省文物考古研究所藏

32. 铜当卢

Bronze Ornament of the Bridle

晋 Jin Dynasty

通长38、宽13.5厘米

北票喇嘛洞墓地出土

辽宁省文物考古研究所藏

当卢为铜片裁制，形似倒置的琵琶，上部作杏叶形，顶尖正中铆一短柱，上承仰置的半圆形铜泡，似置璎珞之用。下部作条柄状，中间轧出一道竖棱，当卢周边再扎孔穿丝套管缀叶21片，中上部有铆钉三个。

33. 蚌壳马具

Clam-Shaped Horse Tacks

晋 Jin Dynasty

直径约4厘米

北票市大板镇仓粮窖出土

北票市博物馆藏

冯素弗墓地全景

34. 金步摇冠

Gold Shimmering Headdress

十六国 the Sixteen Kingdoms

通高约25厘米

北票西官营子冯素弗墓出土

辽宁省博物馆藏

步摇原是汉人妇女首饰的名称。史载鲜卑慕容部因爱戴步摇冠，被诸部呼为步摇，音讹而成慕容，是慕容部得名的由来。冯素弗墓所出的步摇冠正是在笼冠的梁架上，即冠顶出一枝步摇花，使人见识到久已闻名的这种服饰品的风貌，同时印证了历史记载，弥足珍贵。

35. 镂孔山形金饰片
Gold Ornament with Openwork
and Shaped Like a Mountain

十六国 the Sixteen Kingdoms
宽6.35~6.6、高7厘米
北票西官营子冯素弗墓出土
辽宁省博物馆藏

36. 压印佛像纹山形金饰片
Golden Chevron-shaped Ornament Embossed with Buddha

十六国 the Sixteen Kingdoms
宽6.8~8.2、高6.6厘米
北票西官营子冯素弗墓出土
辽宁省博物馆藏

又名金珰，是汉晋以来高级官吏特用的冠前饰物，是一种高等级额冠徽记，最早出现于战国时期。据文献记载，金珰通用者为山形。此件金珰一面压印一佛二菩萨像，一面缀步摇金叶，是佛教在北燕地区日益兴盛的一种反映。这种装饰品表现了中原文化、佛教文化与鲜卑系统文化的交互融汇，对东北亚金饰品文化的影响至为深远。

37. 铜鎏金木芯马镫
Gilded Wooden Stirrups

十六国 the Sixteen Kingdoms

全高23.2、25厘米，宽均16.9厘米

北票西官营子冯素弗墓出土

辽宁省博物馆藏

此副马镫以揉拗桑木条做成镫圈，上为带
孔的长柄，沿圈条的外壁包钉一层鎏金铜
片，工艺精细，为唯一有绝对年代可考的
完整双马镫。

38. 青石砚

Grey-black Inkstone

十六国 the Sixteen Kingdoms

砚面26.7×23.3、砚高8.3厘米

北票西官营子冯素弗墓出土

辽宁省博物馆藏

砚为淡青色砂岩制作。砚面有长方形砚池，另雕出放置墨丸的方形墨床，耳杯形的水池和搁笔用的笔槽。笔槽在笔管的顶端出一分叉，非常奇特。墓中随葬文具是汉晋以来崇尚士儒门第的表现，风气所及，影响至北燕。

39. "范阳公章" 金印

"Seal of Fanyang" Golden Seal (Official Seal for Documents)

十六国 the Sixteen Kingdoms
通宽2.6、通高1.87厘米
北票西官营子冯素弗墓出土
辽宁省博物馆藏

金质龟纽，金质纯度80%~85%。印文曰章，正符合汉制。印面大小也是汉魏以来的规格，金印的龟纽口目皆具，四足刻出脚爪纹，生动有趣。背缘刻弧纹以像龟的裙边，脊上刻圆圈纹带以像银河，两边分刻有双线折曲连接的小圈6个和7个，象征有南斗和北斗，宰辅之印工艺如此精细，为金印中所仅见。冯素弗在后燕高云时封范阳公，北燕建国改封辽西公，前朝之印没有收回，得以随葬。

40. "辽西公章" 鎏金铜印

"Seal of Liaoxi" Gilt Bronze Seal

十六国 the Sixteen Kingdoms
通宽2.5、通高2.7厘米
北票西官营子冯素弗墓出土
辽宁省博物馆藏

41. "大司马章"鎏金铜印

"Sima(Roughly Equivalent to General Officer) Seal" Gilt Bronze Seal

十六国 the Sixteen Kingdoms

通宽2.62、通高2.83厘米

北票西官营子冯素弗墓出土

辽宁省博物馆藏

42. "车骑大将军章"鎏金铜印

"Mounted Marshal" Gild Bronze Seal

十六国 the Sixteen Kingdoms

通宽2.36、通高2.75厘米

北票西官营子冯素弗墓出土

辽宁省博物馆藏

44. 玻璃杯

Glass Cup

十六国 the Sixteen Kingdoms

口径9.4、高7.7厘米

北票西官营子冯素弗墓出土

辽宁省博物馆藏

北票冯素弗墓中出土的玻璃杯、玻璃碗、鸭形玻璃注均为钠钙玻璃器，时代较早，约产于罗马帝国时期。其传入途径很可能是由东起大兴安岭，西至黑海的北方草原丝绸之路传进冯氏北燕。玻璃器均系吹制，与现在吹制玻璃器的方法相同。玻璃碗底部仍有制作时留下的粘疤残痕。这些玻璃器是研究草原丝绸之路重要的实物资料，具有重要的历史和艺术价值。

43. 鸭形玻璃注

Duck-shaped Glass Water Dropper

十六国 the Sixteen Kingdoms

存长约20.5、高（以底部圆饼贴地平置计）9厘米

北票西官营子冯素弗墓出土

辽宁省博物馆藏

此件玻璃注身型修长，一端扁嘴如鸭，长颈圆腹，曳细长尾，尾尖残断。通体以无模自由吹制成型，后将玻璃料拉成细条，缠绕在器身上作为装饰。整体曲线柔和，结构匀称。它是冯素弗墓出土玻璃器中工艺最复杂、器形和装饰最有特点的一件。这种动物造型的玻璃器皿在我国仅出土这一例。

45. 玻璃碗

Glass Bowl

十六国 the Sixteen Kingdoms

口径13、底径4.4、高4.1厘米

北票西官营子冯素弗墓出土

辽宁省博物馆藏

46. 双鹿纹陶范

Pottery Mold with Double-deer Pattern

三燕 Tri-Yan Dynasty

长9、宽10.2厘米

朝阳柳城镇袁台子村遗址出土

朝阳县博物馆藏

47. 黄绿釉陶尊

Yellow-green Glazed Pottery Wine Vessel

三燕 Tri-Yan Dynasty

口径9.5、底径9.5、高8.3厘米

朝阳十二台公社砖厂王坟山遗址出土

朝阳县博物馆藏

48. 黄绿釉陶盘

Yellow-green Glazed Pottery Dish

三燕 Tri-Yan Dynasty

口径20.7、底径17.5、高3.3厘米

朝阳十二台公社砖厂王坟山遗址出土

朝阳县博物馆藏

49. 石雕佛造像
Stone Statue of Seated Buddha
北魏 Northern Wei Dynasty
座宽33、残高34厘米
喀左南哨镇卢家沟村出土
喀喇沁左翼蒙古族自治县博物馆藏

50. 石雕佛造像
Stone Statue of Seated Buddha
北魏 Northern Wei Dynasty
残高34厘米
喀左南哨镇卢家沟村出土
喀喇沁左翼蒙古族自治县博物馆藏

51. 泥塑束发髻菩萨头像

Clay Head of Buddha

北魏 Northern Wei Dynasty

残高约10厘米

朝阳北塔遗址出土

朝阳市北塔博物馆藏

52. 泥塑通肩袈裟佛坐像残件

Clay Figures of Sitting Buddha Wearing
Cassock through the Shoulders

北魏 Northern Wei Dynasty

残高约16厘米

朝阳北塔遗址出土

朝阳市北塔博物馆藏

53. 泥塑通肩袈裟佛立像残件
Clay Figure of Standing Buddha Wearing
Cassock through the Shoulders

北魏 Northern Wei Dynasty

残高8厘米

朝阳北塔遗址出土

朝阳市北塔博物馆藏

54. 泥塑通肩袈裟佛立像残件
Clay Figure of Standing Buddha Wearing
Cassock through the Shoulders
北魏 Northern Wei Dynasty
残高12厘米
朝阳北塔遗址出土
朝阳市北塔博物馆藏

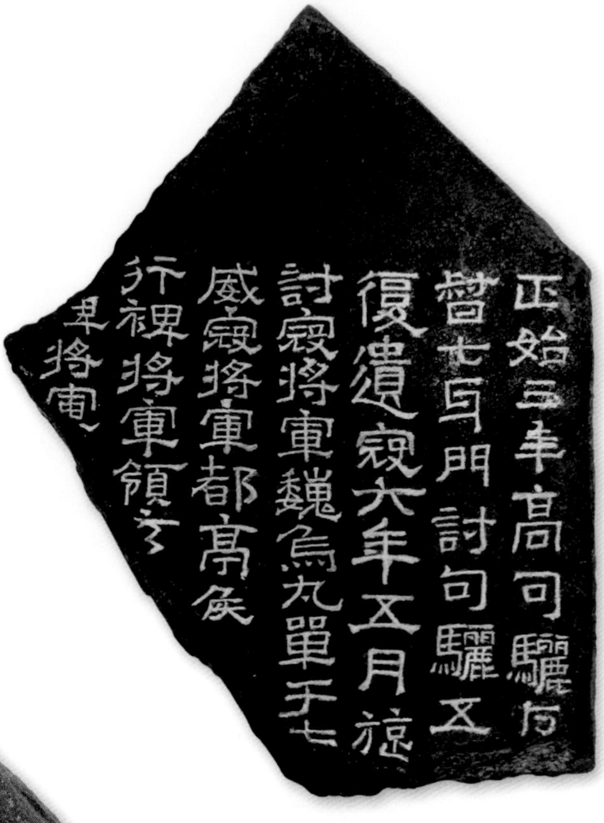

正始三年高句驪方
督七旬門討句驪又
復遺寇六年五月旋
討寇將軍魏烏丸單于七
威寇將軍都亭侯
行裨將軍領玄
早將軍

55. 毌丘俭纪功刻石
The Carved Stone for Commemeorating Guan Qiujian

三国 the Three Kingdoms

残高38.9、残宽2.9、厚8.4厘米

吉林集安出土

辽宁省博物馆藏

该刻石是有关高句丽史事最早的一块碑刻。1906年发现于集安西北小板岔岭。碑文系阴刻汉隶，由右至左竖行，残存七行四十八字。此碑记载了正始五年至六年（244~245年）曹魏大将毌丘俭统帅大军，征讨高句丽的史实，可与《三国志》记载的"束马悬车，以登丸都"相印证。

56. 太王陵砖

Taiwang Tomb-brick

高句丽 Koguryo

长28.7、宽16.25、厚2.4厘米

集安高句丽遗址出土

辽宁省博物馆藏

57. 鎏金铜钉鞋履

Gilt Bronze Shoes with Spikes

高句丽 Koguryo

集安高句丽遗址出土

辽宁省博物馆藏

底有四棱尖状铜钉60余个。鞋底周缘折起，上有一周供系线连缀之小孔，是一种极具特色的山地鞋具。高句丽民族世居大山深谷，其城郭又多建于山上，在鞋底加钉一层金属钉掌，可防滑跌。在集安洞沟12号墓、三室墓、长川2号墓的壁画中，有武士持刀站立着钉鞋及穿钉鞋骑马狩猎的图像。这种鞋具迄今为止尚只见于高句丽的遗存中。

边关重镇　隋唐营州

Frontier Stronghold　Yingzhou in the Sui and Tang Dynasties

　　隋唐统一全国，结束了长达数百年的南北分裂局面，地接幽燕的辽宁成为经营东北的前沿。这里各族杂居、文化交融，是各族互市交易地，是中原通往东北的枢纽，是中央王朝联系东北各族的纽带，也是东北地区政治、经济、文化、军事中心和屏藩重镇。

　　The unification of the nation during the Sui and Tang eras ended the century-long separation of northern and southern China. Liaoning, already a gateway to the northeast by way of northern Hebei, became a vital frontier for the administration of this region. A variety of peoples lived here side by side, engaging in cultural exchange and making this a site for trade among different ethnic groups. It was a hub for reaching the northeast from the central plains of China, and connected the central government to the various peoples of northeastern China. It was also a governmental, economic, cultural and military centre for the northeastern region, and a key stronghold and buffer zone.

58. 青瓷六系罐

Dark Porcelain Jar with 6 Small Handles

隋 Sui Dynasty

口径20、高35厘米

朝阳他拉皋韩暨墓出土

朝阳县博物馆藏

59. 釉陶舞马俑

Glazed Pottery Figurines of Dancing Horse

唐 Tang Dynasty

高42.2厘米

朝阳孙则墓出土

朝阳博物馆藏

通体施黄釉。模制。马体态矫健，身形匀称，呈立姿，三蹄
落于长方形底板上，右前腿抬起，似伴乐起舞，姿态优雅，
具有极强的动感。

60. 釉陶骑马击鼓乐俑

Glazed Pottery Figurines of Mounted Musician

唐 Tang Dynasty

高32.5厘米

朝阳孙则墓出土

朝阳博物馆藏

61. 釉陶男昆仑奴

Glazed Pottery Figurine of Foreigner

唐 Tang Dynasty

高25.7厘米

朝阳孙则墓出土

朝阳博物馆藏

62. "光流素月"团花纹铜镜

Bronze Mirror with Floral Medallion and Inscription
of "the White Moon Shines Brightly"

唐 Tang Dynasty

直径22厘米

朝阳孙则墓出土

朝阳博物馆藏

镜背中心为一圆纽，内区饰六组浮雕团花，外区
为楷书铭文带，铸有："光流素月，质禀玄精，
澄空鉴水，照迥疑清，终古永固，莹此心零。大
吉。"镜外缘饰一周三角纹带。

64. 唐三彩小狗

Sancai-coloured Puppy

唐 Tang Dynasty

高7.8厘米

朝阳韩贞墓出土

辽宁省博物馆藏

◄ 63. 釉陶半翻髻侍女俑

Glazed Pottery Figurines of
Woman with High Hairstyle

唐 Tang Dynasty

高约35厘米

朝阳孙则墓出土

朝阳博物馆藏

65. 石雕子母狮

Stone Lions

唐 Tang Dynasty

高11.5、11.6厘米

朝阳韩贞墓出土

辽宁省博物馆藏

狮子在汉代时经西域传入中国，遂成为历代艺术家喜用的创作题材。这对石雕以白色石料雕成，刀工细腻传神，将小狮嬉戏之态、母狮爱抚之情，刻画得栩栩如生。

66. 唐三彩角杯

Sancai-coloured Horn-shaped Cup

唐 Tang Dynasty

长12.7、高7.8厘米

朝阳句卢墓出土

朝阳博物馆藏

此杯形状仿牛角杯，但整体造型为一孔雀，头部回顾弯曲形成杯柄，圆腹为杯身，舒展的尾屏形成喇叭状杯口。造型别致，表现了唐代艺人丰富的想象力。类似的角杯在中原也有出土。

67. 陶墓龙

Pottery Tomb-protecting Dragon

唐 Tang Dynasty

高14厘米

朝阳黄河路唐墓出土

辽宁省文物考古研究所藏

68. 陶人首鸟身俑

Pottery Birds

唐 Tang Dynasty

高27厘米

朝阳黄河路唐墓出土

辽宁省文物考古研究所藏

69. 陶镇墓兽

Pottery Tomb-protecting Beasts

唐 Tang Dynasty

上：高25.5厘米；下：高33厘米

朝阳黄河路唐墓出土

辽宁省文物考古研究所藏

黄河路唐墓是迄今在朝阳地区发现的规模最大、规格最高的一座唐墓。墓为砖筑圆形单室，主室直径7米，前有甬道和墓道。虽遭破坏，但仍存陶俑80余件，其中的镇墓兽、墓龙、仪鱼等神煞与西安、洛阳等地唐墓相异。其独特的墓葬形制和随葬品，反映了当时营州人特有的葬俗和精神世界。

70. 陶武士俑

Pottery Figurines of Warrior

唐 Tang Dynasty

左：通高94.2厘米；右：通高97.8厘米

朝阳黄河路唐墓出土

辽宁省文物考古研究所藏

通体饰红、黑二彩，并描金粉。一武士头戴兜鍪，另一武士头梳高髻，均眉头紧皱，怒目圆睁，大耳有轮，八字须上卷。颈着护项，肩披护肩，身着束袖衣，腰系束带。下着战裙、蔽膝，足蹬尖头皂靴，立于椭圆形座上。

71. 男、女石俑

Stone Figures of a Man and a Woman

唐 Tang Dynasty

男俑通高112厘米，女俑通高102厘米

朝阳黄河路唐墓出土

辽宁省文物考古研究所藏

皆以绿色砂岩雕制。男俑头束辫发；身着圆领窄袖长袍，左手架一鹰，将系鹰之绳缠于手指之上，右手下垂并执一铁挝。女俑头顶两边梳成两髻，而后在颅后结成辫发，身着交领窄袖长袍，双手置于胸前作"叉手"礼。两俑的脸、手部均涂成粉红色，头发涂成黑色。从这两件石俑发式和容貌看，应属于东北地区的靺鞨人形象，表现了隋唐时期营州地区多民族杂居的生活情景。

72. 彩绘骑骆驼俑

Pottery Figurine of a Man Riding a Camel

唐 Tang Dynasty

通高46.5厘米

朝阳鲁善都墓出土

辽宁省博物馆藏

此俑陶胎，外施彩绘。骑骆驼者的造型、神态皆类于胡人。骆驼昂头摆尾，神气高扬，背驮丰满的包裹。骑者侧身而坐，神态自然而生动。唐代时期，朝阳地区即营州，是草原丝绸之路东端枢纽,中亚、西亚等国的商人通过这条道路到营州从事商贸活动，促进了营州地区经济的发展。

[肆]

辽金时期

（916~1234年）

✳

Chapter IV

The Liao-Jin Era

(916–1234 CE)

铁骑帝国　契丹索迹

A Cavalry Empire　Tracing the Khitan

契丹族属东胡鲜卑族系，916年，由出自迭刺部的部落首领耶律阿保机建立的契丹（后改辽、大契丹、大辽）政权，是继匈奴、鲜卑、突厥、回鹘之后在北方兴起的又一个对中原产生巨大影响的政权。历史上，辽宁地区是辽王朝版图的重要组成部分，辽北是辽代后族和一部分皇族的领地，成为辽朝的腹心重地之一。辽东地区主要为汉人和渤海人聚集区。辽西是奚族故地，也是与皇族或后族通婚的世家大族的聚居地。辽代时辽宁佛教兴盛，儒学普及，经济、文化发达，考古发现的大量辽代遗存，反映了契丹族曾经的辉煌和辽文化的独特魅力。

The Khitan people belonged to the Donghu Xianbei ethnicity. In 916 CE, Yelv Aboji, the head of the Diela tribe, founded the Khitan regime (which was later renamed Liao, Great Khitan and Great Liao). Arising after the Xiongnu, Xianbei, Turks and Uyghur, the Khitan were yet another regime which had a profound impact on the central plains of China. Historically, the Liaoning region was a crucial component of the Liao Dynasty's domain. The Liaobei region was the territory of a part of the Liao Empress' family and the Imperial family, becoming a core area for the Liao Dynasty. The Liaodong region was mainly an area for settlement for Han and Bohai people. The Liaoxi region was the ancient territory of the Xi ethnic group, and was where aristocratic families who intermarried with the Imperial family and the Empress' family settled. Buddhism thrived in Liaoning during the Liao period, Confucianism spread, and this period enjoyed considerable economic and cultural development. A great number of archaeological relics attest to the past greatness of the Khitan people and the unique charm of the Liao culture.

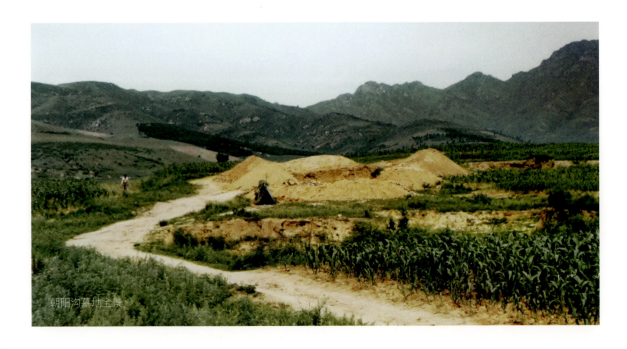

朝阳沟墓地全景

1. 双鹿纹鎏金银饰件

Gilt Silver Ornament with Double Deer Design

辽 Liao Dynasty

长19.8、宽12.3厘米

彰武朝阳沟2号辽墓出土

辽宁省文物考古研究所藏

锤镍錾刻成型。体呈长方形，錾刻卷草纹和鱼子地（珍珠地）纹。主体纹饰为以高浮雕手法錾刻的卧鹿，此牌饰背面隔着一层麻布丝织品衬以铜背板，钉缀在皮革上，出土时皮革尚未腐朽。鹿是契丹人射猎的主要猎物之一，更是皇帝秋季捺钵的重要内容，故成为辽代艺术品常见题材。此牌饰纹样精美，工艺精湛，犹有唐代风韵。

2. 鎏金银箭箙饰

Gilt Silver Ornaments

辽 Liao Dynasty

宽25.2~35.4、高8~14.2厘米

彰武朝阳沟2号辽墓出土

辽宁省文物考古研究所藏

均锤鍱錾刻成型，鱼子地纹，四周及中间的竖棱两边錾刻联珠纹，四周錾刻缠枝花卉。其中两件棱两侧錾刻两只双鹿纹，另一件棱两侧錾刻两匹翼马相向奔腾。饰件周边及中间凸棱中央均錾有小孔若干，应为镶嵌或钉缀在箭箙（即箭囊）的折棱部位。

3. 鎏金银缨罩

Gilt Silver Assled Hood

辽 Liao Dynasty

直径19、高4.8厘米

彰武朝阳沟2号辽墓出土

辽宁省文物考古研究所藏

锤鍱錾刻成型。口沿宽而平，盖面隆起呈半圆形，顶部穿有一圆孔。盖顶中心浅刻团花纹并衬有四叶片，以团花纹为中心，在其四个侧面互为对称的开光内各錾刻一只展翅的大雁；沿上也对称錾刻四朵卷云纹。大雁及卷云纹均鎏金。整个图案线条粗犷有力，工艺精湛。

4. 鎏金银双面人头铃

Gilt Silver Bell with Double Human Head

辽 Liao Dynasty

彰武朝阳沟2号辽墓出土

辽宁省文物考古研究所藏

高10厘米

锤鍱成型，錾刻花纹。由双面人头和上窄下宽的六面体组成，双面人头为男性，发不及耳，顶髻正中有一圆孔，发髻外缘有一周头饰，前后左右各有嵌饰物。面庞丰满，粗眉大眼，阔鼻方唇上蓄胡须，双耳垂大环。下部六面体，下沿外侈，上下錾刻一周联珠纹，折棱处由上而下錾刻一条垂叶纹。中空，中间穿孔的银铃蕊心出土时已与银铃分离。这类银铃以前也发现过，但曾被误认为是盔顶装饰物。它不仅是一件精美的马具，器物上所刻画的男性形象，面若生人，个性十足，神态发乎内心，因而更是辽代雕塑艺术的杰作。

5. 金链玉龟

Jade Tortoise with Gold Chain

辽 Liao Dynasty

通长9.7厘米

彰武朝阳沟2号辽墓出土

辽宁省文物考古研究所藏

6. 鎏金银盏托

Gilt Silver Saucer

辽 Liao Dynasty

托径14.5、高4.2厘米

彰武朝阳沟2号辽墓出土

辽宁省文物考古研究所藏

置茶盏的托盘。分体打制，由托、托盘、圈足三部分焊接成型，制作规整精细。托口呈五曲莲瓣形，平底。托盘敞口，浅腹。从托的外沿向下至圈足底，用凸雕或錾刻的方法装饰六组纹饰，内容有：牡丹花卉、联珠纹、鲇鱼、莲瓣纹等。托内底外侧划刻一"天"字。盏托始见于东晋，南北朝时开始流行，唐以后随着饮茶之风而盛行。宋辽时期盏托几乎成了茶盏固定的附件。

7. 鎏金银臂韝

Gilt Silver *Gou*

辽 Liao Dynasty

长9.5、宽4、厚0.9厘米

彰武朝阳沟2号辽墓出土

辽宁省文物考古研究所藏

打制成型，银质厚重。椭圆形，正面略弧，背面
内凹，左右两侧各有一椭圆形长孔。系带近似一
只三节式的镯式圆环，通过活卡扣相连。其用途
是戴在手腕上护腕架鹰，不围猎时摘下。韝面錾
摩羯纹，双尾相接对戏。契丹贵族喜欢用海东青
擒获猎物，海东青在擒获猎物后，多会飞回主人
胳膊上，易将主人胳膊抓伤，臂韝起到架鹰防护
的作用。

8. 青玉双鹅带盖小盒

Green Jade Box with Double Geese

辽 Liao Dynasty

宽3.8、高9.3、厚3厘米

阜新清河门4号辽墓出土

辽宁省博物馆藏

小盒为双鹅交颈卧伏形，中间掏空，圆口内为管
状盒腔，两侧各有一穿绳用的小孔，细阴线刻羽
毛纹，刀法精工娴熟，是辽代治玉佳作，用途是
装针等小件生活用品或香料等。根据历史记载，
猎鹅是契丹皇帝春季捺钵的一项重要活动，皇帝
纵海东青击鹅，并设头鹅宴与大臣作乐，所以在
辽代艺术品中，鹅为常见题材。

9. 契丹文铜鱼符

Bronze Fish-shaped Commander's Tally in Khitan
Characters

辽 Liao Dynasty

长6.6、宽2.2、厚0.1厘米

朝阳地区出土（征集）

辽宁省博物馆藏

鱼形，背有鳞纹错金，顶穿孔，内有"同"凸字，
下铸凹下契丹文。鱼鳞纹虽有的错金已脱落，但仍
闪闪发光，十分精美。鱼符与虎符一样，是中国古
代调兵遣将时的凭信之具。始于隋，先是木质，
唐时改为铜鱼符，辽代沿用。《辽史》记载，太
祖作金鱼符七枚，有事"以左半先授守将，使者
执右半""合，得以调发军马"。

10. 陶鸱吻

Pottery Animal-shaped Roof Ornamentation

辽 Liao Dynasty

长23.3、宽25.6厘米

法库柏家沟辽墓出土

辽宁省博物馆藏

鸱吻最早叫鸱尾，中国古代建筑宫殿屋脊正脊两端构件上的装饰，以外形略如鸱尾而称，又名蚩尾、祠尾。古人认为蚩尾乃水精，能辟火灾，故以为饰。至唐代改称鸱吻。相传鸱吻是龙的儿子，形状像四脚蛇剪去了尾巴。宋辽时期，鸱吻的造型已经比较完整，形成了有尾有头的形象，兽首突出，尾部略小。

11. 陶鸱吻

Pottery Animal-shaped Roof Ornamentation

辽 Liao Dynasty

长35.5、宽34厘米

北票哈尔脑乡李杖子村辽墓出土

北票市博物馆藏

12. 骨鸣镝

Bone Whistling Arrows

辽 Liao Dynasty

残长5~5.2、哨孔径0.5厘米

阜新关山萧氏族墓7号墓出土

辽宁省文物考古研究所藏

前端为锋刃、呈锥形、后端呈球形、球内中空、球体上有椭圆形哨孔、尾部有圆銎接铤。鸣镝就是响箭、由镞锋和镞铤组成、缝补一面中起脊、以免弧内凹、镞铤横截面呈圆形。具有攻击和报警的用途。材质多为铜质及骨质。

13. 木质马鞍

Wooden Saddle

辽 Liao Dynasty

鞍桥：宽31.5、高18厘米

两块坐板：均长52、宽22厘米

宁城出土（征集）

辽宁省博物馆藏

契丹鞍具的样式在五代时期已经风靡中原、号称"契丹样"、制作精美、装饰华丽、成为当时互相赠送的礼物、中原之人皆以其精美华丽而纷纷效仿。

14. 包银铁马镫
Iron Stirrups Coated with Silver

辽 Liao Dynasty
高17厘米
征集
辽宁省博物馆藏

骑马时踏脚的装置，悬挂在鞍子两边的皮带上。考古材料充分表明，马镫是中国古代人民独创的。镫是一个平底的环形物，用皮带固定，悬挂于骑乘动物（主要是马，也包括骡等马科动物）上鞍的两边，供骑者放置双脚，也可以辅助骑者上下。最早的马镫是单边的，随着时间的推移逐渐演化成双边，有了镫，骑者更容易在鞍上坐稳，也更容易控制马匹，从而能够解放双手。马镫是人类历史上一项具有划时代意义的发明。

15. 鎏金银錾花马鞍桥包片
Fragments from Gilt Silver Pommel Bag with Flower Engraving

辽 Liao Dynasty
前桥:最宽37、高29厘米
后桥:最宽36、高30厘米
北票西官营镇韩杖子辽墓出土
北票市博物馆藏

一副两件，呈拱形。前桥包片上錾刻鎏金二龙戏珠纹饰。后桥包片拱形梁中央錾一鎏金飞龙纹，飞龙左右两侧各对称錾火焰珠、摩羯鱼纹。两鞍桥片主题纹饰下均衬以海水纹，边缘錾刻鎏金忍冬纹。这副马鞍桥包片做工精细，纹饰生动传神，体现了辽代金银器高超的加工技术。

16. 绿釉鸡冠壶

Green-glazed Cockscomb Pot

辽 Liao Dynasty

口径5.5、底径10.5、高31厘米

北票西官营镇韩杖子辽墓出土

北票市博物馆藏

17. 辽三彩摩竭形壶
Sancai-coloured Pot

辽 Liao Dynasty

高30.4厘米

阜蒙于寺乡出土

阜新市博物馆藏

18. 辽三彩印花花蝶纹海棠盘

Sancai-coloured Begonia Dish with Flower
and Butterfly Decoration

辽 Liao Dynasty

长30.1、宽17.9、高2.1厘米

新民巴图营子辽墓出土

辽宁省博物馆藏

三彩瓷是辽瓷中最华丽的部分，主要釉色为黄、绿、白三种相间。出现在辽代晚期，它源于唐三彩，但釉质浓艳，与渤海三彩关系似更为密切。胎质一般较疏松，火候较低，不如唐三彩致密。海棠盘是这一器类中的特有形制，它的出现是受波斯金银盘的影响。辽三彩的一些印花可能是仿自波斯金银器的锤鍱工艺，纹饰制作主要是印花间用贴塑，纹样多花草虫鱼，特别以牡丹、莲花、蜂、蝶为多见。其主要用途是随葬用的明器，是我国陶瓷艺术宝库中的瑰宝之一。

19. 琥珀饰件
Amber Ornament in the Shape of Lotus Leaves

辽 Liao Dynasty

左：长8.6、宽6.8、高2.4厘米

右：长9.4、宽7.1、高2.9厘米

新民巴图营子辽墓出土

辽宁省博物馆藏

一件为荷叶式，暗红色，透明，光泽很强，侧面贯穿一孔。一件为覆叶式，阔叶状，一面凸起，上雕一叶形花纹，下覆重叶，两端有穿孔，背面雕阳刻"心"形纹。琥珀是地质历史上的树脂经过石化作用的产物，被称为"树脂化石"。这两件琥珀饰均以血珀雕成，十分珍贵。

20. 龙舟形金簪
Boat-shaped Gold Hairpin

辽 Liao Dynasty

长5.3、宽2.9厘米

新民巴图营子辽墓出土

辽宁省博物馆藏

21. 青瓷飞鱼形水盂

Fish-shaped Celadon Water Jar

五代 the Five Dynasties

长14、宽7.3、底径4.4、高9.3厘米

北票北四家子水泉辽墓出土

辽宁省博物馆藏

白瓷胎，胎质细腻坚硬，内外满施润泽晶莹的青釉。整体设计成鱼形。采用浮雕工艺，鱼鳞和羽翼雕刻逼真，双翅和鱼尾塑贴水珠纹，仿佛鱼由水中跃然而起，姿态优美，活泼生动。器内隔成前后两室。该器造型独特，制作精良，显示了设计者别具一格的创造力、丰富的想象力和精湛的技艺。此器是五代时期耀州窑的精品，出土于辽墓，是当时契丹与中原地区经贸与文化交流的实物见证。

22. 印花金镯

Gold Bracelets with Molded Decorations

辽 Liao Dynasty

长6.5、宽1.4厘米

朝阳朱碌科辽墓出土

辽宁省博物馆藏

圆点暗纹地上，压印凸起梅花纹饰。

23. 鱼形金耳饰

Golden Ear Decorations

辽 Liao Dynasty

宽3.7厘米

朝阳朱碌科辽墓出土

辽宁省博物馆藏

压花作龙首鱼形，口部一花苞。中空，由两片页合成。鱼尾上卷，身披花叶和鱼鳞。

24. 凤形金耳饰

Golden Ear Decorations

辽 Liao Dynasty

宽4.7厘米

建平张家营子辽墓出土

辽宁省博物馆藏

打造，压花。飞凤形，一只缺一翅膀。体中空，为两面合成，精巧工致。凤作展翅飞舞状，翘尾，口衔瑞草，腹下云草托足。

25. 迦陵频伽纹铜镜

Bronze Mirror with Apasaras Design

辽 Liao Dynasty

直径22.8厘米

建平张家营子辽墓出土

辽宁省博物馆藏

平面圆形，半圆纽，无纽座，宽平
缘。镜背铸凸线迦陵频伽纹，两人
首鸟相对，张翅膀，戴莲冠，双手
各捧一盆三叶花，手腕及上臂均有饰
物，双鸟足着地，以烘托主题纹饰。
镜中心原有破孔，当是依辽代葬俗悬
于墓顶，日久脱落，故镜心破损。此
镜较大，纹饰清晰，线条流畅，确为
辽代铜镜中的精品。

26. 鎏金银扞腰
Gilt Silver Belt Carved

辽 Liao Dynasty

直径20.1、高18.7厘米

建平张家营子乡勿沁图鲁村辽墓出土

辽宁省博物馆藏

系用银胎模制锤镍，再经錾花，表面鎏金而成。中间为仰视祥云托火珠，双龙对坐，隙处加饰细线蕃草纹。造型生动，工艺精湛，代表辽代金银工艺的细作水平。"扞腰"即契丹服饰中护卫腰部之饰，用于契丹妇女大袍后腰的带饰，横陈腰后，两端抵于两肋，前连丝质腰带于腹前系结。

叶茂台 7 号墓发掘初始及墓室外观

叶茂台 7 号墓墓室门东侧壁画

叶茂台 7 号墓墓室内棺床小帐出土情况

叶茂台 7 号墓中木椅上双陆棋漆盆骨骰等遗物出土情况

叶茂台 7 号墓中左耳室内遗物出土情况

27. 酱釉鸡冠壶

Brown-glazed Cockscomb Pot

辽 Liao Dynasty

宽20.5×16.4、高26.5厘米

法库叶茂台7号墓出土

辽宁省博物馆藏

鸡冠壶是辽代陶瓷的特有形制，因早期器形上部有鸡冠状装饰而得名。契丹族马上为家，需随时携带酒、乳、水等饮品，所以用皮革缝成囊来盛载，只留小口。鸡冠壶是仿这类皮囊形制做成的随葬用品，多是瓷器，腹部下垂仍像容水的皮囊，在边缘还仿出缝制皮革的针脚。辽代200多年间，鸡冠壶形制也有很大变化，早期壶形更接近皮囊，形体低矮，腹部圆浑下垂；中期壶身变扁变长；晚期器身圆形，高瘦，上部变成提梁。显示出一种生活中定居因素不断加深的趋势，辽墓中随葬鸡冠壶反映了契丹人对本民族传统文化的固守与执着。

28. 酱红小漆碗

Brown Red Lacquer Bowl

辽 Liao Dynasty

口径6.3~10、底径3.9~5.8、高3.4~4.9厘米

法库叶茂台7号墓出土

辽宁省博物馆藏

胎由整木璇制，髹酱红色漆。敞口、圆唇，直壁。其中一件为圈足，其余四件为假圈足。有三件外底烙印款识，有反书的"孝"字和反书的"官"字。

29. 酱釉鸡腿坛
Brown-glazed "Chicken Leg" Jar
辽 Liao Dynasty
口径5.7、底径12.2、高50.8厘米
法库叶茂台7号墓出土
辽宁省博物馆藏

周身施酱釉。又名鸡腿瓶，因其腹部修长形如鸡腿而得名，是契丹族惯用的一种贮酒或奶茶等饮料的容器。通常在贮藏时，鸡腿坛的下半部掩埋于地下，这样做既可以保证饮品的质量，又能保证器物的平稳。此件器物坚硬厚重，器身修长，口下无颈，与斜肩相连，肩下为筒形，收足，底小且平。

30. 银釦玻璃方盘

Glass Rectangular Dish with Silver Edge

辽 Liao Dynasty

宽9.8、高2厘米

法库叶茂台7号墓出土

辽宁省博物馆藏

磨花玻璃制品。色调深沉，形体厚重。盘面磨光，下面有四个锥形足。四周有裂痕，外缘镶有银釦，盘面有银釦，可知主人极珍爱此物。出土时盘上置双玛瑙杯，似曾作为酒杯之托盏。此器可能来自古代中亚，考古与传世均极罕见。

31. 白玛瑙小碗

White Agate Bowl

辽 Liao Dynasty

口径4.9、底径2.7、高2.6厘米

法库叶茂台7号墓出土

辽宁省博物馆藏

32. 龙柄漆勺

Lacquer Spoon with Dragon-shaped Handle

辽 Liao Dynasty

长17.4、宽1.8厘米

法库叶茂台7号墓出土

辽宁省博物馆藏

胎由整木雕斫而成。通体髹酱色漆。其状
俯视如桃，圜底，圆柄，柄端雕一龙首，
口目耳鼻俱全。

33. 刻金山龙纹尸衾

Tapestry Quilt with Dragon Design and Golden
Threads

辽 Liao Dynasty

残长95、宽60厘米

法库县叶茂台7号墓出土

辽宁省博物馆藏

尸衾为赭黄色丝地，金线缂织山龙、火珠
纹。缂金技术源自缂丝，以金线为纬缂织。
缂丝是一种以丝线采用"通经断纬"（以本
色生丝为经、各色彩丝为纬）的方法织成正
反面花纹与色彩完全相同的手工艺。源于埃
及缂麻技术，经希腊、罗马东传，北宋时期
缂丝技术进一步发展，南宋时发展到顶峰。
辽时缂丝技术传入北方，形成具有北方草原
民族特色的缂丝制品。

34. 棺床小帐、雕四神纹石棺

Wooden Tent and Coffin Bed and Stone Coffin
Engraved with Four Mythological Animals

辽 Liao Dynasty

小帐：宽340、高230厘米

石棺：长225、宽88、高124厘米

法库叶茂台7号墓出土

辽宁省博物馆藏

此小帐的功能是容纳石棺，也是中国古建中少见的木作建筑实物。棺床即是帐座，上面的建筑为帐头和帐身，为九脊顶，龙首鸱吻，无瓦垄檐椽，檐下只有单斗。面阔三间，进深二间，周围是板壁，前有破子棂窗，帐前设两阶，各为三级踏道。整个小帐放在一张外有围栏的须弥座式木棺床上，棺床遍施彩绘，勾阑华板绘牡丹与跑狮图，线条流畅。这件小帐是辽代契丹葬俗和中国建筑史上的重要发现，也是契丹贵族着力仿学中原文化制度的一个重要物证。

石棺为砂岩雕制而成。浅浮雕花纹填以彩绘。棺盖雕大株龙牙蕙草、十二生肖等图案。四壁主要雕刻青龙、白虎、朱雀和玄武四方神。棺前合里面雕门扉、人物，上有伎乐仙人飘然而下。四方神与五行有关，其图像最早出现在战国时期，原为军阵中不同方位部队旗帜的标志，王莽时迷信谶纬，以四神图像印于瓦当，用于长安城四门。此后从汉至唐宋墓葬中，或在墓壁或在棺的四周，时常出现四方神像。此石棺是少有的大型雕刻艺术精品。

35. 竹雀双兔图

Bamboo, Sparrow and Double Rabbits

辽 Liao Dynasty

画心长155.5、宽60.2厘米

法库叶茂台7号墓出土

辽宁省博物馆藏

绢本设色花鸟画立轴，出土时悬挂在棺床小帐内的西山墙。稚竹三竿，麻雀三只，野兔两只及贴地野花若干。花鸟在古代绘画中属衬景，五代时期才脱离人物画而逐渐独立，此画构图基本上是左右对称形式，仍存图案性、装饰性痕迹，可以看到早期花鸟画的特点。

36. 山弈待约图

Waiting for Playing Chess in the
Mountain

辽 Liao Dynasty

画心长154.2、宽54.5厘米

法库叶茂台7号墓出土

辽宁省博物馆藏

出土时悬挂在棺床小帐的东山
墙内壁。画深山之中松林阁
楼，二人对弈；山下清溪流
水，有高士扶杖，携童负琴酒
来访。中国古代绘画向以人物
为主，山水为辅。唐代时，山
水成为独立的画题。此轴赋色
青绿结合浅酱，松石森然，画
建筑物斗拱用"人字拱"，画
飞檐用仰视画法，都表现了五
代时期建筑实物和山水画的风
格。而二弈棋者，一人对局苦
思，一人则举子沉吟，刻画传
神，是北方画的艺术代表。对
传世绘画的鉴定提供了一个标
准，具有重要的参考价值。

37. 水晶佩饰
Crystal Ornaments
辽 Liao Dynasty
长72厘米
法库叶茂台7号墓出土
辽宁省博物馆藏

38. 漆双陆棋
Lacquer *Shuanglu* Chess
辽 Liao Dynasty
木板：长52.8、宽25.7、高1.6厘米
棋子：高4.6厘米
法库叶茂台7号墓出土
辽宁省博物馆藏

"双陆"是中国古代盛行的一种博戏，源于古印度，本名波罗塞戏，曹魏时传入中国，从隋唐至金元兴盛不衰，深得帝王公卿的喜爱。该双陆棋具由一块双陆板和三十枚双陆子组成，木板的两个长边各有一排十二个"梁"标，左右各六，因名"双陆"。这是目前中国出土唯一完整的古代双陆实物。

39.宣懿皇后汉文哀册

Rubbing of Chinese Funeral Eulogy for the Xuanyi Empress (Xiao Guanyin)

辽 Liao Dynasty

册石边长173厘米

巴林右旗辽庆陵出土

辽宁省博物馆藏

道宗宣懿皇后萧观音（？~1101年），喜诗书，好音乐，清宁初立为懿德皇后，受宠于辽道宗，后遭诬陷赐死，其孙天祚帝耶律延禧即位后冤案得以昭雪，追谥宣懿皇后，与道宗合葬庆陵。册盖作覆斗式，刻篆书"宣懿皇后哀册"三行六字，册盖斜坡四面，内刻八卦和莲纹，外刻十二生肖人物像，四角刻双龙纹和云纹。册石方形，侧面刻二龙戏珠和云纹，册文楷书，共34行，满行32字。哀册以墓志形状出现当是辽代首创。

宣懿皇后哀册

維
大康元年歲次乙卯十一月己未朔三日辛酉
先懿德皇后崩于慶川旋附殯于祖陵即以乾統元年歲次辛巳六月庚寅朔

資政殿大學士行禮部侍郎知制誥兼修國史食邑二千五百戶食實封貳伯戶張琳撰

龍座披靡霓旌啓行屬車建未時將在癸愴龜墨之森蘙轕而素駕去霏霾去時之彤輈行復芳同軌雲起月屬建未時將在癸愴龜墨之

二先之嗣輝于長殯殿惟詔俾讚餘芳況咸事難窮寧銘紀故小善不足

聖德章容永孝謚軍祀何哀承欽儼誕楊可王訣流皇帝延禧逐令珠玉卷芳雲沉郊門雲起月獻堂玄

天德集内外職務均不謙自驕以金屋思結民心民心皆以樂乎子育以身教天下天下咸遵淑懿於河洲之筆絕者私溺之筆

以人配聖中壺來從而外歲祥剖后位膺天極玉重疏寵象服增飾風挺令訓令訓鳳挺贊助英資化

令德外在兹其詞曰昔消亡何哀永欽儼剖后富而守以約素同子育茂纂詠之志所助

非學至妙儼柔能革本配椒披所管儀形內貴不自驕以金屋圖之喝之明所可助

呼哉母愛惻慟壽斷元曆仁殷香蘭配芊椒披發秀拈駈外者飛靈閨閫照之戒者臨之明所可助

方空聞六宮側願聞海寒湛遺于仙陵沉見昳鳳纏性惟帝必從于制度節珩璜絲儀形

知妙白璽之清令靈跡可珍如慈蕭后顏芳觀齣鳴而後哉載念之鏡鑑辟實昨昏而後新茂集鼉呼哀哉

緗櫝妄逢白璽之清令輝可珍之下望之神華拈閟宮方鑑辟實昨哀灾鴟呼哀哉

40. 玉石透雕飞天
Carved Jade Apsaras

辽 Liao Dynasty
长4.7、宽3.5厘米
喀左白塔子北岭1号辽墓出土
辽宁省博物馆藏

白玉质。两件形体一致，飞天面作男相。以驾云飞翔的飞天形象作耳饰极为罕见，而将头发延长作为系耳之钩，构思奇绝，说明玉工设计思想的活跃和大胆。制作玲珑剔透，在小于豆粒的面容部分，做到眉目传神，笑态可掬。

41. 银面具
Silver Mask

辽 Liao Dynasty
长18、通宽20厘米
阜新民主水库辽墓出土
辽宁省博物馆藏

契丹贵族死后，面部常覆有金属制成的面具。面具按照死者面部特征、性别及年龄，用金属薄片加工打制而成，质地分为金、银、铜和鎏金银、鎏金铜五种，材质不同，身份不同。这种葬俗可能与契丹人信仰萨满教有关，也可能与契丹社会崇奉佛教有关。

42. 鎏金银面具
Gilt Silver Mask

辽 Liao Dynasty
长21.6、通宽22.2厘米
凌源小喇嘛沟辽墓出土
辽宁省文物考古研究所藏

43. 彩绘木雕饰

Colored Carved Wooden Ornament

辽 Liao Dynasty

圆形直径20、通高26.5厘米

征集

辽宁省博物馆藏

彩绘木雕饰系钉挂于木椁之上，浮雕人物应该
是星宿，分别为二十八星宿中的斗宿、危宿、
毕宿和觜宿。辽代在墓室或木椁顶部绘（或
挂）二十八星宿图代表着墓主人死后升仙的美
好愿望。

44. 木雕狮子饰件

Wooden Ornaments Shaped Lion

辽 Liao Dynasty

高8.2~11.7厘米

朝阳西五家子乡吐须沟辽墓出土

朝阳县博物馆藏

45. 石伏听

Stone *Futing* (Mysterious Beast Has Sharp
Hearing)

辽 Liao Dynasty

长60~61、宽28~29厘米

朝阳孙家湾辽墓出土

朝阳县博物馆藏

俑伏身地下作谛听状，唐宋墓中即已出
现，属压胜性质神煞类明器。据成书于
金元时期的《大汉原陵秘葬经》记载，
自天子至庶人墓中，皆置仰观、伏听。
辽墓中置伏听较少见，是其趋同汉制的
又一反映。

46. 石叉手俑
Stone Figures of Attendant Crossing Hands
辽 Liao Dynasty
左：宽33、高71厘米
右：宽33、高65厘米
朝阳孙家湾辽墓出土
朝阳县博物馆藏

叉手礼是宋、辽、金、元时期流行的一种行礼方式，最早见于唐代。宋人《事林广记》载"凡叉手之法，以左手紧把右手拇指，其左手小指则向右手腕，右手四指皆直，以左手大指向上。如以右手掩其胸，手不可太着胸，须令稍去二三寸，方为叉手法也"。这种叉手礼在辽代壁画中颇为多见，有学者认为此俗源于契丹。

47. 金塔

Golden Pagoda

辽 Liao Dynasty

通高25.5厘米

阜新红帽子辽塔地宫出土

辽宁省博物馆藏

金塔以金片分段做成须弥座、塔身、塔檐、顶刹部分，再套合而成。塔身用一金片卷成圆筒形，錾出一壶门状的高龛作为正面，周围满錾文字。自龛的右侧起读，依次记佛家偈语、造塔愿文与《法舍利真言》，绕塔身一周。出土时内有金链竹节玉盒，盒内盛舍利子，金塔又装在较大的银塔之内，盖三件共为一组舍利贮器，为造塔者所供养。

48. 银塔

Silver Pagoda

辽 Liao Dynasty

通高46.3厘米

阜新红帽子辽塔地宫出土

辽宁省博物馆藏

49. 金链白玉竹节式盒
Jade Case with Golden Chain in the Shape
of Bamboo Joint

辽 Liao Dynasty

盒长7.7、通高18.2厘米
阜新红帽子辽塔地宫出土
辽宁省博物馆藏

为白玉琢成的竹节式圆筒形盒，一盖一
底，有子母口可相扣合，盖底同式，造
型别致。

50. 白玉小杯
Jade Little Cups

辽 Liao Dynasty

口径6.1~6.2、底径3~3.1、
高3.4~3.5厘米
阜新红帽子辽塔地宫出土
辽宁省博物馆藏

51. 叠胜琥珀盒

Amber Boxes

辽 Liao Dynasty

宽5.6、高9.8厘米

阜新红帽子辽塔地宫出土

辽宁省博物馆藏

盒为一盖一底，有子母口可以扣合，盖底同式，并同样
阴刻欧体楷书"叠胜"二字。古代以菱形类的几何图案
花饰为"胜"，寓意吉祥，妇女首饰亦常用之。其正方
形者则称"方胜"。"叠胜"状如双胜相叠，犹如双喜
字。古时于春日或其他节日，剪制胜形图案作为装饰。
此盒边缘有绺彩状纹饰，应是节日悬挂或佩带之用。盒
内盛装一些具有节日特征的物品，如端午节用的雄黄、
艾叶等。这种图案后发展到用于建筑物上，见于窗格、
脊饰等处。

52. 錾字银经卷

Silver Coil Carved with Characters

辽 Liao Dynasty

长117、宽13厘米

阜新红帽子辽塔地宫出土

辽宁省博物馆藏

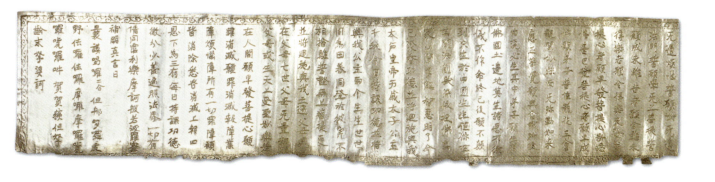

53. 铜释迦佛立像
Bronze Standing Statue of Sakyamuni

辽 Liao Dynasty

高168厘米

征集

北镇市文物处藏

释迦牟尼（公元前565~前486年），佛教创始人，本姓乔达摩，名悉达多，"释迦"是其族名，"释迦牟尼"意为"释迦族的圣人"，他是古印度北部迦毗罗卫国（今尼泊尔境内）的王子，29岁时看到人间的生老病死等诸多烦恼，出家修道成佛，创立佛教，并开始传教，弘扬佛法，80岁在拘尸那迦城涅槃。之后，佛教分化众多流派，东汉时期，佛教传入中国，随着佛教的本土化，分化出众多流派。此尊造像基本继承隋唐时期佛教造像的特点。由于雕塑多为汉族工匠所为，因此，其造像与宋代的一样，更多地体现了世俗化的特征。

54. 铜阿弥陀佛像

Bronze Figurine of Amitabha

辽 Liao Dynasty

高17厘米

征集

北镇市文物处藏

阿弥陀佛是横三世佛（药师佛、释迦牟尼佛、阿弥陀佛）中西方极乐世界的教主，众生往生极乐世界是阿弥陀佛的根本目的。他是净土宗主要信仰的对象。其特征为双手结禅定印、掌心托钵、宝瓶或莲台，跏趺坐于莲花宝座之上。

55. 鎏金银罗汉像

Gilt Silver Figurines of Arhat

辽 Liao Dynasty

高2.7厘米

朝阳市南塔附近出土

辽宁省文物考古研究所藏

罗汉，佛的得道弟子，在佛教中仅次于佛、菩萨，居于第三果位。罗汉是阿罗汉的简称，有杀贼、无生、应供之意，佛教中亲自听到佛的言教声音而觉悟者能进入阿罗汉果位。罗汉又称"声闻"，即"以佛道声，令一切闻"，有弘扬佛法之意。常见有十大弟子、十六罗汉、十八罗汉、五百罗汉。

56. 银菩提树
Silver Bodhi Trees

辽 Liao Dynasty

通高21.6厘米

朝阳市北塔天宫出土

朝阳市北塔博物馆藏

银柱外包银片作树干，插在八角锥体台座上，银丝拧成绳状树枝，卵形树冠，共16片弧边三角形叶。菩提树又叫毕钵罗树，相传释迦牟尼在此树下冥思苦想七天七夜，最后悟道成佛，因此改称菩提树。"菩提"，梵文意为觉悟、智慧，后专指对佛教真理的觉悟。菩提树是佛教中的圣树，在造像及绘画中多有表现。

57. 白瓷贴塑十六罗汉钵
White Porcelain Alms Bowl

辽 Liao Dynasty

口径8.5、底径4.1、高5.3厘米

朝阳市南塔附近出土

辽宁省文物考古研究所藏

58. "启圣军节度使"铜印

Bronze Official Seal

辽 Liao Dynasty

印长6.1、宽5.8、通高3.5厘米

阜新市知足山乡娘娘营子村出土

辽宁省博物馆藏

59. 酱釉錾耳壶

Brown-glazed Pot with Handle

辽 Liao Dynasty

口径7、底径6.4、高15厘米

阜蒙县卧凤沟乡七家子村辽墓出土

阜新市博物馆藏

金戈铁马　女真建国

Weapons of War　Establishment of the Jurchen State

兴起于松花江流域的女真族，在其首领完颜阿骨打的带领下，于1115年建立"大金"国，定都上京会宁府（今哈尔滨阿城）。后灭辽破北宋。1153年，海陵王迁都燕京（今北京），定名中都。1214年，金宣宗因受蒙古人所迫而迁都南京（今开封）。1234年，金朝灭亡。金朝统治时期，长期居住在辽宁大地上的女真、契丹、渤海、汉等民族成员，均为本地区的经济发展、文化繁荣做出了各自的贡献，同时也促进了辽宁地区的民族融合。

Under the leadership of their chieftan Wanyan Aguda, the Jurchen people, who emerged in the Songhua River valley, established the Great Jin dynasty in 1115 CE, with their capital at Shangjing Huining Fu (present-day Acheng in Harbin). They later annihilated the Liao and destroyed the Northern Song. In 1153, King Hailing moved the capital to Yanjing (present-day Beijing), designating it central capital. In 1214, under pressure from the Mongols, Emperor Jin Xuanzong moved the capital to the southern capital(present-day Kaifeng). In 1234, the Jin dynasty was defeated. During the period of Jin rule, the Jurchen, Khitan, Bohai and Han ethnicities, which had long lived in the Liaoning region, all made their own contributions to the development of its regional economy and flourishing culture. This also sped up the process of ethnic blending in the Liaoning region.

60. 卤簿钟
Bell Carved with a Procession of Officials (*Lubu*)

北宋 Northern Song Dynasty

下围长256、通高1840厘米

辽宁省博物馆藏

该钟铸成于北宋徽宗宣和年间（1119~1125年）。钟体高大雄浑，下缘为八波曲状钟脚。通体满铸"卤簿仪仗"纹饰，故名为"卤簿钟"。靖康元年（1126年）金人南下黄河攻陷汴京（今开封）之后，次年此钟便随宋徽宗、宋钦宗一同被掳往金国，成为徽、钦二帝亡国蒙尘的见证。1961年由沈阳故宫博物馆拨交辽宁省博物馆收藏。

61. "东京路按察司之印"铜印

Bronze Seal Reading "Seal of the *Anchasi* of *Dongjinglu*"

金 Jin Dynasty

长6.39、宽6.39、通高6厘米

丹东凤城边门镇出土

辽宁省博物馆藏

方形印，梯式直柄。印面凿刻九叠篆阳文"东京路按察司之印"三行八字，篆文的设计、刻凿较为精致，印体周边略呈坡状，印背右边刻"崇庆二年三月"，左边刻"礼部造"，印边前侧刻"东京路按察司之印"。崇庆为金卫绍王的年号，崇庆二年即1213年；金代东京治今辽阳，按察司，其前身是提刑司，掌刑狱、按劾、巡察等事宜。此官印由礼部制造。

62. "都统所印"铜印

Bronze Seal Reading "Seal of the Office of the *Dutong*"

金 Jin Dynasty

长5.1、宽7.4、高3厘米

建平沙海乡孟家窝堡屯十八亩地出土

辽宁省博物馆藏

印面为汉字朱文九叠篆"都统所印"。都统之官，最早见于前秦。唐代、辽代亦有都统，但皆为临时性军事统帅。据《金史·兵志》记载，金代设置都统官始于天辅五年（1121年），为设于"万户"之上总领猛安、谋克的高级军职，官属"正三品"，权倾一隅。到金代末年，其地位受到削弱，只有七品官秩。此印篆法流畅，笔画排叠有序，富于变化。

63. "都提控所之印" 铜印
Bronze Seal Reading "Seal of the Office of the *Dutikong*"

金 Jin Dynasty

长4.4、宽8.6、高8.7厘米

建平沙海乡孟家窝堡屯十八亩地出土

辽宁省博物馆藏

方形印，梯式直柄。印面凿刻九叠篆阳文
"都提控所之印" 两行六字。都提控为金
代各路府州受制于元帅、宣抚使督军官职
名，一般秩正三品以下。

64. "招抚使印" 铜印
Bronze Seal Reading "Seal of the *Zhaofushi*"

金 Jin Dynasty

印面长8.6、宽8.8、高6.4厘米

昌图八面城镇辽金城址出土

辽宁省博物馆藏

招抚使是战时临时设立的掌管军政的官
职，战后即废除。

65. "天字号行军万户所印" 铜印
Bronze Seal Reading "Seal of the Office of the Tian Military *Wanhu*"

金 Jin Dynasty

长6.4、宽6.4、高3.6厘米

喀左大城子出土

辽宁省博物馆藏

"行军" 之职，始于三国。"万户" 之设
则首于金代。金初以百夫长称谋克，千夫
长称猛安，"凡猛安之上置军帅，军帅之
上置万户，万户之上置都统"。金太宗伐
宋，万户是元帅之下 "所统军士不下数
万人，专制一路" 的军事长官，地位相
当重要。金代万户名号不一，行军万户
为其一种。

66. "捺末剌思鲁猛安印"铜印

Bronze Seal Reading "Seal of the *Namola Silu Meng-an*"

金 Jin Dynasty

边长6.5、通高5.1厘米

宽甸杨木川乡出土

辽宁省博物馆藏

方形体，板状直柄，印背右边刻"正隆六年十月"，左边刻 "内少府监造"，印体上侧刻"捺末剌思鲁猛安"，印面錾刻篆书阳文"捺末剌思鲁猛安印"两行八字。

67. 白地黑花盘

White-glazed Tray with Black Flowers

金—元 Jin–Yuan Dynasty

口径17.5、底径7.5、高3.8厘米

鞍山陶官屯农家遗址出土

辽宁省博物馆藏

此盘为白釉黑花，花卉颇具中国水墨画风格，花色质朴大方，清新简练，充满浓郁的乡土气息，属磁州窑系民用瓷器。

68. 柳毅传书故事铜镜

Bronze Mirror Decorated with the Story of LiuYi

金 Jin Dynasty

直径17.9、厚1厘米

建平小汤屯出土

辽宁省博物馆藏

圆形，圆组，宽素缘。镜背图案分上、下两部。上部镜左缘处沿着镜边向上方伸出一株大树，枝冠延至右上方，枝叶繁茂，有果实。树下一男一女作对话状，女子高髻长衫，回首作语，男子戴幞头，长袍玉带，躬身拱手。五只羊散居画面，或食草，或奔跑。不远处一童子牵马而立。镜组下部一长线纹隔开水陆，下半部水流湍急，两条大鱼游戏其中，形态生动。此镜纹饰内容反映的应是"柳毅传书"故事内容中"泾水托书"的情景。柳毅传书故事镜是宋金时期流行的一个镜种，数量多，分布地域广。

69. "咸平荣安县"款仿汉铜镜

"Xianping Rong'an County" Imitation Han Bronze Mirror

金 Jin Dynasty

直径8.7、厚0.4厘米

铁岭有色金属熔炼厂拣选

辽宁省博物馆藏

圆形，星座组，外有铭文带，系金翻汉镜式，边刻"咸平荣安县"及花押。咸平荣安县隶咸平路咸平府。

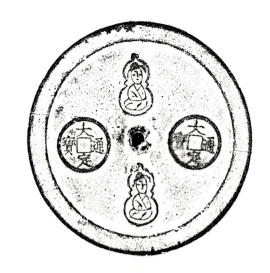

70. "大定通宝"人物葫芦纹铜镜

Bronze "Dading Currency" Mirror with Human and Gourd Decoration

金 Jin Dynasty

直径10.6、厚0.2厘米

铁岭有色金属熔炼厂拣选

辽宁省博物馆藏

圆形，圆纽，宽素缘。镜背图案以镜纽为中心，左右各一枚"大定通宝"钱币，上下各一个葫芦，葫芦内铸盘腿而坐的男子。大定是金世宗年号，大定通宝始铸于金大定十八年（1178年），因此该镜应铸造于大定十八年以后。

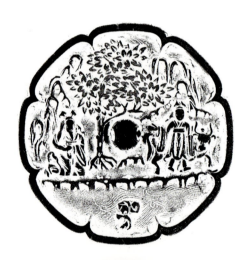

71. 许由巢父故事葵花形铜镜

Bronze Sunflower-shaped Mirror Decorated with the Story of Chinese Hermits Xu You and Chao Fu

金 Jin Dynasty

直径13.9、厚0.5厘米

铁岭有色金属熔炼厂拣选

辽宁省博物馆藏

葵花形，圆平纽。铜镜背面图案分上、下两部。上部左侧是一人（许由）跪在一棵枝叶茂盛的大树下，右侧一人（巢父）左手牵牛立于右侧，右手侧指，似与坐着对语。下部由一长线纹隔开，为水波纹。整个图案纹饰清晰，展现出一幅山水人物画面。

72. "咸平府录事司"款双龙纹铜镜

"*Xianping Fu* Copyist" Bronze Mirror with Double Dragons Decoration

金 Jin Dynasty

直径28.2、厚0.7厘米

铁岭有色金属熔炼厂拣选

辽宁省博物馆藏

圆形，圆纽，双龙绕纽盘旋，身躯修长，近缘处饰一周简化流云纹。镜缘上刻"咸平府录事司"及花押。咸平府，本辽之咸州，金初置咸州路，后升为咸平府，在今辽宁省开原市境内。录事司为金代官署名称，设在各府及节度州里，掌管平理狱讼，正八品，凡府、镇二千户以下设录事一员。

73. 吴牛喘月故事铜镜

Bronze Mirror Decorated with the Story of the "Cow from Wu Gasping at the Moon"

金 Jin Dynasty

直径22.9、厚1厘米
辽宁省博物馆藏

圆形，圆平纽，宽缘右边有伪刻西夏文字。镜背通体饰天水相连，上端有祥云托月，纽左右二仙人在水上漂浮，一仙手托盘，盘内有灵芝，帛带随风飘扬，下端水中一牛抬头望月。纹饰取材于"吴牛喘月"典故，南方吴地炎热，水牛怕热，误将月亮当太阳，翘首张望，呼呼喘气。

74. 六耳铜釜

Six-eared Bronze Pot

金 Jin Dynasty

口径48、底径9.1、高33厘米
葫芦岛寺儿堡乡寺前村出土
辽宁省博物馆藏

敛口，圆腹，腹壁内收，小平底。外腹上有一周凸起的折沿，并附有六个相互对称的横錾耳。此釜在一定程度上反映了金代冶炼技术水平。

75. "贞祐三年交钞"拓片

Rubbing of Print Block for Paper Money from the Third Year of the Zhenyou

民国旧拓 Rubbing in the Republic of China (1912–1949)

板长20.06、宽12厘米

辽宁省博物馆藏

此"交钞"为金贞祐三年钞版旧拓,四周为以莲花、莲叶纹装饰的双线边栏。边栏外,上方有"壹拾贯"三字,侧边有"每纸工墨钱捌文足,纳旧换新减半"字一行。栏内又分上下两个部分,上部中间为金额"壹拾贯八十足陌",两边分别为"字号""字料";下部从左至右共七行文字,其中注明告捕赏格"伪造交钞斩,赏钱叁佰贯"。金代贞元二年(1154年),金政府设置交钞库,发行纸币,称为"交钞",分大钞、小钞两种,与铸钱并行。最初,金的"交钞"同北宋时的"交子""钱引"一样,流通使用有一定的期限,一般以七年为限,到期兑换新钞。后期发行的"交钞"流通地区有了扩大,贞祐三年交钞几乎包括了金代后期管辖的整个区域;取消了"厘革",即流通使用可以不受时间的限制;如"交钞"字迹磨损,只需付少量手续费就可以以旧换新。这在一定程度上促进了"交钞"的广泛流通。

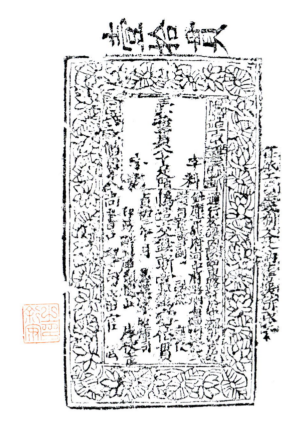

76. "大定通宝"铜钱

Bronze Currency from the Dading Reign

金 Jin Dynasty

直径2.4、厚0.15厘米

朝阳百货大楼后院元墓出土

辽宁省博物馆藏

大定通宝,金代货币,金世宗大定十八年(1178年)始铸,有小平、折二两种。有铁钱。折二大钱铸量较少,色灰白,世传其钱料微含银,实为白铜钱,阔缘大样极罕,以背无文字者居多。大定二十八年(1188年)铸造的钱币有干支背文。此枚钱币背面穿上有一"申"字。"大定通宝"钱,造型简练、形貌大方、字仿瘦金体,非常精美。"大定通宝"对后世各代钱币制造产生的影响极为深远。

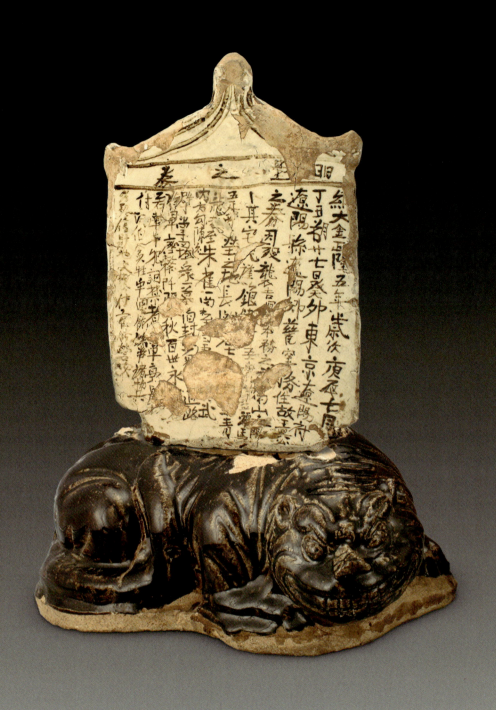

77. "正隆五年"白瓷买地券

White Porcelain Title Deed for Land of "Fifth Year of Zhenglong"

金 Jin Dynasty

宽26、通高41厘米

辽阳江官屯窑址出土

辽宁省博物馆藏

灰白色瓷胎，乳白色釉。此券版略呈圭形，黑褐色字，下端两侧内藏，插在酱釉瓷虎座上。正面字迹清晰，背面文字小且多漫漶不清。券额署"明堂之券"，据券文可知，券主王兴是"东京辽阳府辽阳县辽阳乡瓷窑务"，金正隆五年（1160年）殁。从神灵那里买来土地，用"青龙、白虎、朱雀、玄武"来说明土地的四至，确立墓主对土地的所有权，不受鬼神的侵犯。此券的出土说明金代曾设"瓷窑务"督管江官屯窑的生产，可以证史、补史，更显珍贵。

78. "王兴"款绿釉盆

"Wangxing" Green-glazed Basin

金 Jin Dynasty

口径31.7、底径20.3、高8.3厘米

辽阳江官屯窑址出土

辽宁省博物馆藏

79. 黑釉小人骑马玩具

Black-glazed Toy of Child Riding Horse

金 Jin Dynasty

长5、宽2.2、高5.8厘米

辽阳江官屯窑址出土

辽宁省博物馆藏

施半截黑釉，褐彩点染。瓷玩具，系手
工捏制。马为立姿，马腿为锥柱状，颔
首，上骑一小人，手似抓鬃毛。形象生
动朴实。

81. 钧窑梅瓶

Prunus Vase from Jun Kiln

金 Jin Dynasty

口径5.7、底径10.6、高39.7厘米

建平黑水镇出土

辽宁省博物馆藏

◀ 80. 白地黑花葫芦形倒流壶

White-glazed Gourd-shaped Pot with Back
Flower Decoration

金 Jin Dynasty

通高28.4厘米

彰武白台沟水库出土

辽宁省博物馆藏

该壶胎呈淡黄色，施白釉，釉层较厚，足根露胎。器身呈亚腰葫芦形，龙形壶把，流与腹连接处塑一小人骑于流上。上腹绘九个小黑点组成的菱形花纹数朵，流口绘黑彩一周，龙柄和小人亦点施黑彩，下腹刻覆瓣仰莲，莲瓣间刮小竖沟纹，并施倒置的三角形黑彩，颇具磁州窑系风格。此壶顶部无口，在圈足底部正中有一竖立于腹内的管状注筒，注口与外流平，装酒时将壶倒置，装满后正置，可由腹部之流向外倒酒。设计巧妙，造型新颖，工艺独特。

82. 琥珀人物葡萄纹挂件

Decorative Pendant with Amber Engraving
of Human Figure and Grapes

金 Jin Dynasty

长7.9、宽4.7、厚2.75厘米

辽宁省博物馆藏

琥珀为暗红色，但颜色深浅不同。呈
长方形，两面浮雕，一面为山水人物
纹，一面为松鼠葡萄纹，衬托主题的片
片叶子，经脉清晰。成串的葡萄寓意为
"多"，鼠配十二地支中的"子"，喻
"子"之意，葡萄松鼠合喻为"多子多
福""硕果累累"。琥珀挂件的两侧均
有多个不规则小孔，上端有一穿孔。整
个挂件雕工较精致。

83. 白玉透雕飞天牌饰

White Jade Apsara Ornament with
Openwork Carving

金 Jin Dynasty

长7.7、宽3.7厘米

本溪桓仁县五女山出土

桓仁县五女山博物馆藏

飞天体态舒展，面部丰腴，额前
短发似莲瓣下垂，颈上系短巾，
结花于后，左手置于胸前，托一
钵状物，身着长裙，腰结衣带，
裸足，身缠披帛，缕缕飘飞，身
下如意祥云，朵朵相连。

84. 菩萨头像及陶范

Boddhisatva Head and Pottery Mold

金 Jin Dynasty

长18.4、宽13.8、高7厘米

喀左甘招砖场出土

喀喇沁左翼蒙古族自治县博物馆藏

菩萨神态端庄，气质典雅，圆脸丰腴，细眉凤目，鼻梁高耸，小口丰唇，双目低垂。范呈砖红色，制作精致。

［伍］

元明清时期

（1206~1911年）

*

Chapter V
The Yuan, Ming and Qing Periods

（1206–1911 CE）

划省而治　蒙元一统

Establishing Provinces for Governance
Unification under the Mongol–Yuan

　　元朝是中国历史上第一个由少数民族蒙古族为主体建立的大一统帝国。蒙古族以其特有的进取精神推进了中国历史疆域形成与中华民族族体熔铸的新进程。辽宁地区虽饱受战争的创伤，但在元政府劝农政策的推动下，通过辽阳行省的管辖以及各族人民的共同努力，农耕、商贸及手工业等经济逐渐恢复和发展。疆域的扩大和驿站的开辟，加速了民族的融合与交流，使得辽宁地区的文化展现出独特风采。

The Yuan dynasty was the first great unified empire in Chinese history established by the Mongol ethnic minority. By virtue of their unique enterprising spirit, the Mongols promoted the formation of the historical territory of China and the forging of the Chinese nation. Although the Liaoning region bore the wounds of heavy fighting, its agriculture, trade and handicraft economies all gradually recovered and developed under the pro–agricultural policies of the Yuan government, the management of the Liaoyang Provincial Administration and through the diligent efforts of various ethnic groups. The expansion of the borders and the establishment of a system of stages accelerated inter–ethnic mingling and exchange, allowing the culture of the Liaoning region to develop in a uniquely impressive way.

1. 八思巴文 "隆镇卫百户印" 铜印
**Bronze Seal with Phags-pa Script Reading
"*Baihu* of the Longzhen *Wei*"**

元 Yuan Dynasty
宽6.55、高7.7厘米
辽宁省博物馆藏

梯形板状纽，方形印面，印文为八思巴文三行，印背左边錾刻有 "隆镇卫百户印"。隆镇卫，1312年设立，元代最高统治者的侍卫亲军，元军主力之一。

2. 八思巴文"左卫阿速亲军千户印"铜印

Bronze Seal with Phags-pa Script Reading "Seal of the *Qianhu* of the Asu of the Left Guard"

元 Yuan Dynasty

印面边长6.7、通高6.75厘米

辽宁省博物馆藏

梯形板状纽，印文为八思巴文三行，印背左右两边分别有"元统三年九月 日中书礼部造""左卫阿速亲军千户印"刻款。阿速亲军为元代侍卫部队。元统为元顺帝年号，元统三年即1335年。

3. 八思巴文"沈阳等处军民屯田使司分司印"铜印

Bronze Seal with Phags-pa Script Reading "Seal of the Branch Commander of the Soldiers and Civilians of the Food-producing Garrison of Shenyang and Other Regions"

元 Yuan Dynasty

印面长8.3、宽8.3、通高9.6厘米

阜新塔营子元懿州城址出土

辽宁省博物馆藏

梯形板状纽，方形印面，印文为八思巴文，印背刻款分别为"沈阳等处军民屯田使司分司印""中书礼部造　至正十七年五月　日"。元灭于1368年，这枚至正十七年（1357年）造的屯田印说明直到元末，辽宁地区仍存在管理屯田的官方机构，仍是东北建设和管理较好的农耕屯垦区域之一。

4."南京皇甫"铜权

"Nanjing Huangfu" Bronze Weight

元 Yuan Dynasty

高8.5厘米

北镇大寺公社高林大队出土

辽宁省博物馆藏

元朝是中国历史上继秦始皇之后又一个统一计量衡的朝代，从衡的制式、大小、重量都做了统一的规范。铜权一般由权纽、权身和权座三部分组成。根据权身形状，可分为六棱形和椭圆形两种形制。此权为六棱形制，权纽为倒梯形，中有一圆孔；权身为扁六面体，其中相对的两宽面分别铸刻"南京""皇甫"；束腰底座。

5."元统二年懿州承造"铜权

"Yizhou Contract for Construction in Second Year of Yuantong" Bronze Weight

元 Yuan Dynasty

高9.6厘米

辽宁省博物馆藏

铜权为六棱形制。权身有两面较其余四面稍宽。其一宽面铸有两行汉字"元统二年 懿州承造"，相对的另一宽面也有两行文字"二十五斤 玄字十号"。

6. "至正六年"铜权

"Sixteenth Year of Zhizheng " Bronze Weight

元 Yuan Dynasty

高8.5厘米

阜新塔营子出土

辽宁省博物馆藏

元代纪年铜权，椭圆形制，上部为倒梯形钮，中间有一个圆孔，腹部为上大下小的圆柱体，腹下为圆形台阶式底座。腹部铭文为"至正六年""校勘相同"。

7. "至元廿五年"铜权

"Twenty-fifth Year of Zhiyuan " Bronze Weight

元 Yuan Dynasty

高6.1厘米

阜新塔营子出土

辽宁省博物馆藏

8. 八思巴文铜钱

Bronze Money with Phags-pa Script

元 Yuan Dynasty

肉径4.2、好径1.2、厚0.4厘米

建平沙海乡四龙沟屯出土

辽宁省博物馆藏

这枚铜钱呈绿色，外圆内方，中间用八思巴文书写"大元通宝"四字，按上下左右顺序释读，背面光背无文，廓好，清晰肃整，制作精好。八思巴系元代著名佛学家、国师，其奉世祖忽必烈令，制定蒙古族拼音文字，该文脱胎于藏文字母，元至元六年(1269年)作为国字正式颁行，称"蒙古新字"或蒙古文，俗称八思巴文。据有关泉书记载,这种钱出自元代武宗,至大三年至四年(1310~1311年)所造,钱面当十蒙文大钱,是元代大钱中造得最多而且也是最好的一种。这种钱由于铸行时间较短,加之又不便释读，因此，至今传世很少。

9. "至正通宝"铜钱

Bronze Currency from the Zhizheng Reign

元 Yuan Dynasty

肉径2.97、好径0.65、厚0.16厘米

辽宁省博物馆藏

钱币面文"至正通宝"楷书对读，背有八思巴文"己"字。至正通宝是元顺帝至正年间铸行的钱币，大小均有，并且部分钱币背面穿上铸有八思巴文"寅、卯、辰、己、午"五个地支纪年字，其所记为至正十至十四年。每一纪年均有"小平、折二、折三"三种，俗称五年三等十五品。

10. 绿釉双耳三足炉

Green Celadon Double-eared Tripod Stove

元 Yuan Dynasty

口径8.8、通高9厘米

喀左大城子镇元墓出土

辽宁省博物馆藏

陶胎绿釉。直口，折沿，方唇，长方形板状双立耳置于口腹间，长颈，鼓腹，平底，贴塑三足。腹部有印花。

11. 天青釉钧窑碗

Celeste-glazed Bowl from the Jun Kiln

元　Yuan Dynasty

口径18.7、底径6、高7.6厘米

喀左大城子镇元墓出土

辽宁省博物馆藏

施天青釉，釉层较厚，外釉不及底，釉质
光润。口微敛，圆唇，弧腹，圈足。

12. 青瓷印花碟

Celadon Dish with Stamped
Flower Design

元　Yuan Dynasty

口径12.9、底径7.5、高2.9厘米

喀左大城子镇元墓出土

辽宁省博物馆藏

13. 高丽镶嵌青瓷碗

Korean Inlaid Celadon Bowls

元 Yuan Dynasty

大：口径20.2、底径6.5、高9.5厘米

小：口径19.5、底径7.2、高6.8厘米

沈阳小南门元墓出土

辽宁省博物馆藏

一件内壁嵌饰五组草莓纹,辅以菊花及卷草窝叶纹；另一件主题纹饰为菊花纹,釉色青翠,制作规整。高丽王朝（918~1392年）时期烧制,此种镶嵌工艺是在成型的坯胎上用刻有纹饰的模具捺于胎上,或用木竹铁等工具刻划约2毫米深的凹槽,根据图案需要填涂白色或黑色的化妆土,经修胎后施以青釉,入窑烧制。其黑白花纹装饰之处,有轻微的凹凸不平,产生花纹的立体感。高丽青瓷造型浑厚、古朴,线条柔和圆润。辽宁地区出土的高丽镶嵌瓷器应与两国之间的交往有关。

14. 磁州窑"风花雪月"碗

White Porcelain Bowl from Cizhou Kiln with Painted Text Reading "Joyful Life"

元 Yuan Dynasty

口径22.1、底径7.6、高9.1厘米

辽宁省博物馆藏

施白釉，黄胎，挂白粉，外壁施釉不到底。敞口、圆唇、斜壁、圈足。碗外壁口沿下有褐色粗弦纹一周，内壁有双弦纹，底部草书"风花雪月"四字。

15. 青瓷印花双鱼纹盘

Celadon Tray Stamped with Flowers and Pair of Fish

元 Yuan Dynasty

口径8.6、底径7、高4.3厘米

义县奉国寺石街元代窖藏出土

辽宁省博物馆藏

青釉肥厚、润泽。展沿、圆唇、浅腹、圈足。盘内底部凸塑双鱼图案。为龙泉窑瓷器。

16. 白地黑花龙凤纹罐

White Glazed Jar with Black Flower and Phoenix Design

元 Yuan Dynasty

口径18.3、底径12、高31.5厘米

绥中元代沉船出水

辽宁省博物馆藏

白地褐彩。圆口，直颈，圆肩，深腹内收，矮圈足。主体纹饰为龙凤图案，龙张口露巨齿，上吻长于下吻，眼方形，头长双角，发后披，躯干弯曲，肢体粗壮有力，腾跃于波涛之中；另一面绘凤纹。该器具有典型的磁州窑风格。

17. 黑釉兔毫纹碗

Black Bowl with Design of Hare's-fur

元 Yuan Dynasty

口径19.5、底径7.6、高9.5厘米

绥中元代沉船出水

绥中县文物保护管理所藏

圈足施黑釉不到底。敞口，圆唇，斜腹。
里外均有兔毫条纹。

18. 白地黑花鱼藻纹盆

White Basin with Fish and Waterweed Design

元 Yuan Dynasty

口径38.8、底径18.6、高13.7厘米

绥中元代沉船出水

辽宁省博物馆藏

白釉下施化妆土，外壁施半截黑釉，底足无
釉。敞口，折沿，斜壁，砂底，隐圈足。盆
沿饰水草圆点纹，内壁绘白地黑花斜线纹，
内心为鱼藻纹，鱼游于水藻间，水波暗动，
极为形象。整器胎体厚重，体形硕大，装饰
粗放，具有鲜明的磁州窑风格。

19. 象牙透雕牡丹飞凤饰品

Ivory Ornament with Openwork Carving of
Peony and Flying Phoenix

元 Yuan Dynasty

长7、宽4.2、厚0.6厘米

喀左大城子镇元墓出土

辽宁省博物馆藏

20. 绿松石刻牡丹花饰品

Turquoise Ornaments with Peony Carving

元 Yuan Dynasty

左：长1.6、宽1.1、厚0.2厘米

右：长3.2、宽1.9、厚0.3厘米

喀左大城子镇元墓出土

辽宁省博物馆藏

21. 铜双股凤头钗

Bronze Double-stranded Phoenix Head Hairpin

元 Yuan Dynasty

长13.6、首宽3厘米

喀左大城子镇元墓出土

辽宁省博物馆藏

钗首为凤，钗体为扁平双股，股端为尖状。

22. 铜象棋子
Bronze Chess Pieces

元 Yuan Dynasty

直径2.6、厚0.25厘米

本溪地区出土

辽宁省博物馆藏

圆形扁体，共存7枚棋子，分别是将、士（2枚）、象、车、炮、卒，背有图案。元代铜象棋子的发现，说明下象棋已成为当时人们喜爱的娱乐项目。该器对研究当时的娱乐形式、中国象棋的发展历史及其铸造工艺均有着重要的参考价值。

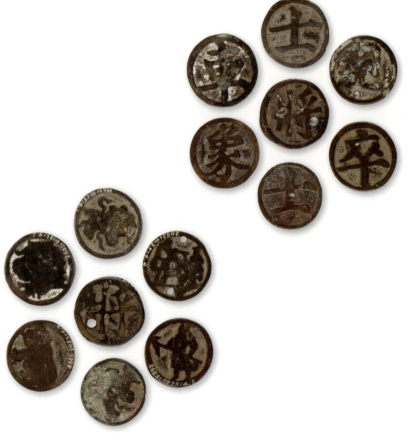

23. 兔形铜镇纸
Rabbit-shaped Bronze Paperweight

元 Yuan Dynasty

高6厘米

铁岭有色金属熔炼厂拣选

辽宁省博物馆藏

体胎薄。兔呈伏卧状，口衔灵芝置肩背，口有圆孔，颈部对孔。

24. 玉壶春铜瓶

Bronze Bottle of Okho Spring

元 Yuan Dynasty

口径7.1、底径7.35、高25.9厘米

征集

辽宁省博物馆藏

古代盛酒器。器身机制旋纹清晰。

25. 陶俑

Clay Figurines

元 Yuan Dynasty

高30.9厘米

朝阳建平地区出土

辽宁省博物馆藏

俑为立姿，双肘弯屈，袖内拱手，置于胸前。一为侍女俑，头戴纶巾，身穿及地红色窄袖花袍；一为文官俑，长髯，头戴纶巾，身着灰色长袍，圆领，系腰带。陶俑服饰衣褶简练概括，层叠疏密有秩。其人物五官、人体比例、衣饰纹理等刻画细致准确，反映出元代服饰的时代特征。

27. 八卦铜镜

Bronze Mirror with Symbols of the Eight Frigrames

元 Yuan Dynasty

直径34、厚0.4厘米

义县大榆树堡镇大籽粒屯村出土

义县文物管理处藏

28. 梵文铜镜

Bronze Mirror with Sanskrit Lettering

元 Yuan Dynasty

直径9、厚0.55厘米

辽宁省博物馆藏

圆形，面微凸，平顶圆纽，素窄缘。纽顶面饰一梵文，于纽外分内外两区，内区饰一周梵文16个字，外区饰一周梵文20个字。

◀ 26. 鎏金铜释迦牟尼坐像

Gilded Bronze Statue of Seated Sakyamuni Buddha

元 Yuan Dynasty

高11.5厘米

铁岭有色金属熔炼厂拣选

辽宁省博物馆藏

螺发高肉髻，五官端正，双耳肥大垂肩。双眉细长，眉间饰红色圆形白毫，双目微阖作下视状，右肩袒露，身着紧身偏衫式袈裟，左手结禅定印，右手下垂结触地印，结跏趺坐于台座上。

关东风雨　大明气象

Hardships in Northeast China
The Spirit of the Ming Dynasty

　　随着明朝的建立，辽宁结束了自辽金元以来游牧、渔猎民族统治长达四百余年的历史，重新纳入到以汉人为主体的大一统政权之下。塞外蒙古、女真势力的威胁，促使明朝的军事重心逐渐向东北转移。对辽宁而言，这是一个边患日甚却又相对安宁的时期。明政府通过"筑城关、辟马市"等措施，使辽宁成为中央政府抵御北方民族南进的重要屏障和控制东北亚地区的经略中心。经过两百多年的经营开发，辽宁地区呈现出政治稳定、经济发展、宗教兴旺、文化多元的局面，为女真的再次兴起奠定了基础。

With the establishment of the Ming dynasty, over 400 years of rule by nomadic peoples, fishing and hunting peoples ended and Liaoning was reincorporated into a unified government with the Han people at its centre. The threat of Mongol and Jurchen power beyond its borders, however, once again compelled a gradual shift of military power to the northeast during the Ming dynasty. As far as Liaoning was concerned, this was a period of both increasing trouble on the frontier and relative tranquility. The Ming government enacted policies such as "build up fortifications and open horse fairs". This turned Liaoning into a major barrier used by the central government to guard against the southern incursions of northern peoples, and a strategic centre for the control of northeast Asia. Following over 200 years of construction and development, the Liaoning region offered political stability, economic development, flourishing religions and multiculturalism. This laid the foundation for the re-emergence of the Jurchens.

29. 永乐七年铜火铳

Bronze Blunderbuss, Seventh Year of the Yongle Reign

明 Ming Dynasty

长35.2、口径2.9、腹径5.3厘米

辽阳小南门外护城河内出土

辽宁省博物馆藏

黄铜铸造。由前膛、药室和尾銎三部分组成。火铳为明代兵器，铳筒呈竹节状，长颈小腹，铳身收度较大，有三点一线瞄准星；药膛上亦有药槽；尾銎两竹节纹，中空，外口大内口小，上有阴刻铭文"天字贰千柒佰肆拾贰号永乐七年九月 日造"，属于"手把铜铳"，也称"无敌手铳"，即用手把持使用。使用时安装桩、托等装置，在铳体内装上火药，用铁砂封闭，点燃由药室引出的药线，引燃药室内的火药，借助火药燃气的爆发力将预装入前膛内的铁弹射出，杀伤力很大。火铳是古代第一代金属管状射击火器，以铜和铁铸造，至迟出现于元代，后普遍用于海战和陆战，有单管手铳、多管三眼铳、五排铳、七星铳、十眼铳和大口径碗口铳等，后来发展成为枪。

百户铜印

　　明朝政府在辽东地区设置军政合一的"都司—卫（州）—所"制度实施管理。洪武四年（1371年）置定辽都卫，八年（1375年）改为辽东都指挥使司，简称辽东都司，治所在定辽中卫（今辽宁省辽阳市），隶山东承宣布政使司。至宣德五年（1430年），辽东都司共领二十五卫、二州、一百二十七所。按明代卫所官制，卫长官为指挥使，下辖若干千户所，千户所又下辖若干百户。百户领兵一百二十人，分为二总旗、十小旗，长百户印。

30. "定辽中卫后千户所百户"铜印

Bronze Seal Reading "Seal of the *Baihu* (Leader of an Administrative Unit Consisting of One Hundred Households) of the Rear *Qianhusuo* (Administrative Unit Consisting of One Thousand Households) of the Central *Wei* (Garrison) of Dingliao"

明 Ming Dynasty

印面长7.18、宽7.28、通高8.35厘米

辽宁省博物馆藏

　　黄铜铸。方板体，椭圆板状柄。印正面阳刻九叠篆文"定辽中卫后千户所百户之印"，印背纽右侧刻印面同铭文字，左侧刻"礼部造，洪武十七年五月 日造"。定辽中卫是辽东都司治所，下辖左、中、前、后四个千户所，该印即为定辽中卫后千户所下辖之百户印，造于明洪武十七年（1384年）。

31. "广宁右卫后千户所百户"铜印

Bronze Seal Reading "Seal of the *Baihu* of the Rear *Qianhusuo* of the Right *Wei* of Guangning"

明 Ming Dynasty

印面长7.1、宽7.1、通高8.4厘米

辽宁省博物馆藏

黄铜铸。方板体，椭圆板状柄。印正面阳刻九叠篆文"广宁右卫后千户所百户之印"，印背纽右侧刻印面同铭文字，左侧"礼部造，洪武三十五年十二月"楷书款。广宁右卫下辖中、前、后等四个千户所，该印即为广宁右卫后千户所下辖之百户印，造于明洪武三十五年（1402年），即建文四年。

32. "沈阳中卫中左千户所百户"铜印

Bronze Seal Reading "Seal of the *Baihu* of the Center Left *Qianhusuo* of the Central *Wei* of Shenyang"

明 Ming Dynasty

印面长7.25、宽7.25、通高8.35厘米

辽宁省博物馆藏

黄铜铸。方板体，椭圆板状柄。印正面阳刻九叠篆文"沈阳中卫中左千户所百户印"，印背纽右侧刻印面同铭文字，左侧刻"礼部造，正统二年八月 日"。沈阳中卫下辖左、中、右、前、后、抚顺、蒲河中左七个千户所，该印即为沈阳中卫中左千户所下辖之百户印，造于明正统二年（1437年）。

33. 缠丝葫芦形金耳饰
Wrapped Silk Gourd-shaped Gold Ear Ornaments

明 Ming Dynasty

长3.5、宽1.2厘米

辽阳鹅房村南出土

辽宁省博物馆藏

以金丝缠制成葫芦形耳坠，以粗金丝做成弯钩，做工精细。

34. 鎏金压制花朵银簪
Silver Hairpins with Gilt Flowers

明 Ming Dynasty

长11、宽2.2厘米

辽阳鹅房村南出土

辽宁省博物馆藏

此簪用鎏金银片压制成花朵形，包住簪首，簪杆体圆，下端细尖。

35. 崔胜墓志

Epitaph of Cui Sheng

明 Ming Dynasty

长54、宽53厘米

鞍山倪家台村崔源族墓出土

辽宁省博物馆藏

崔胜生于宣德元年（1426年），卒于弘治十年（1499年），25岁继承其父崔源职任指挥，后以军功晋都指挥金事，死后赠龙虎将军。崔胜墓志及族墓一同出土的九合墓志，记载了明永乐至宣德年间明政府派中官亦失哈等多次"诏谕奴儿干"的历史，墓志与著名的永宁寺碑文相印证，是研究东北亚地区历史文化的重要资料。

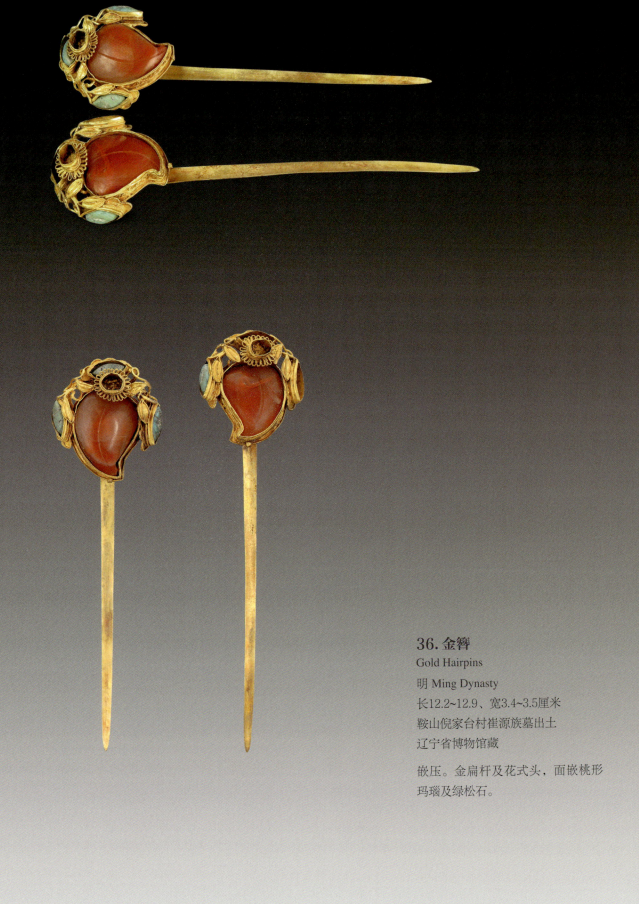

36. 金簪

Gold Hairpins

明 Ming Dynasty

长12.2~12.9、宽3.4~3.5厘米

鞍山倪家台村崔源族墓出土

辽宁省博物馆藏

嵌压。金扁杆及花式头，面嵌桃形玛瑙及绿松石。

37. 银冥币

Silver Burial Coins

明 Ming Dynasty

直径3厘米

鞍山倪家台村崔源族墓出土

辽宁省博物馆藏

冥币是专为陪葬而制作的，供逝者在阴间使用的钱。方孔圆郭，嵌压"往升仙界"反字。

38. 金冥币

Gold Burial Coins

明 Ming Dynasty

直径1.8~3厘米

鞍山倪家台村崔源族墓出土

辽宁省博物馆藏

这五件冥币反字楷书"往升仙界"或"背尘合口"等字样。

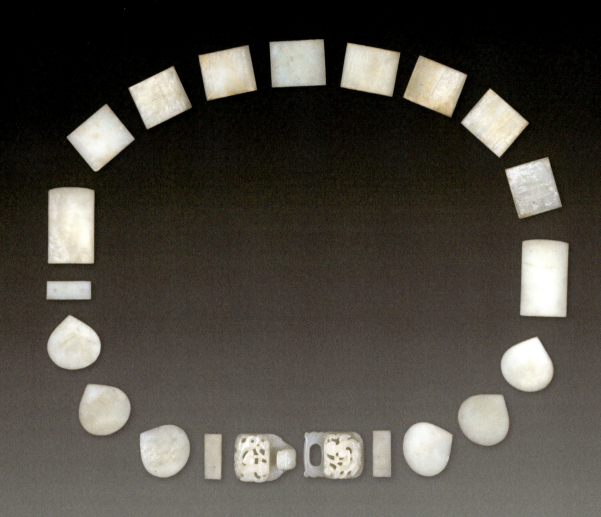

39. 白玉琉璃带饰
White Jade and Coloured Glaze Belt

明 Ming Dynasty

长4.5~7.4、宽1.8~4.5厘米

北镇市明墓出土

辽宁省博物馆藏

此带饰的鞓已腐朽，仅存带面饰板，包括六节桃形、十节大小长方形光素无纹饰板、三件铊尾和一副带钩扣。带钩首为龙首，钩身呈方形，采用高浮雕与透雕技法琢螭龙纹；带扣前端为方形孔，供钩首穿入、勾搭，首部纹饰与钩身相同，亦琢螭龙纹，制作精美。

40. 王治道墓石像生

Stone Statues of Wang Zhidao's Tomb

明 Ming Dynasty

宽65、高190厘米

锦州东郊紫荆山西麓出土

锦州市博物馆藏

王治道墓封土已不可见，墓碑尚存两方（一方残），墓前的石像生仅翁、仲两像保存完好。王治道系辽东副总兵，嘉靖四十四年（1565年）进署都督佥事，充总兵官。死后，赠少保左都督谥忠愍王，立祠赐祭。

鎮國將軍緱公墓誌銘

城東十里許故卜塋北尖山之陽有墓在焉乃線夫
人韓氏所乗者之時公歸塟于兹所以合夫人之
壙也檀宜銘誌余謹拜書予茲綱宇遷章乃故千戶
侯為忠者推兩本衛指揮使司印政善法立達之功胎
有同知推舉本衛指揮使同知次欽近世拜指揮發
揮同知推舉本衛指揮使同知次欽俗第男鎧仰
生一子於紙次長鍾嘉挫襲襄功氏也女七俱下凢稱孫
女一世次於男五長鍾嘉挫襲襄人陸氏所生女七俱青
二紀先世卒徒世荣蒙嘉德所蓋也夫源不大則流必不長本不
行則枝必茂蒙德之土物宜松馬我公有盛德宜其後
澤之福公之士壬申年十月十九日卒正覆年七
福泝之隆德十六年九月二十五日考終命于正覆年七
十枚公生於壬申年十月十三日祭之佳期也故
聞之鎮國將軍軍力三軍德及五常治家力本教子義方有
為鎮之誌曰力三軍德及五常治家力本教子義方有
公之塟誌力三軍德及五常治家木芳供誰高塚線
功在人自天降祥嘉誓烜赫垂耆無疆俊李青誌銘
昌靖元年歲次壬午春二月良旦金湯後李青誌銘

41. 线纲墓志

Epitaph of Xian Gang

明 Ming Dynasty

边长63、厚7.5厘米

兴城钓鱼台镇线氏族墓出土

兴城市文物保护管理所藏

线纲墓志志石两块，方形。志盖，阴刻篆书
"镇国将军线公墓志铭"。志底，阴刻楷书墓
志铭20行，满行20字。线氏族墓共出土墓志
六合，最早的线纲墓志葬于嘉靖元年（1522
年），最晚的线补衮墓志葬于嘉靖四十四年
（1566年），先后四十四年间历经四代。六合
墓志的志文达五千七百多字，记载了线氏家族
五代世系和明朝中晚期的辽东边关战事。线氏
家族正处于明朝末年的动乱年代，一门四代为
明朝镇守辽东边疆达半个世纪之久，深受朝廷
信任，钦赐其四代为"镇国将军"。线氏家族
墓志，不仅反映了距今五百年前明朝的政治、
军事形势，也从不同的侧面反映了当时辽东地
区伦理道德、葬俗葬制以及墓志铭的形制、文
体、镌刻等文化艺术情况，为研究明史、辽宁
地方史和民族关系史提供了实物资料。

42. 定辽大将军铜炮

"Great General, Stabilizer of Liaodong" Bronze Cannon

明 Ming Dynasty

长381.8、内口径10.2、底径54.3厘米

兴城宁远古城征集

辽宁省博物馆藏

炮身呈竹节式，中有三道隆起的铜箍。炮身中部有凸出的圆柱状耳，炮尾如螺。炮口与炮底部正上方各置有准星、照门及放孔。炮身前部有宋体书阴刻铭文："钦差提督军务镇守辽东总兵官左都督吴捐资铸造""定辽大将军""崇祯十五年十二月吉旦""督造掌印都司孙如激""总委参将王邦文""打造千总石君显"等6行59个字。据《明实录》记载：崇祯十三年十二月丙子"征调宣府总兵杨国柱，大同总兵王朴，密云总兵唐通及曹变蛟、白广恩，山海关总兵马科，辽东总兵吴三桂、王廷臣，合兵十万、马四万、骡一万，刻期出关"。由此可知，定辽大将军炮身署款中的"镇守辽东总兵官左都督吴"就是明将吴三桂，这门大炮为吴三桂出任辽东总兵后在宁远（今兴城）为抵御清兵而捐资铸造的。

43. 义州卫守军铜令牌

Bronze Token of Authority of the Yizhou Garrison

明 Ming Dynasty

直径14、厚0.4厘米

义县头道河乡马三沟村河套出土

义县文物管理处藏

紫铜范铸。圆形，上边手柄略呈三角形，中间有系孔。牌正面周边饰回纹，中部阳刻汉字楷书"令"字，左侧竖刻阳文"洪武二十三年造"，右下方竖刻阴文"义字九号"。牌背面回纹边饰内，阳刻两行篆字"夜禁严肃巡缉奸邪"。手柄正背面周边饰连续半圆弧花边，孔两侧阳刻"义州"二字。当为明洪武年间义州卫守军使用之令牌。

44. 琉璃串饰

Colored Glaze Necklace

明 Ming Dynasty

每颗直径0.7~1.7厘米

铁岭银州区喜庄子墓出土

铁岭市博物馆藏

女真人常游猎，财产随身携带，因而形成其喜
爱装饰的风俗。这件琉璃串珠为挂件，佩挂在
胸前，清朝官服朝珠之制当源于此俗。

铁岭喜庄子女真人墓

　　1989年发现于铁岭银州区北郊西辽河南岸，为明代内附女真人墓葬，墓中出土了瓷器、铁器、铜坠饰、带扣、牌饰等女真民族的典型器物，具有鲜明的时代和民族特色。明朝政府为安置辽东内附的女真人，于明永乐七年（1409年）设自在、安乐二州，二州初设于开原，后自在州迁至辽阳。

45. 白瓷大碗
White-glazed Bowl
明 Ming Dynasty
口径24、高8厘米
铁岭银州区喜庄子墓出土
铁岭市博物馆藏

女真民族崇尚白色，白瓷为其钟爱的器物。

46. 铜带钩
Bronze Belt Hook
明 Ming Dynasty
长14、宽5厘米
铁岭银州区喜庄子墓出土
铁岭市博物馆藏

带钩是束腰带的挂钩，古人常用之象征身份和地位，兼具实用和装饰功能。

47. 铜带扣

Bronze Belt Buckle

明 Ming Dynasty

长13.5、直径7厘米

铁岭银州区喜庄子墓出土

铁岭市博物馆藏

48. 铜带环

Bronze Belt Ring

明 Ming Dynasty

长18厘米

铁岭银州区喜庄子墓出土

铁岭市博物馆藏

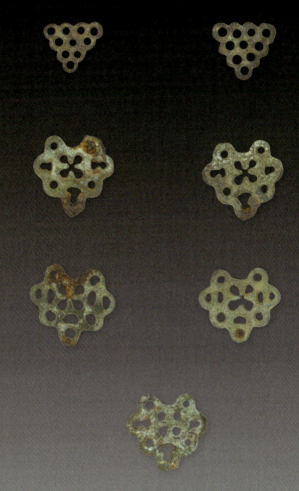

49. 铜牌饰

Bronze Ornaments

明 Ming Dynasty

三角形牌饰：边长2.2厘米

镂孔牌饰：边长3厘米

圆形牌饰：直径4厘米

铁岭银州区喜庄子墓出土

铁岭市博物馆藏

50. 链式铜坠饰
Copper Chain Shaped Pendants
明 Ming Dynasty
大铜链式坠饰：长30、宽4.5厘米
小铜链式坠饰：长8、宽3.5厘米
铁岭银州区喜庄子墓出土
铁岭市博物馆藏

这一组铜链式坠饰可组成大小各两套。大坠饰由透雕牌饰和两组链环及坠铃组成：牌饰近三角形，由三组相叠的扇形透孔和一组并列的长方形透孔组成镂空网格图案，周边刻有齿点，顶端有穿系，穿上刻有鳞纹；链环由11个花式小圆环和10个"8"字形链节连接而成，环内十字撑架上刻有双十字线；坠铃椭圆形，上方有穿系，中间有凸棱，下部开口，穿系与凸棱间有三道弦纹，铃口唇外有划刻纹，系铸后锻接而成。小坠饰形体略同于大坠饰，部件尺寸略小。链环、牌饰、小铃间活动自如，摇摆有声。喜庄子明墓为明代内附女真人墓葬，墓中出土的这四件组合坠饰虽做工笨拙，但造型灵巧，为典型的靺鞨—女真系组合坠饰，为女真萨满教法器，具有鲜明的时代和民族特色。

51. 帽砖

Cap Brick

明 Ming Dynasty

长37、宽25.5、高14.5厘米

绥中锥子山长城遗址出土

绥中县文物保护管理所藏

52. 水槽砖

Gutter Brick

明 Ming Dynasty

长38.5、宽22、高12.3厘米

绥中锥子山长城遗址出土

绥中县文物保护管理所藏

53. 射孔砖

Shoot Brick

明 Ming Dynasty

长39、宽18、高9厘米

绥中锥子山长城遗址出土

绥中县文物保护管理所藏

54. 酱釉瓷雷
Ceramel-glazed Porcelain Shell

明 Ming Dynasty

宽17、高12.3厘米

铁岭大甸子镇英树沟村遗址出土

铁岭市博物馆藏

明代一种投掷式炸弹，外壳为陶质。球状，直口，圆腹，小平底，表面遍布乳突状刺，呈环状交错排列，从外观上看犹如蒺藜。内装火药，由孔中装入引线，使用时铁线沿城墙吊下，到达目标时爆炸。爆炸后碎片四散杀伤敌人。

55. 单孔石雷
Single-orifice Stone Projectile

明 Ming Dynasty

底径16、孔径6.8、高24厘米

绥中永安乡大毛山长城遗址出土

锦州市博物馆藏

56. "德州秋班营造"铭文砖
"Dezhou Autumn Class to Create" Inscription Brick

明 Ming Dynasty

长40、宽10、高18.5厘米

绥中锥子山长城遗址出土

绥中县文物保护管理所藏

57. 单孔石雷

Single-orifice Stone Projectile

明 Ming Dynasty

底径20、孔径9、高29厘米

绥中九门口长城一片石遗址出土

绥中县文物保护管理所藏

58. 竹节铁炮

Bamboo-shaped Iron Cannon

明 Ming Dynasty

长51、口径14、孔径8厘米

绥中九门口长城一片石遗址出土

绥中县文物保护管理所藏

⋯⋯先生

⋯⋯轩　吴郡⋯⋯賞　撰文
⋯⋯　蔡錦⋯⋯　書丹
⋯⋯　徐文中　篆盖

⋯公諱⋯⋯樟内人始祖鐵相伊洪武間紮衆歸附授昭信
⋯遂家奇禍萬洞方京伊疾未仕高祖卜花發起諭奴兄下征進三义
⋯堪資發軍卜花傅貢祖玉傅莠措錯將公公龔原⋯
⋯民蜀俟初試為青台峪守地産銀根戒悒繁公全仕⋯
⋯後州伯衛公掌之事民彝由頌前衛為晟合議非公人邑人⋯
⋯嘉印政之真堆之以飛揚松衡使過公不⋯
⋯道俱稱稚治令公先後視繁枷於諸衛俊趋公荐其才可嘗⋯
⋯昌有晏試歟侍衛趋⋯
⋯英道有晏試歟侍衛

皇上嘉其功
欽賞籍五兩衆方以十洞⋯
⋯二日迎天公威於⋯
⋯至公之交裝造無不精絕⋯⋯
⋯家無恙已華十八日⋯⋯

嘉靖二十七年丙七月二十七日孤子家采羮文立石

59. 宋国忠墓志

Epitaph of Song Guozhong

明 Ming Dynasty

长64、宽64厘米

辽阳鹅房村南出土

辽宁省博物馆藏

宋国忠墓志志石二块，方形。志盖刻篆书"明故明威将军宋公墓志铭"。志底墓志铭32行，满行30字。由州进士吴国宾书丹，除有几字稍有磨损(仍可辨认)外，保存完好。志文追记了宋国忠"高祖卜花袭招谕奴儿干，征进三叉路有功，历升明威将军"的史实。文献中虽未见有宋卜花记载，但在明永乐年间，钦差亦失哈和都指挥康旺等"宣谕镇抚"奴儿干期间，在黑龙江口特林地方修建永宁寺，寺前所立"敕修奴儿干永宁寺碑记"里，碑末题名的随行官员中，有辽东"所镇抚宋不花"的名字。宋不花即宋卜花的音转，宋国忠为宋卜花的后代。

◀ 60. 青花荷塘水禽纹盖罐

Blue and White Porcelain Lidded Jar with
Lotus Pond and Waterfowls Design

明 Ming Dynasty
通高53厘米
抚顺章党镇八宝沟村出土
抚顺市博物馆藏

器形敦厚朴拙。直口，圆唇，短颈，丰肩，鼓腹，圈足，平沙底无款。釉色白中泛青，脂肥润如脂，胎质细腻紧致。此罐有盖，球形纽已残后配，子母口。全器以釉下青花作装饰，盖、器身皆绘荷塘水禽纹。青花色调淡雅，纹饰清晰，画意浓郁，为明代青花瓷之佳品。

61. 铜炮

Bronze Cannon

明 Ming Dynasty
长80厘米
抚顺李家乡李家村出土
抚顺市博物馆藏

铜炮由前膛、药室和尾銎三部分构成，前膛口部稍内收，前膛外壁铸有七个等距离的形似竹节的箍状隆起，耳轴(提梁)已失，药室呈箍状，上有圆形引火孔，尾銎实心，内收，前膛外壁第一节内刻有三竖行十六字铭文："庚午二月匠人，吾千松监铸，□□正元□"。此铜炮出土于大伙房水库南岸2千米的抚顺李家乡李家村，周围群山环绕，东北距萨尔浒城、界藩城分别近10千米。1619年，由于女真的崛起壮大，明政府调集各路兵马八万人分四路进攻后金，其主力杜松一路出抚顺城，渡浑河，行至萨尔浒、界藩时，遭到后金守城军的顽强阻击。后金八旗主力军先后赶到，致使杜松部全军覆没，此尊铜炮即为萨尔浒大战的遗物，是明军战败后溃逃时遗弃的。铜炮上的铭文纪年与以往常见的铭文不同，使用了干支纪年："庚午二月"。经考证，此铜炮的制造年代当为明穆宗隆庆四年，即1570年。

大鹿岛沉船出土瓷器

　　这组瓷器是从大鹿岛海域古沉船打捞上来的，瓷器有罐、碗、盘、碟等，都是清一色的青花瓷。瓷器品质高低不同，最有代表性的是"永乐年制"款青花赤壁赋碗、"大明成化年制"款青花山水人物碗、青花寿字碟等。成化山水人物碗做工精细，人物绘制惟妙惟肖，是此类器物的精品。而没有落款的碟、小碗相对粗糙。出水瓷器全部为生活用品，据此推断沉船可能是一艘进行贸易的商船。从这艘沉船的位置来看，它进行贸易的大致方向应该是朝鲜半岛和日本列岛，而由黄、渤海湾沿岸港口出发，驶向朝鲜、日本，正是"海上丝绸之路"中的重要一环。

62. 永乐青花赤壁赋碗

Blue and White Porcelain Bowls with Prose of the Red Cliff during the Yongle Period

明 Ming Dynasty

口径6.5、底径6.9、高7厘米

东港孤山镇大鹿岛沉船出水

东港市文物管理所藏

63. 青花人物纹碗

Blue and White Porcelain Bowl with Figures

明 Ming Dynasty

口径7.5、底径6.8、高7厘米

东港孤山镇大鹿岛沉船出水

东港市文物管理所藏

64. 青花寿字纹碟

Blue and White Dishes with Longevity Pattern

明 Ming Dynasty

口径14.5、底径8、高2.5厘米

东港孤山镇大鹿岛沉船出水

东港市文物管理所藏

65. 青花花鸟纹小碗
Blue and White Bowl with Flowers and Birds
明 Ming Dynasty
口径9、底径3.5、高5厘米
东港孤山镇大鹿岛沉船出水
东港市文物管理所藏

66. 青花弦纹碟
Celadon Glaze Dishes with Bowstring Grain
明 Ming Dynasty
口径12.5、高2厘米
东港孤山镇大鹿岛沉船出水
东港市文物管理所藏

67. 铜千佛版

Thousand Buddhas Copper Plate

明 Ming Dynasty

宽62.8、高88厘米

辽阳新城永寿寺出土

辽阳博物馆藏

此佛版为三世十方诸佛群像、大乘佛教
有三世三千佛之说，简称千佛。

68. 铁风铎

Iron Bells

明 Ming Dynasty

"正德三年"铁风铎：最大径22、通高39厘米

"信士程升"铁风铎：最大径22、通高42厘米

"隆庆五年"铁风铎：最大径23、通高39厘米

辽阳白塔采集

辽阳博物馆藏

这组风铎原是辽阳广佑寺白塔悬挂之物，风铎
上有"正德三年""隆庆五年""信士程升"
等铭文，反映了修塔的时间或者修塔人的信
息，是明代不同时期重修白塔的见证。广佑寺
是当时辽东名刹，同时也是辽东都司僧纲司所
在，负责管理辽东地区的宗教事务。

69. 陶戗兽

Pottery Ridge Beast

明 Ming Dynasty

长27、宽22、厚24厘米

辽阳白塔采集

辽阳博物馆藏

戗兽是古代建筑戗脊上兽件，用于歇山顶和重檐建筑上。戗兽为兽头形状，将戗脊分为兽前和兽后，兽头前方安放蹲兽，其作用和垂兽相同，起到镇妖驱邪、防雷避电和固定屋脊的作用。同时，戗兽的数量也有严格的等级限制，均奇数，戗兽越多，级别越高，其中以九件等级最高，佛寺大殿屋脊戗兽一般为七件或者五件。

70. 铁磬

Iron *Qing* (a Percussion)

明 Ming Dynasty

口径54、高36厘米

义县奉国寺征集

义县文物管理处藏

仰钵体，大口，圆底，外形似锅而深，底呈半球形，壁上有对称圆孔4个，有"万历四十年造""奉国寺""住持僧人栢惠"等铭文，为佛教法器。这种磬为铁铸而成，偶有铜质，其规格大小不一，常以寺院的规模和等级而定，小者如碗，大者似缸。在一般寺院中，以磬口径30~40、高20~25厘米者居多。奉国寺的这件铁磬体形之大，足见其规模和等级之高。演奏时，铁磬置于佛案一侧，需放置在软性圆垫或布圈之上方可稳定。磬口朝上，奏者右手执木槌敲击磬壁而发音。小者音色明亮，大者音色深厚，有庄严肃穆之感。磬是僧人或世俗礼佛必击的乐器，在佛经的法器乐谱中，磬有专用的敲击符号。

71. 铜符牌
Bronze *Fupai* (Token of Trust)

明 Ming Dynasty

直径6.05、厚0.2厘米

辽宁省博物馆藏

圆形，两面铸符纹，一面内区符文两侧
有"万历年造"款。近上边分穿两孔，
似便于系线悬带。

72. 道教符禄铜印
Bronze Seal for Secret Daoist Talismanic
Writing ("*Fulu*")

明 Ming Dynasty

印身长5.7、宽5.9、通高3厘米

辽宁省博物馆藏

铸造。面铸道教符禄两行，不识。

73. "道经师宝"铜印
Bronze Seal Reading "*Daojing Shibao*"
(Used in Daoist Prayers)

明 Ming Dynasty

印身长6.3、宽6.28、通高5.8厘米

辽宁省博物馆藏

方扁印体，上有玄武造像纽。印面铸"道经
师宝"及符禄北斗纹。

74. 仪仗俑
Funerary Figures of Standard Bearer

明 Ming Dynasty

高25.5~28.5厘米

辽宁省博物馆藏

硬陶胎，外挂各色釉。均为仪仗俑人。

75.九边图

Map of the Nine Frontier Strong-
holds along the Ming Dynasty
Great Wall

明 Ming Dynasty

每幅心高208、宽47.3厘米

辽宁省博物馆藏

九边图为明代边防图。绢地，
青绿描金。图上注地名里程，
有作者嘉靖年题记及款识。
"九边"是指明代北方辽东、
蓟州、宣府、大同、山西（太
原）、榆林、宁夏、固原、甘
肃九处边镇。嘉靖年间兵部职
方司主事许论经实地踏勘，绘
此图呈明世宗。原图是明廷兵
部颁发各边镇存察者，清初努
尔哈赤攻取辽沈地区时得之，
图中的老满文即为当时所加。

2

76. 珐华彩乐人俑

Sancai (Tri-color) Musician Figurines

明 Ming Dynasty

高25.5~26厘米

辽宁省博物馆藏

淡黄陶胎，蓝紫两釉。制作细致，
仪态自然。

77. 骑马乐俑

Mounted Musician Figurines

明 Ming Dynasty

高35.5、高35.4厘米

辽宁省博物馆藏

淡红胎，外挂彩釉。均作马上吹角像。

78. 道教女官铜像

Bronze Statue of a Daoist Goddess

明 Ming Dynasty

通高62.5厘米

辽宁省博物馆藏

纱帽长袍，作女冠装束，两手捧
印盒，站方台上。

紫气东来　清皇祖地

Auspicious Omens　The Ancestral Homeland
of the Qing Emperors

明朝末年，建州女真在辽宁东部山区不断发展壮大，拉开了明清鼎革的序幕。女真杰出首领努尔哈赤及其继承者皇太极，经过五十余年的奋战，由辽左一隅，长驱西进，开创大清王朝三百年基业。康雍乾时期，清政府灭南明、平三藩、收台湾、定新疆，成功抵制沙俄的入侵，迎来两千多年封建社会最后的辉煌——康乾盛世。作为清朝的"龙兴之地"，有清一代，辽宁的政治、经济、宗教、文化全面发展，繁荣富庶程度远超前代。康熙、乾隆等皇帝先后数次东巡祭祖，其间，盛京城（今沈阳）又几经重修扩建，更加雄伟壮观，彰显陪都的繁华与皇家气派。

In eastern Liaoning during the final years of the Ming dynasty, the Jurchens of Jianzhou grew ever stronger, setting the stage for the end of the Ming and the start of the Qing dynasty. After more than 50 years of war, starting in a corner of Liaoning and pushing deep into the west, the outstanding Jurchen leader Nurhaci and his heir Hong Taiji laid the foundation for the great Qing dynasty, which was to endure for three centuries. During the reigns of Kangxi, Yongzheng and Qianlong, the Qing government suppressed the Southern Ming, pacified the Three Feudatories, incorporated Taiwan into the empire, established Xinjiang, and successfully resisted the incursions of czarist Russia. Thus commenced the final flowering of 2000 years of feudal society: the halcyon days of Kangxi and Qianlong. As the birthplace of the Qing dynasty, Liaoning's government, economy, religion and culture developed comprehensively during this period, with the region's wealth and population far exceeding those of earlier times. Kangxi, Qianlong and other emperors made numerous eastern tours to worship their ancestors. At this time, the city of Mukden (modern–day Shenyang) was also renovated and expanded several times, making it grander and more magnificent, displaying the flourishing of China's second capital and the splendour of the imperial dynasty.

79. 莲花纹砖
The Lotus Pattern Brick
后金 Later Jin Dynasty
长32、宽19.75厘米
新宾永陵镇赫图阿拉城遗址出土
新宾县赫图阿拉城文物管理所藏

80. 虎头筒瓦
Tiger-head Round Tile

后金 Later Jin Dynasty

直径15、厚3厘米

新宾永陵镇赫图阿拉城遗址出土

新宾县赫图阿拉城文物管理所藏

赫图阿拉老城是努尔哈赤的祖居处，也是努尔哈赤的"兴王肇基"之地。该城始建于1601年，努尔哈赤自1603年由费阿拉城迁于此，后金天命元年，即1616年努尔哈赤在此称汗，建大金国（史称"后金"）。城址分为内城和外城，主要建筑有尊号台、八旗衙门、皇寺、驸马府、铠甲厂、弓矢厂、仓廒区、古井等，出土的大量建筑构件反映了女真民族独特的审美和文化传统。

81. 铁犁、铁铧

Iron Plow, Iron Moldboard

后金 Later Jin Dynasty

铁犁：长34、宽28、高7厘米

铁铧：长18.5、宽17.5、厚3.5厘米

新宾永陵镇赫图阿拉城遗址出土

新宾县赫图阿拉城文物管理所藏

女真人特别重视农业生产，早春季节为祈求丰收必举行"打土牛"的仪式，盛大典礼时还呈献农具。后金时期赫图阿拉城出土了种类齐全的农具，无论数量、种类，还是性能，都体现出耕作技术发展的新水平。

82. 铁镞

Iron Arrowheads

后金 Later Jin Dynasty

长12.2~13.2厘米

新宾永陵镇赫图阿拉城遗址出土

新宾县赫图阿拉城文物管理所藏

铁镞是冷兵器时代的产物，属于远射程
兵器，类型有铲式、凿式及矛式，其杀
伤面积较大，杀伤力强，可穿透铠甲。

83. 铁殳

Iron Pedestal of Weapon

后金 Later Jin Dynasty

存长25、銎径3厘米

新宾永陵镇赫图阿拉城遗址出土

新宾县赫图阿拉城文物管理所藏

84. 铁刀

Iron Sword

后金 Later Jin Dynasty

存长25、銎径3厘米

新宾永陵镇赫图阿拉城遗址出土

新宾满族自治县文物保护管理所藏

85. 铁马绊
Iron Horselock

后金 Later Jin Dynasty

环径9.6厘米

抚顺关门山村出土

辽宁省博物馆藏

马绊为可任意开关的两个铁环，中连铁链，可系缰绳。

86. 铁马衔、马镳
Iron Stiff-bit and Horsebit

后金 Later Jin Dynasty

全长29.5、镳长18.3厘米

沈阳市电车修配厂征集

辽宁省博物馆藏

马衔俗称"马嚼子"，是放置在马嘴里的金属条状物，用以驾驭马匹。此马衔为铁制，两节式，两端有铁镳，可掣缰绳。女真民族善骑射，对马钟爱，对马具也异常珍视。

87. 花纹砖

Figured Brick

后金 Later Jin Dynasty

长31.2、宽10、厚16.5厘米

辽阳东京陵乡新城村东京城遗址出土

辽阳博物馆藏

88．绿釉盘

Green Glaze Plate

后金 Later Jin Dynasty

口径21.4、底径15.2、高3.3厘米

海城黄瓦窑遗址采集

辽宁省博物馆藏

89. 绿釉罐

Green Glaze Jar

后金 Later Jin Dynasty

口径10.1、底径11.8、高26.4厘米

海城黄瓦窑遗址采集

辽宁省博物馆藏

90. 绿釉盆

Green Glaze Bowl

后金 Later Jin Dynasty

口径25.7、底径20、高10.9厘米

海城黄瓦窑遗址采集

辽宁省博物馆藏

91. 永陵脊兽

Roof Ridge Beast with Dragon Head Design and the Chinese Characters of Yongling

清 Qing Dynasty

存长33.5、宽23、高15厘米

海城黄瓦窑遗址采集

鞍山市博物馆藏

这两件琉璃瓦为海城黄瓦窑（又名侯家窑）遗址采集，黄瓦窑位于海城东南析木镇缸窑岭村东一处漫丘上，现已无存。黄瓦窑是为清朝宫廷烧制琉璃建筑构件的专用窑，清初在盛京建筑宫殿、陵寝以及入关后重修沈阳宫殿、永陵、福陵、昭陵、北镇庙等建筑时，所用的琉璃瓦和各种饰件均在黄瓦窑烧制。黄瓦窑是辽宁地区唯一的琉璃瓦窑。

92. 福陵角楼脊兽

Glass Roof Ridge Beast with Animal Head Design and the Chinese Characters of Fuling and Jiaolou

清 Qing Dynasty

存长44、宽9.8、高26厘米

海城黄瓦窑遗址采集

鞍山市博物馆藏

93. 汉、满、蒙文龙头宽温仁圣皇帝信牌

Wooden Token of the Emperor of Hongtaiji in the
Chinese, Manchu, and Mongolian Languages

清 Qing Dynasty
长31、宽21.7、厚2.3厘米
辽宁省博物馆藏

信牌是清政权发布命令、官吏奉差出使传递皇帝
诏谕所使用的通行牌，同时它也是一种凭信物，
有满文、蒙文、汉满蒙文信牌几种。通常为木质
圆形，中有圆孔，牌的顶端雕刻荷叶纹饰，牌面
为红色，荷叶形冠顶为绿色，因此又称绿头红信
牌。此件"信牌"为清太宗崇德年间旧物。木质
扁圆形，牌首雕云托日，日中有一穿孔。牌上部
为红云纹边，天蓝色地，上雕金龙，下刻绿色水
纹。牌周为凸起的绿边，牌身朱红地，上填金阴
刻汉、满、蒙三体文字"宽温仁圣皇帝信牌"。
另附有彩绘海水、云龙戏珠纹皮质牌套。此信牌
是研究清初史实的重要实物例证。

94. 黑缎帽

Black Satin Hat

清 Qing Dynasty

直径35、高24厘米

锦州营盘乡董家沟村尹继善家族墓地出土

锦州市博物馆藏

95. 荷包腰带

Pouch and Belt

清 Qing Dynasty

全长146.5、飘带长81厘米

锦州营盘乡董家沟村尹继善家族墓地出土

锦州市博物馆藏

96．八旗礼服甲胄

Armors Dresses of the Eight Banners

清 Qing Dynasty

盔高56.3厘米，战衣长73厘米，战裙长80、
宽52厘米

辽宁省博物馆藏

盔为髹漆铁胎。额前突出一道眉檐，顶立插缨座，上安置缨穗。后垂护领、护颈及护耳，上绣有纹样，并缀以铜泡钉。铠甲分甲衣和围裳两部分。甲衣布面棉质，共分7件，以带子和纽扣连接组合而成：肩上装有护肩，护肩下有护腋两片，前襟接缝处佩"前挡"，腰间左侧佩"左挡"，右侧不佩挡，留作佩弓箭囊等用。围裳分为左、右两幅。清代八旗兵的甲胄多为皮革制成。此种服装是故宫旧藏，供大阅兵时穿用的，平时收藏起来。清代除满洲八旗外，还有蒙古八旗和汉军八旗，参加大阅兵的实为二十四旗。

97．满汉文正红旗满洲佐领图记

Bronze Seal of the Leader of Plain Red Banner of the Manchu in the Manchu and Chinese Scripts

清 Qing Dynasty

印面边长5.7、通高9.45厘米

辽宁省博物馆藏

黄铜铸造。图记为清代官印。方形体，椭圆柱状长方柄。印背左右侧各刻满文四字，印边左侧刻"乾隆十五年正月"，右边侧刻"乾字二千九百十六号"，正侧边刻"礼部造"，印面铸造篆书阳文"正红旗满洲五甲喇四佐领图记"满、汉对译文六行。按照满族的八旗制度，各旗最高官职为"固山额真"，汉译为都统；都统之下为"甲喇额真"，汉译为参领；参领之下为"牛录额真"，汉译为佐领。此印即为满洲八旗之一的正红旗下五甲喇四佐领的官印，官秩相当于五品。

98．满蒙文哲里木盟长银印

Silver Seal of the Leader of Jerim in the Manchu and Mongolian Languages

清 Qing Dynasty

印面边长10.5、通高9.4厘米

辽宁省博物馆藏

银质铸造。此印为清代官印。方形体，虎纽，印文以满、蒙两种文字镌刻，侧面阴刻汉字"哲里木盟长印乾字壹佰拾叁号""乾隆拾叁年肆月""礼部造"。从印的汉文刻款得知，这方满、蒙文官印，是清代蒙旗地区哲里木盟长的官印。清代哲里木地区属蒙古八旗的腹地。蒙旗在中央统于理藩院，在地方，蒙古哲里木各旗节制于盛京将军督领，其官印则统由礼部领授。清初哲里木盟领有蒙古科尔沁六部（旗）及礼赉特部。该蒙旗哲里木盟长，系清康熙三十年，即1691年由清廷直接任命。此印系清乾隆十三年颁发给哲里木盟长之印信，是清廷对蒙古地区实行盟旗统治的实证。

99. 肃亲王铜印

Bronze Seal of Prince Su

清 Qing Dynasty

印面边长2.45、通高3.6厘米

辽宁省博物馆藏

紫铜铸造。高坛钮，方形。印面錾刻阴文篆书"肃亲王章"二行四字。从印文考识肃亲王为清太宗皇太极的长子——豪格，其战功卓著，多权谋，是清初宗室中的重要人物。他因皇太极之弟——多尔衮支持福临，即后来的顺治帝而未能继承王位，最终被幽禁死于狱中。福临亲政后，为其昭雪复爵。

100. 清世宗满汉文谥宝

Imperial Jade Seal of Yongzheng's in Manchu and Chinese Languages

清 Qing Dynasty

印面边长13、通高11.6厘米

辽宁省博物馆藏

1735年，58岁的清世宗胤禛驾崩。依照帝制惯例，为其上尊谥，并镌刻为宝，是为"谥宝"，或称"玉宝"。此方谥宝由整块青玉雕琢交龙钮，下雕方形台，有穿鼻。谥宝印面刻有满、汉文合璧，朱文篆书的皇帝庙号、谥号及歌颂其功德的文字，其谥文为："世宗敬天昌运建中表正文武英明宽仁信毅睿圣大孝至诚宪皇帝之宝"四行二十九字，是清世宗雍正皇帝的谥宝。

101. 镶珐琅黑漆马驼鞍
Enamel Black Horse Camel Saddle

清 Qing Dynasty

长44.6、宽37.2、高27.2厘米

辽宁省博物馆藏

马驼鞍为宽而平缓的大尾式，黑木漆鞍胎，鞍桥面蒙皮，鞍桥饰连续卷云纹，包镶蓝地牡丹花纹珐琅边饰，前桥光素无纹，后桥上部作宽大的拱形。此鞍桥宽大庄重，制作讲究，工艺精美，为清代乾隆时期制品。

102. 螺钿游春图帽盒
Lidded Mother-of-pearl Box with Illustration of Springtime Outing

清 Qing Dynasty

口径35.8、通高29.3厘米

辽宁省博物馆藏

103. 文、武官补子

Mandarin Squares

清 Qing Dynasty

边长40厘米

辽宁省博物馆藏

官服补子，又称"背胸"或"胸背"。
其十二章纹一般都用彩线绣制，亦称
"绣补"，也有织造的，补子缀于补服
之上。清朝补服，也叫"补褂"，石青
色，无领、对襟式，其长度比袍短、比
褂长，前后各缀有一块补子，是清代主
要的一种官服，努尔哈赤定都盛京时仿
明制初定补服制度，顺治进一步完备，
其后终清之世，其制无改。穿着的场所
和时间也较多。凡补服补子是官吏等级
的一种象征。清代有圆形补子及方形补
子两种，圆形补子为皇亲贵族所用，方
形补子为文武官员所用。文官绣飞禽，
武官绣猛兽。

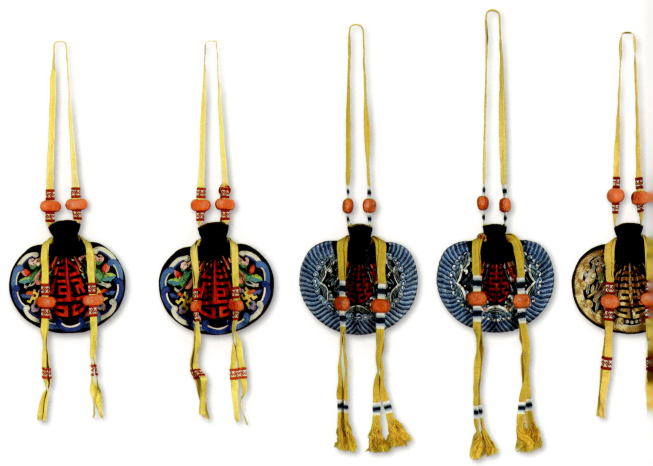

104. 寿字荷包
Pouch with "Longevity" Character

清 Qing Dynasty

宽10厘米

辽宁省博物馆藏

105. 红缎地钉彩绫荷花活计
Pouchs of Red Damask Embroidered
with Colorful Silk Lotus

清 Qing Dynasty

宽5~7.2厘米

辽宁省博物馆藏

106. 白铜龙号角

White Bronze Dragon Bugle

清 Qing Dynasty

长23.8、口径2.56~9.65厘米

辽宁省博物馆藏

107. 铜金刚铃

Bronze Bell (Tibetan Buddhist Ritual
Implement)

清 Qing Dynasty

直径8、通高15.3厘米

辽宁省博物馆藏

金刚铃是藏传佛教中常用的法器之一，亦称法铃。柄首饰五股金刚杵及菩萨头像。铃体似钟，中有铃舌，摇晃发音，铃身饰覆莲真言梵字及狮头、八宝、流苏等，唇上还有佛杵带纹装饰一周。金刚铃代表智慧，具有摧破、坚固的作用。在修法时摇动金刚铃，可以惊觉诸尊，警悟有情。这件铃的内壁镌有藏文铸款，制作工艺精湛，铃音清脆悦耳。代表智慧的金刚铃常与代表方便的金刚杵一起，在喇嘛法事育经时合用，使用时左手持铃，右手执杵，有阴阳和合的意思，其中金刚铃代表阴性，金刚杵代表阳性。

108. 鎏金铜宗喀巴

Gilded Bronze Tsongkhapa

清 Qing Dynasty

通高19.2厘米

辽宁省博物馆藏

宗喀巴，生于1357年，卒于1419年。青海湟中人，是藏传佛教格鲁派的创始人，因他倡导徒众戴黄帽、着黄衣，以别于其他教派，因此又俗称为黄教。宗喀巴被视为文殊菩萨的化身而受到藏传佛教诸教派最为普遍的崇奉。一般戴尖顶僧帽，双手当胸结说法印，身左右各出茎蔓莲花，分别托梵箧和宝剑，是文殊菩萨之标识性法物，象征宗喀巴上师具文殊菩萨之智慧德行。宗喀巴像是藏传佛教中最常见的祖师像之一。

109. 乾隆白玉把涂金仪刀

Ceremonial Swords with Gold Inlaid White
Jade Hilt during the Qianlong Period

清 Qing Dynasty

通长84.2厘米

辽宁省博物馆藏

110. 青玉十二生肖

Jade Twelve Signs of Chinese
Zodiac in Sapphire

清 Qing Dynasty

长3.4~5.4厘米

辽宁省博物馆藏

111. 嘎巴拉碗

Skull Bowl (Tibetan Buddhist Ritual Implement)

清 Qing Dynasty

最大径16.8、通高16.5厘米

辽宁省博物馆藏

嘎巴拉碗是藏传佛教常用法器之一，是修持无上瑜伽密举行的灌顶仪式时使用的法器。"嘎巴拉"是梵文的藏译，意思是颅骨。嘎巴拉碗多用人的头盖骨做成，大都是依照高僧生前的遗嘱，从其遗体上取下后制成。这件嘎巴拉碗为盒式，碗盖为椭圆形，铜胎掐丝珐琅质地，表面装饰卷草纹间饰八宝等图案，盖口边缘上嵌绿松石、金刚杵形纽。整个嘎巴拉碗制作精美、工艺考究。

◀ 112. 鎏金铜塔

Gilt Bronze Tower

清 Qing Dynasty

底边长9.9、通高15.3厘米

辽宁省博物馆藏

圆形塔身，有狮首花带、流苏。前有庵门，上有大光相轮宝盖，下为四层塔基，坐于弥陀方座上，束腰，每面有双兽宝珠装饰。

113. 覆钵式石塔

Stone Pagoda with Inverted Bowl Design

清 Qing Dynasty

高110厘米

辽宁省博物馆藏

覆钵式塔，又称喇嘛塔，是藏传佛教即喇嘛教的一种独特的建筑形式，与印度的窣堵波很相近。该塔为石质，分为基座、塔身和塔刹三层。基座为方形，须弥座式，即亚字形折线式束腰，在基座半腰部位雕有伏莲或仰莲。塔身形如倒扣的钵，其上竖立一根长长的塔刹，塔刹上刻有许多的圆轮。此塔造型讲究，是清代喇嘛塔的杰出代表。

丹巴多尔济墓

丹巴多尔济墓是一座清代墓葬。位于辽宁喀喇沁左翼蒙古族自治县南公营子乡七间房大队后坟屯村。1967年曾被破坏，地面遗迹无存。原有方形墓园，面积约8100平方米，内建两层享殿，并有丹巴多尔济夫妻合葬墓等3座，封土高约3米，周围松树遍植。墓前原有满、汉、蒙三体文石碑一座，已残。丹氏墓内为松木棺、柏木椁，内外涂红漆，其妻则有棺无椁。随葬品有金凤饰件、银簪、蓝碧玺朝珠、金镶玉领约、雕花如意、织锦陀罗尼经被、金壳怀表、白玉鼻烟壶等。

丹巴多尔济为蒙古喀喇沁部王公，父、祖也皆为清代有影响的蒙古王爷，均长期供职于宫廷，与皇帝关系十分密切。丹氏自幼入内廷随侍，袭封扎萨克固山贝子，为御前侍卫，掌銮仪卫事。嘉庆八年（1803年）陈德行刺事件中，丹巴多尔济救驾时表现最为勇猛，并被刺客重创，身受三处刀伤，因此被超封为"贝勒"，并升为领侍卫内大臣、御前大臣，生前备受恩眷。嘉庆十八年(1813年) 丹巴多尔济死，嘉庆皇帝予以厚葬，开特例立碑，并赐陀罗尼经被等。

114. 掐丝展翅金凤
Filigreed Golden Phoenix with Spread Wings

清 Qing Dynasty

长9.8、高3.05厘米

喀左南公营子乡丹巴多尔济墓出土

辽宁省博物馆藏

115. 蓝碧玺朝珠
Blue Jade Court Beads

清 Qing Dynasty

直径1.8~6.2厘米，重640克

喀左南公营子乡丹巴多尔济墓出土

辽宁省博物馆藏

朝珠源自"念珠"，是清朝君臣、命妇穿着朝服或吉服时垂挂于胸前的饰物，同时也是高级官员区分等级的一种标志。由于佩戴者的身份地位不同，朝珠的用料也不尽相同，按制皇帝戴东珠或珍珠朝珠，皇太后及皇后穿吉服时需挂三串朝珠，一盘东珠、两盘珊瑚，其他王公大臣，除不许用东珠或珍珠朝珠外，任何质料不限，多见有琥珀、蜜蜡、象牙、奇楠等料。这件朝珠原由108颗蓝碧玺圆珠穿系而成环形封闭状（出土时已有部分珠子遗失），象征着十二月、二十四节气、七十二候。上下左右分成四份，即每27颗蓝碧玺珠间加一颗较大的粉红碧玺圆珠，以示四季。大碧玺"佛头"与葫芦形"佛头塔"衔接，下垂系一黄丝带，中间为铜鎏金点缀托嵌蓝宝石的"背云"，寓意一元复始，带尾端垂一红宝石大坠角，悬挂时垂于颈后；佛头两侧垂系三串小珠，每串贯粉碧玺10颗，底端有坠角，称"纪念"，左二右一，表示一月三旬。佩戴时男女不同，以两串在一侧为准，男左女右。

116. 金镶玉领约

Gold Inlaid Jade Necklace

清 Qing Dynasty

直径17.4、宽1.4厘米

喀左南公营子乡丹巴多尔济墓出土

辽宁省博物馆藏

领约是清朝妇女戴于项间的饰物。宗室妇女的领约，以所嵌珠宝的材质与数目和垂于背后的绦色来区分品秩，民爵命妇的金约，则在青缎正中缀饰镂金火焰结，左右饰金龙凤各一。此领约做工极为精致。蟠龙纹圆形项圈，鎏金胎，金累丝托，正面嵌雕蝙蝠寿字花图案的表金石，间以点缀镶嵌珍珠、白玉等，均有缺失；末一段金轴于悬戴时可向外打开。领约垂绦已失。

117. 洋金壳怀表

Foreign Pocket Watches with Gold Casing

清 Qing Dynasty

上：直径5.9、通高7.55厘米

下：直径5.6、通高7.15厘米

喀左南公营子乡丹巴多尔济墓出土

辽宁省博物馆藏

怀表大部分为迎合中国消费者而特制，外观精美，造型多样，除常用的圆形，还有扇形、锁形、果实、昆虫等造型。表壳一般采用金、银、铜等材质镀金，有的在表壳上绘人物、花卉、鸟兽等珐琅画，并镶嵌珍珠、钻石。这两件怀表均为金属制，圆形表，白表盘，表面有时、分、秒针及罗马数字，指针开金为之，秒针单独使用。一件怀表的罗马数字周围饰有珐琅花朵缘，表背饰西洋画珐琅母子图及白鸽、绵兰等，画面外装饰蓝地金、绿、红卷草纹；怀表正、背面周缘皆嵌珠宝，盖可以开合。另一件怀表同样周缘嵌小珍珠边，表背是珐琅花卉图案纹饰，盖同样可以开合，并且附钥匙一把。两块怀表画面艳丽细腻，做工精致，但均有不同程度锈蚀，可能为法国制造。

118. 石蓝缎地绣五爪金龙袍

Blue Embroidered Satin Five-clawed
Golden Dragon Robe

清 Qing Dynasty

长139厘米

辽宁省博物馆藏

清代吉服，石蓝缎地，领、袖片金缘、
肩、前后心正龙各一，襟行龙四，间以
五彩云蝠八宝，下加立水。

119. 乾隆粉彩黄地红龙大五供

Famille Jaune Cauldron, Candles and Wine Vessels
Decorated with Red Dragons from the Qianlong
Reign

清 Qing Dynasty

香炉：口径30.6、底径32、通高56.2厘米

烛台：盘径11.5、底径23.2、通高63厘米

香筒：口径19.5、底径22.8、高53厘米

辽宁省博物馆藏

专文
Essays

辽宁地区古代居民的体质人类学考察

A Physical Anthropological Study of Ancient Populations of Liaoning

◎ 刘宁／Liu Ning

从旧石器时代辽宁大地开始人类的繁衍生息，逐渐从蒙昧迈入文明，到距今五千年前，红山先民创造的文化预示着辽河流域文明的曙光，到青铜时代的方国文明，秦汉以降的匈奴、鲜卑、高句丽、契丹、女真等族此消彼长，先后建国，各个民族之间的贸易、迁徙、战争和通婚，构成了不同种系来源的人群在这里的相互交融。人种，或者称作种族，与民族是两个不同的范畴。然而两者的研究对象都是某一特定的人群，对古代民族人种成分的分析对最终解决这些民族的渊源与流向也不无裨益。辽宁各地出土的旧石器时代古人类化石，以及新石器时代、青铜时代乃至两汉晋唐、辽代的人骨标本，数量丰富，是该地区该时段具有代表性的古人种学资料，在探讨各民族融合的历史过程等问题上具有重要的学术价值。本文根据辽宁地区目前已发表的考古学和人类学资料，对辽宁地区古代居民进行体质人类学方面的归纳。

一 远古人类

在经历了寒冷的冰河时代后，人类的足迹开始出现在辽宁大地。辽宁地区发现的旧石器时代人类遗存地点非常丰富，共发现旧石器时代遗址 60 余处。代表性的有距今约 50 万~14 万年的本溪庙后山遗址，发现了大量技术先进、打制精美的石片石器，是目前我国已知的旧石器时代早期最北的人类活动地点[1]；距今约 28 万年的营口金牛山遗址，发现了近乎完整的成年人骨化石，为研究直立人如何向早期智人过渡，及体质进化到晚期智人的全过程提供了珍贵标本，被评为"1984 年世界十大科技进展"之一[2]；距今约 6 万~2 万年的海城仙人洞遗址，发现了数以万计的石制品及精美骨制品，表明仙人洞人是当时中国境内拥有最先进工具的群体，具备了进一步拓展生存空间的能力[3]。

目前辽宁地区发现最早的、较完整的远古人类化石是金牛山人，金牛山遗址共发现远古人类遗骨化石 55 件，其中包括头骨 1 件（缺下颌骨）、脊椎骨 5 件、肋骨 2 件、尺骨 1 件、髌骨 1 件、髋骨 1 件、腕骨 9 件（左侧 4 件、右侧 5 件）、掌骨 2 件（左、右侧各 1 件）、指骨 7 件（近端 4 件、中间 2 件、远端 1 件）、跗骨 11 件（左侧 5 件、右侧 6 件）、距骨 2 件、趾骨 13 件（近端、远端各 6 件、中间 1 件）。这些化石在出土时，除 1 件脊椎骨和 1 件指骨之外，其余都集中在洞穴南壁 1.6 平方米的范围之内，而且化石颜色相同，甚至跗骨

图一　金牛山人头骨化石

图二　前阳人头骨化石

的若干关节面可以吻合连接在一起，并且没有左右相同部位的骨骼部件。所有这些骨骼是属于同一个个体的古人类化石资料，被称作"金牛山人"[4]（图一）。

这是旧石器考古学的重要发现，对研究人类的发展提供了极丰富和全面的材料。对于金牛山人的系统分类地位问题，学术界仍存在不同的意见，或认为其应归属于直立人，或认为其应归属于早期智人。从其主要体质性状的特点来分析，金牛山人可能恰恰是处于由直立人向早期智人过渡阶段中的典型代表。金牛山人类化石的发现填补和连接了人类进化系列上的重要缺环，对研究古人类的进化，研究直立人向早期智人转变具有重大学术价值[5]。

进入旧石器时代中、晚期以后，辽宁远古人类的体质又有了突飞猛进的发展，除局部尚保留有一些原始特征外，绝大多数都已与现代人特征一致，进入了真正的智人阶段。

鸽子洞遗址的人类化石包括头骨残片1件、颊骨残块1件及髌骨1件。头骨为右侧顶骨残片，保留人字缝，缝线波曲，骨片内面脑动脉后枝（顶枝）树枝状压迹清晰，其厚度、曲度及形状特征与现代人接近。根据鸽子洞这三件人类化石的形态特征和对髌骨测量的数据看，与现代人无甚差异，可能属同一个体，属晚期智人[6]。

建平人化石为人类右侧肱骨，除两端的骨髁外，其余全部保存。化石呈乳白色，石化程度较深，骨干较粗，大缘嵴较锐和肌嵴明显，从肱骨特征看，骨干外侧面的桡神经沟甚浅，这一性质与尼安德特人相似，但肱干较明显地向后弯曲和扭转，又是一种较为进步的性质。总体特征与山顶洞人的同类化石标本近似[7]。

前阳人化石包括头盖骨和下颌骨各1件及牙齿6枚、肱骨1件。头盖骨保存脑颅骨的大部分，包括较完整的两侧顶骨和大部分的额鳞和枕鳞、左颞骨、乳突等处，而颅底和面骨部分已全部缺失。从保留的头盖骨测量结果看，属于圆头型，颅内观察，脑膜中动脉沟清晰，前枝大于后枝，属于晚期智人特征；其臼齿、颊面基本不突出，缺齿带，牙齿不粗壮，门齿齿根小，舌面呈轻度的铲型，具有现代人的特征[8]（图二）。

考古发掘证明，在旧石器时代数十万年间，辽宁大地的古人类完成了体质的进化，掌握了用火和人工生火，发展了工具的制作技术，实现了原始群向氏族社会的过渡，为本地区新石器时代文化的形成奠定了基础。随着人类繁衍速度提升，能力提高，尤其是懂得使用群居集体力量的时候，整个生物界由此发生了翻天覆地的变化，人类从洞穴走出，转为平地生活，标志着人类改造自然的开始。辽宁地区发现的旧石器时代人类遗址及人类骨骼化石，在反映中华大地人类进化的历程中，有着重要的价值。

二　新石器时代的居民

旧石器时代向新石器时代的过渡，是人类发展史上沧海桑田般的巨变，在全新世温暖的阳光下，辽宁地区新石器时代的居民逐渐学会了烧制陶器、磨制石器、驯化作物和定居村落，开辟了人类从攫取性经济到生产性经济转变的新纪元。截至目前，辽宁已知新石器时代遗址数百处。从亲缘关系看，此时的东北属同一文化区，其中以辽西的考古学文化起步最早、社会发展程度最高。

从体质人类学的角度出发，辽宁地区先秦时期居民的人种类型较为复杂，根据颅骨形态特征基本可以

图三　红山文化玉人（牛河梁第十六地
　　　点中心大墓出土）

图四　红山文化女神头像（牛河梁遗
　　　址女神庙主室西侧出土）

图五　红山文化陶人像（兴隆沟遗
　　　址第二地点出土）

分为两大类：第一大类是与现代蒙古人种东亚类型或东北亚类型颅骨形态特征接近的居民，其中又可进一步分为两个小的类型——"古华北类型"和"古东北类型"[9]；第二大类是春秋战国之际，在东北地区又出现了一个新的人种类型，与现代蒙古人种北亚类型颅骨形态特征接近的居民，即"古蒙古高原类型"[10]。

古代辽宁重要的新石器时代文化为红山文化，牛河梁红山文化遗址群在中国考古学特别是东北地区新石器时代考古学文化研究中具有重要的地位，而其中发掘出土的人骨标本又为辽西地区新石器时代薄弱的人类学研究提供了一份珍贵的材料。从人种学与古 DNA 两个方向分析这批重要的人骨材料，在种族类型研究方面，牛河梁居民表现出更多的亚洲蒙古人种的基本特征，而其颅型较高、面形较宽阔且颇为扁平等主要体质特征，与现代亚洲蒙古人种各类型相比，应该是与东北亚类型最为接近，这种形态特征可以归入"古东北类型"之中。在遗传结构研究方面，系统发育与多维度分析表明牛河梁红山文化居民与东亚人群特别是中国汉族人群有最近的遗传距离，两者之间有最近的母系遗传关系，种族类型与遗传结构研究的结果相吻合[11]。

除了上述古人种学的研究外，红山文化考古发现的一些人像材料，也可作为古代辽宁新石器时代古人形象及人种类型研究的辅助材料。主要有以下几种：

玉人，出土于牛河梁第十六地点中心大墓。绿色玉质，体形圆厚，五官清晰，耳朵几乎垂到了肩膀上，双臂屈肘，双手抚于胸前，呈站立祈祷状（图三）。

女神头像，牛河梁遗址女神庙主室西侧出土。头像宽 23.5、高 22.5 厘米，高度写实，造型逼真，用黄黏土掺草禾塑成，外表打磨光滑，面部施红彩。方圆形脸孔，平鼻阔嘴，五官比例和谐，头顶有发饰。眼睛里面镶嵌有玉片。女神头像的面部颧骨突起，眼斜立，鼻梁低而短等，是典型的蒙古人种。塑像采用圆雕技法，雕塑艺术高度写实，又加以神化，可谓形神兼备，出神入化（图四）。

陶人头像和石人头像，朝阳市半拉山红山文化积石冢出土 10 余件陶质、石质人像。如 K18 出土的陶人头像清秀俊美，高鼻梁，小口，头顶有盘绕的发髻；M41 出土的石人头像面部轮廓清晰，雕法写实。高额，顶部微凸，应为佩冠，头顶有拢冠带饰垂向脑后；耳部雕成半圆形，浮雕柳叶形眼，外眼角向上，颧骨突出，鼻凸起，呈三角形，浅雕两鼻孔，吻部微隆，闭口，嘴角及下颌雕刻数道胡须。通长 24、宽 5~9、高 33 厘米[12]。

在内蒙古赤峰地区红山文化的遗址中也出土有生动的人像雕塑，如敖汉旗兴隆沟遗址第二地点出土泥质红陶人，通高 55 厘米，整座陶人头部和面部比较完整，戴有完整的冠。双目圆形嵌入眼窝内，双眉及眼球施黑彩，鼻梁挺直，鼻头略宽，脸颊明显内凹，外侧棱线分明。是目前所知形体最大、形象最逼真、表情最丰富的红山文化整身陶塑人像，经过高温烧制，外表通体磨光，质地坚硬[13]（图五）。

三　青铜时代的居民

辽宁地区青铜时代到早期铁器时代的古人种学资料在田野考古中发现的相对比较丰富，同时对这一时期考古学文化的整理和研究也比较深入，这是探讨古代辽宁青铜时代居民面貌的基础条件。主要有：

（1）平安堡遗址

位于阜新彰武境内，属"高台山文化类型"的青铜文化系统，年代与夏家店下层文化大体相仿，已经进入了夏纪年范围之内，下限到商代早期[14]。平安堡青铜时代居民具有明显的亚洲蒙古人种体质特征，在一些重要的颅面部形态特征方面与现代东亚蒙古人种颇有一致性，但上面部扁平度较大的特点使其有可能与北亚蒙古人种或者东北亚蒙古人种相比对，而该遗址居民在一系列重要体质特征上与南亚蒙古人种有着显著的差异[15]。

（2）顺山屯遗址

位于康平县境内，是辽北地区首次经过试掘的青铜时代文化遗址，年代约在公元前13世纪，相当于商周之际[16]。顺山屯青铜时代居民的颅面部基本特征可归纳为具有长颅、狭颅和高颅的特点。除此之外，其面宽较窄，面高中等，鼻部形态属中鼻型，上面部扁平度较大。由此分析，这些居民应属于蒙古大人种的范围，进一步考证后，其特征显现出与东亚蒙古人种明显的一致性，但同时也可能受到北亚蒙古人种类型的影响[17]。

（3）庙后山青铜时代遗存

庙后山文化类型是分布于辽东半岛太子河流域上游地区的一种青铜时代遗存，1979年首次发现有本溪县山城子乡的庙后山B洞，并以此而定名。碳-14测定年代为距今3600±80年和3300±80年，大体相当于公元前1600~前1300年，约为商周时期[18]。对采集自庙后山遗址的6例颅骨材料进行观察和测量结果显示，这些居民具有长颅型、正颅型和狭颅型相结合的特点，面型宽阔而扁平。有关学者进一步研究认为：本溪庙后山青铜时代居民与俄罗斯外贝加尔地区青铜时代颅骨的特征最为相似，这意味着他们可能有共同

的祖先。与日本北海道8~12世纪的大岬人相比，也有一定的相似性，推测北海道大岬地区的居民很可能是来自中国东北地区青铜时代移民的直系后裔[19]。庙后山青铜时代居民在基本种系特征上应归属于东亚蒙古人种的范畴，但同时在某些个别的面部性状上又表现出明显的北亚人种或东北亚人种的影响[20]。

（4）郑家洼子青铜短剑墓

该墓位于沈阳市西南郊，其年代大约在公元前6~前5世纪，相当于春秋末至战国初[21]。郑家洼子头骨具有短而极高的颅型，十分扁平的面型。在重要的颅面部形态上，呈现出明显的东亚蒙古人种的特征，个别因素反映出西伯利亚和远东人种相结合的特点，而与现代蒙古人存在显著的、具有种族意义的差别[22]。

综上，辽宁地区青铜时代的居民根据体质特征可归属于东亚和北亚蒙古人种，在古代人种类型上可将平安堡、顺山屯遗址的居民进一步划分为古华北类型，庙后山遗址、郑家洼子墓地的居民划分为古东北类型。

四　汉唐时期的居民

随着中央王朝加快开发东北的步伐，汉唐时期的辽宁逐渐成为中原文化的一部分。辽阳在秦汉以后是辽东郡治襄平城的所在地，东汉末年，公孙度据此统治辽东、辽西两郡，直至魏明帝景初二年（238年）公孙渊被司马懿讨灭为止，这里一直是公孙氏等望族属地。由于公孙氏的割据，此地未受到战乱的侵扰，这一带东汉晚期到西晋的壁画墓内容以反映墓主人生前生活为主题，可见当时的许多人物形象，如墓主人夫妇、小吏、门卒、侍从等[23]。绘有壁画的石室墓在辽阳一带所发现的东汉魏晋墓中所占比例并不高，所以，其墓主应不是一般的平民。

两晋时期，慕容鲜卑崛起于辽西，建立"三燕"政权，高句丽则占据辽东山地。南北朝时期，辽宁东部地区被高句丽占领，辽西地区则先后经历了北魏、东魏、北齐政权。这些政权和民族间的碰撞、兼并，加速了经济文化交流，为华夏文化注入了活力。

喇嘛洞墓地位于北票市南八家子乡四家板村村西的一块向阳坡地上，山坡之下即为大凌河谷地。喇嘛洞

墓地是我国北方地区迄今所见最大的一处以三燕文化墓葬为主的大型墓地。喇嘛洞三燕文化墓地的族属问题，目前在学术界尚存争议，主要有两种意见：鲜卑说和夫余说，吉林大学边疆考古研究中心通过对喇嘛洞墓地出土人骨的体质人类学、分子考古学以及稳定同位素食谱分析，从生物考古学的视角对喇嘛洞三燕时期居民的族属问题进行综合性的考察，已经可以对这批三燕文化居民的族属问题从生物考古学角度提出一些认识[24]。

首先，在人种类型上喇嘛洞居民与目前已知的拓跋鲜卑、东部鲜卑居民差异显著，后两者的种系特征属于低颅性质的古蒙古高原类型，而喇嘛洞居民的总体特征却比较接近高颅性质的古东北类型和古华北类型，只是在少数个体上表现出某些古蒙古高原类型的因素。

其次，线粒体DNA系统发育分析和多维度分析的结果也显示在喇嘛洞居民和鲜卑人之间存在着很大的遗传学距离。此外，骨骼中稳定同位素食谱分析所展示出的旱作农业经济的生活方式也与鲜卑人的游牧文化大相径庭。因此，喇嘛洞三燕文化居民族属很难与鲜卑人直接联系起来。

喇嘛洞居民和分布于辽西地区的夏家店上层文化居民以及分布于第二松花江流域的关马山居民之间均存在较小的遗传距离。田立坤先生曾依据喇嘛洞三燕文化墓地与其他鲜卑遗存之间的文化差异并结合历史文献的记载，考订该墓地应该是以三四世纪之际被慕容鲜卑掠到辽西的夫余人为主体的墓地[25]。生物考古学试验结果似乎比较支持田立坤先生的这一推论。尽管目前还没有收集到明确属夫余人的古人骨资料，但从人种地理分布的一般规律来看，其与第二松花江流域的其他先秦两汉时期居民同属古东北类型的可能性较大。至于喇嘛洞居民与辽西地区夏家店上层文化古华北类型居民之间的相似性，也可以用本地早期土著后裔的基因流入来加以解释。因此，喇嘛洞三燕文化居民的主体或许确实是来自第二松花江流域的夫余人，此外还混杂了一部分辽西地区早期土著居民的后裔以及个别的鲜卑人[26]。喇嘛洞墓地还出土了两件鎏金铜人面饰，正面以模压出的凸棱表现五官，眼梢上挑，鼻直口方，与现在的蒙古人种相差无几[27]（图六）。

三燕时期古人的形象，亦见于墓室壁画。如朝阳袁台子前燕壁画墓[28]，绘有墓主人、门吏、侍女、侍从、骑士等，墓主人身着右衽红袍，黑领，广袖，戴黑冠，面长圆，浓眉大眼，高鼻，红唇，大耳，留须。其他人物的形象也多是面部方圆，高鼻，朱唇。据考证，墓主人是迁入辽西的辽东大姓[29]。北票西官营子北燕冯素弗及其妻属的墓，墓主人壁画残坏，多见侍女形象，着红襦彩条裙，面目不甚清晰[30]。朝阳市北庙村一号壁画墓，墓室北壁的墓主人夫妇像保存较清晰，男主人在左，头戴高冠，八字胡须，须尖卷翅，面容肃穆；女主人在右侧，头束髻，复又垂发至肩，面目秀美。还有墓主夫妇的家居图、妇人汲水图及若干残存的男女头像。据画面来看，墓主人当为慕容鲜卑贵族[31]（图七）。

隋唐统一全国，结束了长达数百年的南北分裂局面，地接幽燕的辽宁成为经营东北的前沿。这里各族杂居、文化交融，是各族互市交易地，是中原通往东北的枢纽，是中央王朝联系东北各族的纽带，也是东北地区政治、经济、文化、军事中心和屏藩重镇。朝阳中山营子唐墓出土一件石雕头像，戴幞头，丰腴阔面，应是比较写实的唐人形象。同墓还出有一件白瓷胡人俑头，高鼻深目，形象与石雕头像完全不同[32]（图八）。1993年朝阳黄河路唐墓出土了一对男女石俑，这两件石俑的造型皆作辫发，着唐装。朝阳地区自古以来就是多民族杂居之地，唐朝时活跃于营州境内的少数民族主要有契丹、高丽、室韦、奚、靺鞨等，他们或移居于营州境内，或游牧于营州周边，与营州有频繁的交往。从发式上来考察黄河路唐墓出土的石俑应属"俗皆辫发"的粟末靺鞨的发辫样式和体貌特征[33]（图九）。

俄罗斯远东地区阿穆尔省特罗伊茨基墓地、沙普卡墓地出土了两批靺鞨人骨资料，沙普卡靺鞨人年代大体在北朝晚期至唐代，体质特征更接近于古西伯利亚类型，特罗伊茨基靺鞨人年代处于唐代的中晚期，体质特征接近于古蒙古高原类型。而靺鞨人群的人种构成是多源的，在人种构成方面既结合了东西伯利亚大陆地区居民的体质性状，又结合了滨海地区与中国东北地区人群的体质性状[34]。这两件石俑的面部形态扁平，鼻形较偏阔，与靺鞨族颅骨特征较为相似。

图六 鎏金铜人面饰（喇嘛洞墓地出土）

图八 唐石雕人头像（朝阳中山营子唐墓出土）

图七 北庙村一号墓壁画
1.北壁墓主人夫妇头像 2.狗 3.东壁家居图
4.女子头像 5.男子头像 6.妇女汲水图

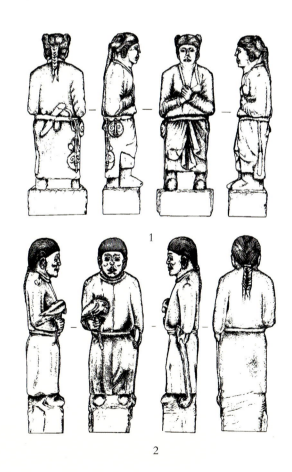

图九 唐墓石俑（朝阳黄河路唐墓出土）

图一〇 石雕契丹妇人像（沈河区五里河子出土）

五 辽时期的居民

辽代辽宁地区属东京道、中京道和上京道，辽阳是辽之东京。在辽统治的 200 多年间，尽管行政设置比较复杂，但是基本沿袭了隋唐以来的州县制度。契丹建国之后，辽北地区成为辽代后族和一部分皇族的领地，外戚与宗室的私城也大多建置于此。辽西地区是奚族故地，也是与皇族或后族通婚的世家大族的聚居地。辽东地区主要为汉人和渤海人聚集区，同时也是辽朝防范高丽和女真的前沿。总之，辽宁地区在辽代有着极为重要的地位，辽代考古的重大发现，也为辽代辽宁居民的研究提供了重要信息。

近年来辽宁及内蒙古地区的辽代考古发掘中法库叶茂台、阜新关山两地萧氏后族墓地[35]，内蒙古宁城山嘴子墓地[36]，吐尔基山辽代贵族墓地[37]，阿鲁科尔沁旗耶律羽之墓地等[38]，这些墓地出土的人骨材料进行了体质人类学的研究。如通过对法库、阜新两地萧氏后族墓地出土辽代后族的颅骨进行的人类学观察和测量，显示其具有亚洲蒙古人种的形态特点，与现代亚洲蒙古人种的北亚类型之间存在着较大的相似性，与近代蒙古族在颅骨的基本形态特征方面最为

接近。同时，体质人类学、分子考古学方面的研究表明，契丹应是东胡—鲜卑系的后人[39]，契丹贵族与平民之间以及契丹早期居民与中晚期居民之间的遗传差异相对较大，这可能与辽代的阶级内婚制以及契丹人群与外族的基因交流有关，而契丹东部居民和西部居民之间在遗传上没有明显差异。从人种类型来看，契丹人群与北亚人群遗传关系相对较近，而与东亚和中亚人群的遗传关系相对较远[40]。

辽宁地区发现的辽代壁画墓较多，壁画内容丰富，有出行图、归来图、饮食图、武士、道士、门神等，所绘有汉人也有契丹人，生动形象。契丹人多髡发，有较高的辨识度，除了服饰与发型的不同之外，从面貌特征上看，汉人与契丹人无较大差别。如阜新关山辽墓群 4 号墓墓道的出行图，南壁为汉官，北壁为契丹人，从辽宁、河北及内蒙古辽墓壁画的人物形象上看，契丹人的面部似乎较汉人更扁平一些，此外无甚差别[41]。沈阳市沈河区五里河子曾出土一件辽代石俑，灰青色滑石雕妇人像，身穿抹胸长裙，外着对襟长衫，腰中系带，头顶髡发，应是契丹人的形象。从人物的面貌特征看，阔鼻厚唇，面部扁平，似乎更接近北亚蒙古人种的特征（图一〇）。

综上，辽宁地区的古代居民，除旧石器时代进化中的人类，新石器时代的红山文化人群与东北亚类型最为接近，这种形态特征可以归入古东北类型。青铜时代的平安堡、顺山屯遗址的居民可归入古华北类型，庙后山遗址、郑家洼子墓地的居民划分为古东北类型。从新石器时代的红山文化到早期青铜时代的夏家店下层文化，古东北类型的居民作为辽西地区远古土著居民的主体是一脉相承下来的，同时，古华北类型也成为古代辽宁居民的主体人群。

三燕时期喇嘛洞居民的总体特征比较接近高颅性质的古东北类型和古华北类型，只是在少数个体上表现出某些古蒙古高原类型的因素。隋唐时期没有具体的体质人类学的标本研究，辽代辽宁地区萧氏后族与现代亚洲蒙古人种的北亚类型之间存在较大的相似性，与近代蒙古族在颅骨的基本形态特征方面最为接近。同时，体质人类学、分子考古学方面的研究表明，契丹应是东胡——鲜卑系的后人，这与文献记载是一致的。

注释

[1] 辽宁省博物馆、本溪市博物馆：《庙后山——辽宁省本溪市旧石器文化遗址》，文物出版社，1986 年。

[2] 佚名：《一九八四年世界十大科技进展》，《江苏教育》1985 年第 10 期。

[3] 辽宁省文物考古研究所：《小孤山——辽宁海城史前洞穴遗址综合研究》，科学出版社，2009 年。

[4] 吕遵谔：《金牛山猿人的发现和意义》，《北京大学学报》（哲学社会科学版）1985 年第 2 期。

[5] 吕遵谔：《金牛山人的时代以及演化的地位》，《辽海文物学刊》1989 年第 1 期。

[6] 吕遵谔：《鸽子洞的人类化石》，《人类学学报》1992 年第 11 卷第 1 期。

[7] 吴汝康：《辽宁建平人类上臂骨化石》，《古脊椎动物与古人类》1973 年第 11 卷第 2 期。

[8] 付仁义：《辽宁丹东前阳人的发现及体质特征》，《东北亚旧石器文化》，1996 年。

[9] 朱泓：《中国东北地区的古代种族》，《文物季刊》1998 年第 1 期。

[10] 张全超：《内蒙古中南部地区青铜—早期铁器时代居民体质人类学的综合研究》，中国科学院研究生院博士后论文，2008 年。

[11] 赵欣：《辽西地区先秦时期居民的体质人类学与分子考古学研究》，吉林大学博士学位论文，2009 年。

[12] 熊增珑、樊圣英：《辽宁朝阳半拉山墓地考古发掘取得重大收获》，《中国文物报》2016 年 12 月 30 日第 5 版。

[13] 杜卫东：《"中华祖神"：远古文明的实证》，《光明日报》2016 年 12 月 2 日第 13 版。

[14] 赵宾福：《中国东北地区夏至战国时期的考古学文化研究》，吉林大学博士学位论文。

[15] 朱泓、王成生：《彰武平安堡青铜时代居民的种族类型》，《考古》1994 年第 2 期。

[16] 辛占山：《康平顺山屯青铜时代遗址试掘报告》，《辽海文物学刊》1988 年第 1 期。

[17] 刘宁：《顺山屯青铜时代居民的人种学研究》，《辽海文物学刊》1994 年第 1 期。

[18] 李恭笃：《辽宁东部地区青铜文化初探》，《考古》1985 年第 6 期。

[19] 魏海波、张振标：《辽宁本溪青铜时代人骨》，《人类学学报》1989 年第 8 卷第 4 期。

[20] 朱泓：《本溪庙后山青铜时代居民的种系归属》，《考古学文化论集》（四），文物出版社，1997 年。

[21] 林沄：《中国东北系铜剑初论》，《考古学报》1980 年第 2 期。

[22] 韩康信：《沈阳郑家洼子的两具青铜时代人骨》，《考古学报》1975 年第 1 期。

[23] 刘宁：《古代辽宁的墓室壁画》，见本书。

[24] 朱泓等：《喇嘛洞三燕文化居民族属问题的生物考古学考察》，《吉林大学社会科学学报》2012 年第 52 卷第 1 期。

[25] 田立坤：《关于北票喇嘛洞三燕文化墓地的几个问题》，《辽宁考古文集》，辽宁民族出版社，2003 年。

[26] 朱泓等：《喇嘛洞三燕文化居民族属问题的生物考古学考察》，《吉林大学社会科学学报》2012 年第 52 卷第 1 期。

[27] 辽宁省文物考古研究所：《三燕文物精粹》，辽宁人民出版社，2002 年，图片 91。

[28] 辽宁省博物馆文物工作队等：《朝阳袁台子东晋壁画墓》，《文物》1984 年第 6 期。

[29] 田立坤：《袁台子壁画墓的再认识》，《文物》2002 年第 9 期。

[30] 黎瑶渤：《辽宁北票西官营子北燕冯素弗墓》，《文物》1973 年第 3 期。

[31] 朝阳地区博物馆：《辽宁朝阳发现北燕、北魏墓》，《考古》1985 年第 10 期，第 923 页图一四、图一五之 2~4、图版捌 5-6。

[32] 金殿士：《辽宁朝阳西大营子唐墓》，《文物》1959 年第 5 期。

[33] 姜念思：《辽宁朝阳市黄河路唐墓出土鞡鞨石俑考》，《考古》2005 年第 10 期。

[34] 张全超、朱泓：《鞡鞨人种考》，《史学集刊》2010 年第 1 期。

[35] 顾玉才等：《辽代萧太后族墓地出土人骨研究》，《边疆考古研究》（第 4 辑），科学出版社，2006 年；么乃亮等：《辽宁法库叶茂台七号辽墓出土人骨研究》，《学问》2016 年第 3 期。

[36] 朱泓：《内蒙古宁城山嘴子辽墓契丹族颅骨的人类学特征》，《人类学学报》1991 年第 10 卷第 4 期。

[37] 许月等：《吐尔基山辽代贵族墓葬人骨遗骸线粒体 DNA 多态性分析》，《吉林大学学报》（医学版）2006 年第 2 期。

[38] 周蜜：《内蒙古阿鲁科尔沁旗辽代耶律羽之墓地人骨研究》，《边疆考古研究》（第 3 辑），科学出版社，2005 年。

[39] 曾雯：《从体质人类学、分子考古学看鲜卑、契丹的源流》，吉林大学硕士学位论文，2009 年，第 54 页。

[40] 许月：《辽代契丹人群分子遗传学研究》，吉林大学生命科学学院博士学位论文，2006 年，第 64 页。

[41] 同 [23]。

古代辽宁的墓室壁画

The Mortuary Murals of Ancient Liaoning

◎ 刘宁／Liu Ning

辽宁地区考古发掘工作开始较早，但大规模、有计划、有组织地进行文物考古研究，是在 1949 年中华人民共和国成立之后。1950 年起，东北博物馆（即今辽宁省博物馆）在辽东、辽西等地开展田野考古工作，是辽宁这项工作迈入正规化、专业化的开始。迄今为止，辽宁文物考古工作者在辽沈大地先后对旧石器、新石器、青铜、战国、秦汉、魏晋、隋唐、辽、金、元、明、清等各个时期的典型文化遗存进行考古发掘，取得很大成就。

正是在上述工作的基础上，我们才得以发现和了解辽宁地区古代壁画的情况，其中墓葬壁画的材料最早见于辽阳东汉时期的壁画墓。考古发掘的壁画墓主要有辽阳地区的汉魏壁画墓群、三燕时期辽西朝阳地区的几座壁画墓，同一时期的高句丽壁画墓主要发现于桓仁地区。大量的是辽代壁画墓，金元时期的考古发现相对较少。

一　汉魏晋墓壁画

辽阳在秦汉以后是辽东郡治襄平城的所在地，东汉末年，公孙度据此统治辽东、辽西两郡，直至魏明帝景初二年（238 年）公孙渊被司马懿讨灭为止，这里一直是公孙氏等望族属地。由于公孙氏的割据，此地未受到战乱的侵扰，从东汉晚期到西晋时期，这一带的壁画墓在继承传统的基础上继续发展，前后联系密切，自成系统。

辽阳地区东汉魏晋壁画墓主要发现在今辽阳城北郊和东南郊，在今辽阳市的北园、三道壕、上王家一带保留许多高大坟丘的壁画墓当与公孙氏有关。已发表资料的墓葬有 20 余座，主要有 1918 年发掘的迎水寺墓[1]，20世纪 40 年代初清理的南林子墓[2]，1943 年发现的北园 1 号墓[3]，1944 年发现的棒台子 1 号墓[4]，1951 年发现的三道壕第四窑场墓（车骑墓）[5]，1953 年发现的令支令张氏墓[6]，1955 年发掘的三道壕 1、2 号墓[7]，1957年发掘的棒台子 2 号墓[8]，1957 年发掘的南雪梅 1 号墓[9]，1958 年发掘的上王家村墓[10]，1959 年发掘的北园 2 号墓[11]，1974 年发掘的三道壕3 号墓[12]，1975 年发掘的鹅房 1 号墓[13]，1983 年发掘的东门里墓[14]，

1995 年发掘的南环街墓[15]等。

这些墓葬流行多人合葬，使用多套随葬品，较大的墓葬可能为家族合葬。其特点是用当地所产南芬岩板支筑的石室墓，以白灰构缝，平顶，不同于中原地区同时代的砖墓。墓葬一般由墓门、棺室、回廊、左右耳室组成。根据规模和形制，这些墓葬可以分为：由棺室和后廊组成的石室墓、带回廊的大型石室墓、带前后廊的石室墓、只带前廊的石室墓（图一）。

壁画直接画在石面上，主要使用黑、白、朱、绿、黄等色绘于墓门两侧、回廊、耳室的石壁上，有的画面先用白粉涂地，但不另加白灰层。一些规格略高的壁画墓中的色彩则更为丰富，除常用色外，往往还配以青、紫、褐等色。壁画内容也一改西汉后期流行的成仙升天的主题，代之以反映墓主人生前生活，如家居宴饮、杂技百戏、车马出行、庖厨楼阁等题材。大致可归为五类：一是门卒、门犬，主要绘在墓门入口处两侧的立柱上（图二）；二是墓主（多为夫妇两人）坐帐宴饮和乐舞百戏。墓主夫妇坐帐宴饮图多绘于前廊左右耳室，有的也绘在棺室旁的小室内，乐舞百戏场面则多绘在前廊壁面（图三）；三是车骑出行，一般绘于回廊周壁，也有的绘在耳室或小室中（图四）；四是府邸庖厨，主要绘于后廊、后室或耳室和小室中；五是日月天象、各种灵瑞、流云纹、辟邪神兽，通常绘于室顶、门柱、梁枋、楣额上，也有个别图像绘在四壁上端（图五）。

如棒台子 1 号墓，由并列的三个棺室、环绕棺室的回廊和左、右、后三个耳室组成。墓门内两侧绘门卒和守门犬；左耳室和右耳室均绘墓主饮食像；前廊东壁绘两组乐舞百戏，分别面对左右耳室中的墓主像；前廊顶部绘日月、云气；右廊、左廊均绘车马行列；后廊绘楼阁、水井；后耳室绘厨房。北园 1 号墓后廊东壁的北部绘楼阁，南部绘"小府史"、高楼、乐舞百戏等，左前耳室绘房屋人物、犬和斗鸡场面，有"代郡库"题记。后面小室之后、左二壁上绘宴饮图（图六）。

墓主夫妇坐帐像、车骑出行、府邸楼阁为最重要的三大表现主题。辽阳壁画墓的内容、形式虽与中原地区一脉相承，但具体描绘上仍表现出强烈的地方色

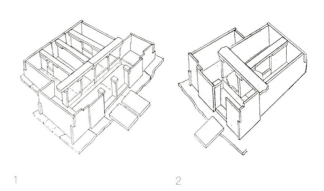

图一　辽阳三道壕壁画墓墓室建筑图
1.1 号墓　2.2 号墓

图二　辽阳北园 3 号墓及三道壕 1 号墓壁画
1.辽阳北园 3 号壁画墓门卒　2.辽阳三道壕 1 号墓门犬

彩。在门侧刻画门卒、属吏为中原壁画墓所常见，但在门柱上绘门犬则不见于中原地区的壁画墓。

辽阳东汉魏晋壁画墓前后延续时间较长，东汉后期或可晚至汉魏之际的墓葬中流行家族合葬，均为石室墓，回廊的结构显然模仿木椁墓，回廊周围的耳室根据壁画的题材来看，具有不同的功能和象征意义。壁画题材多见墓主画像、庖厨、百戏、楼阁、车马出行、门卒、守门犬、日月云气等，墓主像只绘男子像是这一时期的一个特点。有的墓中根据埋葬多人的情况，绘制多幅墓主像。汉魏之际到魏晋之际的壁画题材发生了一些变化，如墓主像则注重于对于帷帐、屏风、侍者的刻画，营造出一个更为安适的室内气氛。这一

图三　辽阳北园 1 号墓及三道壕 1 号墓壁画

　　1.辽阳北园 1 号墓楼阁图、杂技图与乐舞图　2.辽阳三道壕 1 号墓墓主夫妇坐帐宴饮图

图四　辽阳北园 1 号壁画墓车骑出行图

图五　辽阳北园 1 号墓云气图

图六　辽阳北园 1 号墓宴饮图

图七　辽阳北园1号壁画墓骑从图

期的墓主像中普遍增加了女主人的形象，规模较大的墓继续流行多套墓主画像。如三道壕3号墓前廊右部（相当于右侧室）西壁绘男墓主像，北壁绘女墓主像。车马出行题材一般由多辆马车和导从的骑史组成，而牛车尚未占据主要地位，基本保持了汉代的特征。如辽阳北园壁画墓的车骑出行图，墓室右大壁及中央左右二小壁绘骑从图，有仪仗骑卫之别，武士前队，兜鍪重札，马皆雕鞍饰勒。一骑士手擎朱色大麾委地，一骑士仗幢从之，数骑持伞盖继之（图七）。辽阳棒台子壁画墓的出行图绘于墓内右廊的左右后三壁及左廊左壁，除右廊后壁外，每壁都分上下两段横画，表现出行场面。车队中人物形象包括主人、骑吏、骑士、士兵、车夫、随行等，车骑有金钲车、鼓车、黄钺车、黑盖车、白盖车等，仪仗高举曲柄华盖、黑幢、朱色长旗等。据画面统计：全队人173名，马127匹，车10辆，矛、戟、幢、盖、棨戟、旗帜等数目也不少。

西晋时期的墓葬以辽阳上王家村墓为例，右耳室所绘的墓主画像正面端坐于榻上，手执塵尾，旁边有形体矮小使史，曲屏环列，上覆斗帐，这些特征与发现于朝鲜安岳冬寿墓（357年）的墓主像十分近似[16]，墓中描绘的出行行列中的牛车亦具有晋以后牛车的特点。

绘有壁画的石室墓在辽阳一带所发现的东汉魏晋墓中所占比例并不高，其墓主应不是一般平民。在三道壕窑业第二现场墓发现"□支令张□□"的题记，是唯一可以借以了解墓主身份的线索。曹魏令支县在今河北迁安一带，属幽州辽西郡。由此可知此类规模

的墓葬，可能属于县令或类似级别官吏以及具有同等势力的地方豪强的墓葬，而规模更大的墓葬，如北园1号墓、棒台子1号墓等，则有可能包括有郡守一级官吏的墓葬。关于辽阳地区汉魏壁画墓的研究成果比较多，学者从壁画墓的形制、壁画内容等多方面进行了研究[17]。

除辽阳地区外，比较重要的壁画墓还有大连营城子东汉时期壁画墓[18]。墓为砖筑多室，由前室、套室、主室、东侧室和后室组成。墓砖朝向墓室内的一面，印有球、羽、连球和方格纹，有的还涂有红、黄、白彩绘，墓内随葬种类很多的陶明器。该墓壁画内容丰富，绘有怪兽、文官、武士、祥云、瑞鸟、卷草及墓主人升天图，画面以墨线勾勒并施以红彩，构图简洁，笔调生动，具有较高的艺术造诣。营城子壁画墓的风格与山东沂南地区汉墓壁画有很多联系。

二　三燕、高句丽墓壁画

辽西地区所发现的壁画墓主要是慕容鲜卑三燕文化的遗存。337年慕容皝在大棘城建立前燕，342年又迁都龙城。后燕（384~407年）、北燕（407~436年）也相继以龙城为都城。大棘城在今朝阳市北票境内的大凌河谷地[19]；龙城即唐柳城，在今朝阳市。已发表的壁画墓材料有1982年清理的朝阳袁台子壁画墓[20]，1965年清理的北票西官营子北燕冯素弗及其妻属的墓[21]，1973~1978年清理的朝阳大平房村1号墓[22]和朝阳北庙村1号墓[23]。该地区的壁画墓从多

方面表现出 4~5 世纪中叶汉文化与少数民族文化交融的特征。

袁台子墓为前燕墓，墓室以绿砂岩石板、石条构筑，由墓道、墓门、主室、耳室组成（图八）。墓壁先抹一层黄草泥，再抹一层白灰面，厚约 1.5~2 厘米，在白灰面上用红、黄、绿、褚、黑等色绘制壁画。壁画的内容有：执矛的门吏，端杯执麈尾坐于帐下的墓主，侍女，奉食的人物，白虎、朱雀、玄武、青龙四神，庭院，屠宰，膳食，墓主夫妇宴饮，狩猎，牛车出行，流云日月及墨书题记等，内容包罗万象（图九）。

冯素弗及其妻属墓为同家异穴，椁室四壁及顶部抹石灰，灰面上绘壁画，所见色彩有朱红、橙黄、绿、黑等。冯素弗墓壁画大部脱落，四壁的画面只残存黑狗的形象和一个男子的头像。在椁顶九块盖石上绘有星象，其中有日、月、星宿、银河和云气。墓内葬柏木棺一具，彩画羽人、云气、屋宇及人物。墓中出土遗物 470 余件，有陶器、铜容器、漆器、玉器、玻璃器、铁工具、兵甲马具、仪仗车器、文具、印章和服章杂用等，这些器物大多与中原和南方同时期的器物相似，也有大镂孔高圈足铜釜、提梁铜罐以及金质步摇冠的构件等具有少数民族特色的器物以及域外传入的鸭形器、钵和杯等罗马玻璃器，墓主人冯素弗为北燕天王冯跋之弟、北燕国的宰相。同时发掘的冯素弗妻属的墓葬，椁室四壁和顶部涂抹草泥和石灰，残存彩画。绘有层檐的屋宇，檐下的侍女、黑狗、长尾黑鸟，出行画像，墓主人家居图等（图一〇）。

大平房村墓椁室用绿砂岩石块垒砌，白灰构缝，平面呈长方形，西壁前部向外砌出一耳室，顶部用石条搭盖。壁面及室顶抹草泥和白灰，其上绘壁画，色彩有朱红与黑两色。北壁及东壁残存小部分壁画，其中北壁有墓主夫妇像，东壁绘侍女、庖厨和牛。耳室中的壁画不清。出土随葬品均为陶明器，有盆、盘、壶、果盒、洗、釜、灶、井、磨等。该墓形制、壁画和随葬品多与冯素弗墓有相似之处，年代亦应为北燕。

北庙村 1 号墓又称"沟门子壁画墓"，墓室为石块垒砌而成，墓顶用石条封盖，墓底为经过夯打的三合土。墓葬中随葬两具木棺。其壁面抹白灰，以黑、

红两色绘壁画，先用黑色勾画轮廓，再用红色点染或平涂。西壁绘牛耕，东壁残存墓主夫妇家居、女子汲水、庖厨、黑犬等，北壁绘墓主夫妇像、山林等。随葬品不多，有金指环、银镯子、银发钗、陶罐等。该墓壁画与冯素弗墓相似，时代应为北燕。

朝阳地区的壁画墓是鲜卑人和受鲜卑文化影响的鲜卑化的汉人的遗存。这些墓葬明显具有多种文化因素交融的特征，与辽东等地的魏晋壁画墓也有密切的联系。袁台子前燕墓利用石板、石条构筑墓室，其墓室结构明显地具有来自辽东汉文化的影响，而数量较多的壁画，似是辽东墓葬耳室发达的一种"遗制"，有学者认为，以袁台子壁画墓为代表的石板搭盖的石室墓可能就是辽东大姓的遗存[24]。这些墓葬的壁画不像辽东墓葬那样直接画在石头表面，而是先抹草泥和白灰层再作画，更像中原砖室墓的做法。袁台子墓壁画使用的颜色较为丰富，而另外几座墓的壁画只使用红、黑两色，反映出不同时代的差别。无论在辽东地区还是辽西地区，魏晋墓葬壁画的题材继承了汉代壁画墓的一些特点，如墓主画像、车马出行、庖厨、房舍、星相等，都与东汉晚期河北、河南、山东等地的壁画墓有许多继承关系，但也出现了一些自身的特点，如袁台子墓新出现的四神、狩猎，北燕墓所见的黑犬等内容都不见于辽东地区。

高句丽的壁画墓在辽宁地区发现较少，桓仁米仓

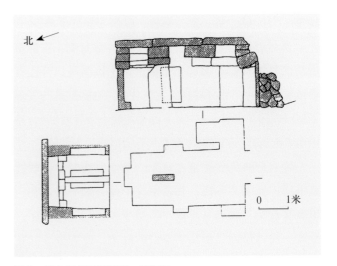

图八　袁台子前燕墓葬平、剖面图

图九　袁台子墓壁画
　　1. 进膳图　2. 牛车图　3. 骑射图　4. 青龙图
　　5. 仕女图　6. 狩猎图　7. 墓主人像

图一〇　冯素弗2号墓壁画
　　　　1.仕女图　2.建筑图

图一一　米仓沟将军墓墓室叠涩梁上莲花图案

沟的"将军墓"是辽宁首次发现的高句丽壁画墓[25]。整个墓室由巨石砌成，由甬道、左右耳室、主室等组成，除甬道外，墓壁上都绘有壁画，内容以莲花、龙纹、流云等装饰纹、几何纹图案为主，画风简朴，技法流畅。这种以装饰为主题的壁画内容为国内首次发现，在高句丽壁画墓中占有很重要的位置（图一一）。

三　辽墓壁画

唐末，契丹兴起，占据中国北方建立政权。辽代壁画墓大体围绕在辽上京、中京和燕山以南的辽南京和西京之间。上京和中京一带，壁画墓基本都属契丹王公贵族的墓葬，南京到西京之间发现的基本属于汉人官僚贵族墓。因此，辽代的壁画墓，除今内蒙古外，辽宁、河北及北京等地均有较多发现。

辽宁地区已发现辽代各类墓葬千余座，结构有石棺墓、石室墓、砖室墓、土坑墓四种，形制有圆形、方形、八角形和六角形等，有单室墓，也有多室墓。其中的壁画墓主要分布在辽中的铁岭及辽西的朝阳、阜新地区。辽代墓葬聚族而葬颇为盛行，在朝阳地区已发现的主要有：耶律仁先家族墓地、耿氏家族墓、赵氏家族墓、刘氏家族墓等[26]。在这些契丹或汉人的墓葬里多发现有壁画，如耿延毅墓在前室和后室四壁都绘有彩色壁画，内容丰富。墓门两侧绘髡发武士，墓室内绘日月、人物、花卉、飞鸟等。其中人物计有男女老少22人，有汉人也有契丹人，手执不同器物，属侍者或武士。壁画采用勾勒墨线，平涂色彩的画法，技法精湛。朝阳建平两座辽墓的壁画以人物画为主，吉祥图案为辅，所用颜料为矿物质，仍保持鲜艳的色彩[27]（图一二）。

铁岭叶茂台辽墓群最早发现于1953年[28]，以后陆续发现，1975年大批发现并发掘，见之于报道的有7号[29]、16号[30]、19号[31]、22号[32]及23号墓[33]等。引起轰动的，是对7号墓的发掘。该墓为辽代早期砖室券顶墓，墓结构较复杂，由主室、前室、左右耳室等构成。主室内置石供桌、木制的棺床小帐和彩绘石棺。墓室两侧有六幅人物彩绘壁画（图一三）。墓主人是一老年女性，随葬品极其丰富，总数达300余件。此后至1976年止，有计划地发掘辽代墓葬10余座，各墓都有大批文物出土，其中重要的是16号墓，墓内尚存巨大的石棺、精美的壁画和多达1500余字的墓志铭。据墓志记载，墓主人为辽末天祚帝时期的北府宰相萧义，叶茂台西山在辽代称"圣迹山"，知该墓群是萧氏一系的家族墓地。墓志的出土为我们探讨契丹各部族的地理分布以及萧氏后族的世系关系提供了依据。萧义墓墓道东西两壁所绘的出行、归来图，墓门两侧的献食、相迎图，以及甬道壁所绘武士图，色彩丰富，线条流畅，造型逼真，人物生动的壁画为我们研究辽代艺术和北方游牧民族的生活习俗提供了实物资料。

阜新发现的辽代壁画墓主要有：1949年发掘的清河门区西山村辽墓[34]，1993年发掘的彰武县马家壁画墓群[35]，1998年发掘的黄家沟辽墓[36]，1999年发掘的大板镇平顶山辽墓及阜蒙县平安地辽墓[37]，2001年开始发掘的关山萧和家族墓[38]，此外，还有辽许王壁画墓[39]，萧图古辞家族壁画墓，烧锅营子辽墓壁画，彰武县木头沟辽代晚期石板壁画墓[40]，阜新县八家子乡平原公主墓[41]（图一四）。关山辽墓是一处辽代中晚期最显赫的外戚萧和家族的墓地，其中萧和与夫人晋国公主的合葬墓规模最大，在墓道、墓门正面和过洞、天井都绘有壁画，至今大部分颜色鲜艳，保存完好（图一五）。

辽墓壁画的题材，从发现的内容看，大体包括了契丹、汉人物、山水树木、花鸟禽兽、建筑装饰、车马出行等，辽宁地区辽墓壁画主要有以下一些特点：

所见的壁画墓辽代早中晚期的都有。早期如叶茂台辽墓，中晚期如耿延毅墓、关山辽墓等。所发现的壁画墓既有契丹贵族也有汉人望族的墓葬，如契丹后族萧氏的族墓及辽朝政权中"韩、刘、马、赵"四大汉人家族的墓地等。

辽墓壁画主要绘制在墓道两侧的墙壁上（如关山辽墓的出行图）、墓室内耳室、砖砌的棺床周围（画像砖）等；在墓门两侧多绘制武士门神，门楣上绘花鸟，

图一二　建平黑水镇七贤营子村
　　　　水泉2号辽墓侍卫图

图一三　叶茂台7号墓墓室门
　　　　东侧壁画

图一四　阜新八家子乡辽平原公主墓壁画

图一五　阜新关山 4 号墓壁画
1. 墓道北壁出行图
2. 墓道南壁出行图
3. 天井北壁门神图
4. 天井南壁门神图

墓的穹隆顶上彩绘祥云图案等（图一六）。

辽墓壁画内容丰富，多是北方游牧民族生产、生活、风情习俗等题材。人物画是辽墓壁画的主要题材，表现集体出行、围猎、归来、宴饮、伎乐等。在壁画的人物像中有契丹骑士、契丹男子、契丹妇女、汉人男性、童子、官吏、奴仆等身份不同的人物，生动地再现了辽代社会各种不同人物的特点与风貌。

辽墓壁画涉及的动物主要有海东青、仙鹤、马，器物主要有契丹鞍、鼓腹罐、铁骨朵、木棍、袋囊、宝剑、奚车等。"奚车"常见于辽墓壁画，华丽无比，长辕、粗辐，前辕用三足架支撑，构图巧思严整，高大突出的车轮显示出车主人生前的雍容华贵。

此外，辽墓壁画也多见牡丹花、荷花，是契丹贵族墓葬绘画的一大特色。还有以祥云、如意云纹、楼阁、对弈为题材的墓葬壁画。辽墓壁画内容有受中原唐、五代、宋绘画影响痕迹，如云龙图、凤凰图、门神图等，就是直接吸收了中原地区贵族墓壁画的题材；有些壁画内容注重写实性，反映契丹民族的生活，如关山辽墓壁画所描绘的就是契丹贵族游猎迁徙的生活场景，将画中的侍卫、奴仆、出行图等契丹化，丰富和发展了辽墓壁画的内容。

从艺术风格来看，辽墓壁画既保留了契丹民族独特的艺术风格，又充分吸取了中原地区绘画艺术的风格，与唐、五代、宋朝绘画有着继承关系。如绘画造型准确，色彩淡雅，用笔流畅飞动。在绘画技法上，既有不敷彩，只用黑线勾勒的简洁古朴的风格，又有工笔精绘，再敷彩着色的精美之作，充分表现了辽代画师的高超的艺术水平。如人物画以鞍马居多，骑士画像潇洒俊逸；花鸟画则带有浓郁的装饰趣味，多对称构图，如在墓门门拱的彩绘部分，绘两只凤凰相互呼应，振翅欲飞；门拱两侧均为墨线勾勒的牡丹花纹，工整、对称，装饰性极强，表现了辽代绘画独到的技法。

四　金元墓壁画

金代壁画墓是从北宋和辽代末年的石椁墓和仿木构砖室墓发展而来。从金代壁画墓的分布区域看，主要是在今河北和山西即金朝西京和中都为中心的广大地区。这里不仅是金朝经济和文化的繁盛地区，而且杂居有汉人、契丹人和女真人，民族文化间的交往和渗透，是金墓壁画丰富多彩的重要因素。从壁画内容看，金墓壁画源自北宋和辽代末年的壁画题材，如北宋壁画墓盛行的"开芳宴""妇人启门"，辽末习见的出行图和孝悌义妇故事等，在金墓壁画中都得到了充分的表现。辽宁地区金代壁画墓以朝阳马令墓为代表[42]，此墓是金大定二十四年，即南宋淳熙十一年（1184年）埋葬的，从墨书题记看，知墓主人名马令，这座墓葬是砖筑方室，有横枋头拱，是夫妻火葬骨灰合葬，并墨书葬者姓氏、族望、官职。四壁绘壁画六幅，壁画

内容以反映墓主生前生活为主，画面有些剥落，壁画系用墨线勾勒轮廓，用红、绿、灰三色渲染。线条劲健优美，人物生动逼真。这些对金代建筑、雕刻、埋葬制度、服饰装束、风俗习惯以及金代绘画艺术等方面都有很高的研究价值（图一七）。

辽宁地区元代的壁画墓以凌源富家屯元代墓群为代表[43]，其中1号墓系用黄色泥板岩和青灰色条砖筑成的方形墓，墓底铺青灰色条砖，墓顶用石条砌成，墓室墙壁及墓顶石面上，均抹一层白灰，墓室白灰墙面上绘壁画，部分壁画已遭到损坏。墓外绘于额墙及翼墙上，墓内绘于四壁及券顶。内容有启关图、仕女图、柳荫别墅图、游乐图、侍寝图等，西壁与西南壁壁画已损坏脱落。据发现者介绍，西壁原绘有牛、羊、驼、马，西南壁原绘有射雁等内容。墓葬的年代约为元代早中期，墓主人很有可能是蒙古族人（图一八）。

壁画描绘了墓主人的实际生活，不见一般元墓中那种成为固定格式的呆板的夫妻对坐、宴饮之类的画面，如启关图、游乐图等，都较为生动、写实，反映了元代中下层官吏的日常生活情景，壁画也为了解元代服饰提供了形象资料。壁画用色基本采用墨线勾勒与平涂

图一六　叶茂台23号辽墓鹦鹉祥云图

图一七　朝阳金代马令墓墓室、壁画及摹本

1. 墓室　2、3. 南壁墓门右侧男侍图及摹本

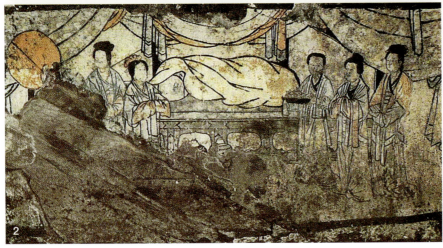

图一八　凌源富家屯元墓壁画
1. 游乐图　2. 侍寝图

填色，但有一定变化，壁画构图不违反人的视觉习惯，如对黑漆木桌用平行透视画法处理，表现了立体效果，侍寝图具有一定的空间深度感。可以说壁画的绘制水平较高，是元墓壁画中不可多得的发现。这几幅壁画应是元墓壁画中的成功之作，也反映了元代绘画的发展水平，在一定程度上为研究元代绘画增添了新的材料。

总之，辽宁地区考古发现的汉魏至辽金元时期大量壁画墓资料，不仅丰富了各时代绘画的内容，弥补了各时代绘画发现不多的缺憾，而且还具有极高的历史、文化、艺术价值。大量壁画不仅反映当时绘画艺术所达到的高度，而且还从中再现了人们的生活场景，为研究古代社会的生产、生活、文化、宗教、习俗提供了宝贵的资料。

注释

[1]　八木奘三郎：《辽阳发现之壁画古坟》，《东洋学报》第 11 卷第 1 号，1921 年；又《满洲考古学》，荻原星文馆，1944 年增补修订版。

[2]　原田淑人：《辽阳南林子の壁画古坟》，《国华》692 号（1943

年 4 月），第 105~109 页。

[3]　李文信：《辽阳北园画壁古墓记略》，《国立沈阳博物院筹略委员会汇刊》（第一期），1947 年 10 月；亦见《李文信考古文集》，辽宁人民出版社，1992 年。

[4] 李文信：《辽阳发现的三座壁画古墓》，《文物参考资料》1955年第5期。

[5] 同[4]。

[6] 同[4]。

[7] 东北博物馆：《辽阳三道壕两座壁画墓的清理工作简报》，《文物参考资料》1955年第12期。

[8] 王增新：《辽阳市棒台子二号壁画墓》，《考古》1960年第1期。

[9] 王增新：《辽宁辽阳县南雪梅村壁画墓及石墓》，《考古》1960年第1期。

[10] 李庆发：《辽阳上王家村晋代壁画墓清理简报》，《文物》1959年第7期。

[11] 辽阳市文物管理所：《辽阳发现三座壁画墓》，《考古》1980年第1期。

[12] 同[11]。

[13] 同[11]。

[14] 冯永谦等：《辽阳旧城东门里东汉壁画墓发掘报告》，《文物》1985年第6期。

[15] 辽宁省文物考古研究所：《辽宁辽阳南环街壁画墓》，《北方文物》1998年第3期。

[16] 郑岩：《墓主画像研究》，《刘敦愿先生纪念文集》，山东大学出版社，1997年。

[17] 张小舟：《北方地区魏晋十六国墓葬的分区与分期》，《考古学报》1987年第1期；赵东艳：《汉末魏晋辽阳地区壁画墓的分期》，《辽宁经济文化研究》，辽宁大学出版社，1994年；刘未：《辽阳汉魏晋壁画墓研究》，《边疆考古研究》（第2辑），科学出版社，2004年；郭大顺：《"辽阳壁画墓群"学习笔记》，《东亚考古学论丛》，2006年；郑岩：《辽阳地区的东汉魏晋壁画墓》，《魏晋南北朝壁画墓研究》，文物出版社，2002年；贺西林：《东北辽阳地区的墓室壁画》，《古墓丹青》，陕西美术出版社，2001年。

[18] 许明纲：《营城子壁画墓》，《辽宁大学学报》（哲学社会科学版）2000年第4期。

[19] 田立坤：《棘城新考》，《辽海文物学刊》1996年第2期。

[20] 辽宁省博物馆文物工作队等：《朝阳袁台子东晋壁画墓》，《文物》1984年第6期。

[21] 黎瑶渤：《辽宁北票西官营子北燕冯素弗墓》，《文物》1973年第3期。

[22] 朝阳地区博物馆：《辽宁朝阳发现北燕、北魏墓》，《考古》1985年第10期。

[23] 朝阳地区博物馆：《辽宁朝阳发现北燕、北魏墓》，《考古》1985年第10期；陈大为：《朝阳县沟门子晋壁画墓》，《辽海文物学刊》1990年第2期。

[24] 田立坤：《袁台子壁画墓的再认识》，《文物》2002年第9期。

[25] 武家昌等：《桓仁米仓沟高句丽壁画墓》，《辽宁考古文集》，辽宁民族出版社，2003年。

[26] 朝阳市博物馆：《朝阳历史与文物》，辽宁大学出版社，1995年。

[27] 朱子方等：《辽宁朝阳姑营子辽耿氏墓发掘报告》，《考古学集刊》（3），中国社会科学出版社，1983年；孙国龙：《朝阳出土两座辽墓壁画管窥》，《北方文物》2005年第4期。

[28] 刘谦：《辽宁法库县叶茂台辽墓调查》，《考古通讯》1956年第3期。

[29] 辽宁省博物馆、铁岭地区文物组：《法库叶茂台辽墓记略》，《文物》1975年第12期。

[30] 温丽和：《辽宁法库县叶茂台辽萧义墓》，《考古》1989年第4期。

[31] 马洪路、孟庆忠：《法库叶茂台十九号辽墓发掘简报》，《辽宁文物》总3期，1982年。

[32] 许志国、魏春光：《法库叶茂台第22号辽墓清理简报》，《北方文物》2000年第1期。

[33] 辽宁省文物考古研究所、沈阳市文物考古研究所：《辽宁法库叶茂台23号辽墓发掘简报》，《考古》2010年第1期。

[34] 李文信：《清河门西山村辽墓发掘报告》，《阜新辽金史研究》（第一辑），香港飞天出版社，1992年。

[35] 张春雨、刘俊玉、孙杰：《彰武县文物志》，辽宁民族出版社，1996年。

[36] 郭天刚等：《阜新黄家沟辽墓》，《阜新辽金史研究》（第四辑），中国社会出版社，2000年。

[37] 梁姝丹：《从阜新辽墓看辽代绘画的艺术风格特点》，《辽金史研究》，吉林大学出版社，2005年。

[38] 华玉冰、万雄飞：《阜新辽代萧和家族墓地发掘出精美壁画及墓志》，《中国文物报》2002年5月3日。

[39] 欧阳宾：《辽许王墓清理简报》，《阜新辽金史研究》（第一辑），香港飞天出版社，1992年。

[40] 同[35]。

[41] 辽宁省文物考古研究所、阜新市考古队：《辽宁阜新辽代平原公主墓与梯子庙4号墓》，《考古》2011年第8期。

[42] 辽宁省博物馆：《辽宁朝阳金代壁画墓》，《考古》1962年第4期。

[43] 辽宁省博物馆等：《凌源富家屯元墓》，《文物》1985年第6期。

魏晋南北朝时期辽宁地区的佛教

Buddhism of the Wei, Jin, Southern and Northern Dynasties in the Liaoning Region

◎ 马卉 / Ma Hui

一 概述

佛教产生于公元前 6 世纪的古印度，东汉、三国、西晋是中国佛教的初传时期。两晋时期，随着大批汉族流民的到来，佛教也从内地传入辽西地区。佛教何时传入慕容鲜卑，史书没有明确的记载。根据零星的文献记载推断，佛教传入慕容鲜卑，可能是在慕容廆进入棘城之后，约慕容廆晚年和慕容皝即位之初的一段时间里。惠帝元康四年（294 年）慕容廆移居棘城之后，"乃教以农桑，法制同于上国"，广泛而全面地吸收中原文化。又据史料记载，东晋成帝咸康四年（338 年）后赵石虎讨伐段辽，进至令支，将进攻慕容皝之都棘城，西域高僧佛图澄当时正在后赵，在当时的影响很大，百姓因澄故多奉佛，皆营造寺庙，相竞出家，辽西地区佛教的传播可能也会受到影响。

由于统治者的大力提倡，佛教进入辽西地区后，逐渐在社会各阶层中传播开来，官僚贵族和平民百姓争相信仰，佛教影响日益扩大，已经渗透到慕容燕国的政治、军事、社会生活等各个领域之中。此后，佛教在东北地区，特别是在三燕的龙城（今朝阳）迅速传播、发展、兴盛起来。据《晋书》卷109《慕容皝载记》记载："时有黑龙白龙各一，见于龙山，皝亲率群僚观之，去龙二百余步，祭以太牢。二龙交首嬉翔，解角而去。皝大悦，还宫，赦其境内，号新宫曰和龙，立龙翔佛寺于山上。"龙山，即今朝阳凤凰山，史料中的龙翔佛寺应该是历史上辽宁地区的第一座佛寺。龙翔佛寺的创立为佛教在东北地区的广泛传播和朝阳发展成为东北佛教圣地和东北亚佛教文化传播中心，奠定了良好的基础。

后燕统治时期，佛教僧侣还参与军国大事的谋议，以方术这一特殊方式为统治者服务，如后燕与拓跋魏的参合坡之战，沙门支昙猛在参合陂根据风气以断定魏军必将大至，建议慕容宝预先遣军防御，这实际上就是当时流行的所谓"望气""风角"术。慕容德在位时期（398~405 年）还向泰山名僧竺僧朗请教如何建国、治国。后燕建始元年（407 年），君王慕容熙虽然荒淫无道，但却崇信佛教。慕容熙之宠妃苻氏死，"制百僚于宫内哭临，令沙门素服"（《晋书·慕容熙载记》），让僧人为苻氏诵经超度，披麻戴孝。这表明在宫廷举行丧礼时有佛教僧侣参与其事，举行超度之类的法事。从河北定县发现的宋代静志寺舍利塔塔基石函上刻有"修燕魏废塔"的铭文[1]，可以追寻后燕统治区的佛寺遗迹。今河北定县为十六国时期的中山，是当时后燕的国都所在地。隆安元年（397年）北魏攻陷中山，后燕主慕容宝逃往龙城，中山被北魏占领。这里所谓的"燕"应指后燕，"魏"即北魏，由此可见这里后燕时期曾建造的佛塔，有塔就有寺院，表明后燕曾在都城中山也建造了佛寺。

《晋书》卷125《冯跋载记》，北燕冯跋曾下书曰："圣人制礼，送终有度，重其衣衾，厚其棺椁，将何用乎？人之亡也，精魂上归于天，骨肉下归于地，朝终夕坏，无寒暖之期。衣以锦绣，服以罗纨，宁有知哉！"说明冯跋反对厚葬，强调"修身崇善"，既有传统的儒家思想，也有佛教理念。冯跋时期，社会稳定经济发展平稳，在这样的社会条件下，北燕佛教在后燕的基础上迅速发展。

佛教从辽西慕容鲜卑传入辽东的高句丽。正如汤用彤先生所说，燕都龙城成为"北方佛法三宝兴隆之地，北方佛教的重要来源"。《北史》卷94《高丽传》载高句丽"信佛法，敬鬼神"，概括了高句丽中后期的宗教特色。

根据史料记载，佛教在高句丽的确立时间已是东晋时期。《三国史记·高句丽本纪第六·小兽林王》："二年（372年）夏六月，秦王苻坚遣使及浮屠顺道送佛像、经文。王遣使回谢，以贡方物。"又"四年（374年），僧阿道来。""五年（375年），始建肖（一作省）门寺，以置顺道。又创伊弗兰寺，以置阿道。此海东佛法之始。"此为高句丽佛法之始。苻坚派僧人至高句丽弘宣佛法，正当前燕灭亡后、前秦具有辽西之时（370～385年），秦僧顺道和阿道自长安至当时高句丽国都丸都城（今吉林集安），很可能途经辽西重镇龙城。实际上高句丽人受到佛教思想的影响要比佛教在高句丽确立的时间更早。据《高僧传》卷四《晋剡沃洲山支遁》记载，东晋名僧支遁（314～366年）与"高丽道人"，常有书信往来，可见民间佛教僧侣之间的交往早于官方，至迟在366年以前，高句丽就已经有信奉佛教的"道人"

了。391年，故国壤王崇信佛法求福，用官方行政命令手段推广佛教思想。392年，广开土王又在平壤创九寺。仅二十年左右，佛寺就遍及鸭绿江南北。

北魏佛教在中国佛教史中占有重要位置。北魏灭北燕后于龙城（今朝阳）置营州，营州佛教在北燕佛教发展的基础上继续得到了发展。北魏初期，营州地区的佛教由于人口锐减、经济衰落，又逢太武帝拓跋焘在太平真君七年（446年）的灭佛运动，一度衰颓。但见《高僧传》卷八《齐琅琊摄山释法度》、卷十二《齐京师灵根寺释慧豫》所载可知高僧法度和慧豫都是在龙城寺院出家，证明北燕在被北魏所灭后，营州仍然有佛寺存在。其中辽宁地区最著名的就是思燕佛图（今朝阳北塔）、义县万佛堂石窟。

北魏时期，受帝室的影响，上至朝野王公、下至平民百姓，崇佛成风，官私各方争相营建佛寺、佛塔，开凿石窟佛像，传经释佛。营州官民僧俗按文成帝"今制诸州郡县，于众居之所，各听建佛图一区，任其财用，不制会限"[2]的诏令，在营州兴建塔寺，各郡县民众建塔雕像逐渐增多。东魏、北齐时期，由于统治者多信佛法，佛教在营州的发展依然兴盛。虽然佛教因中原地区在北周武帝建德六年（577年）的灭佛运动中受到影响，但北周势力未及于此，所以营州佛教未受影响。

二 高僧

在慧皎所著《高僧传》中记载的三燕时期高僧有昙无竭、昙无成、僧诠、昙弘、昙顺五人，另有北魏时期的法度、慧豫二人。他们当中，昙无成和昙顺拜鸠摩罗什为师，成为鸠摩罗什知名弟子的昙无竭，更是中国佛教史上最早西行求法的高僧之一。

1. "东北西天取经第一人"释昙无竭

释昙无竭，籍贯幽州黄龙（今朝阳），生卒年无考。见载于《高僧传》卷三《宋黄龙释昙无竭》。昙无竭幼年出家，修炼苦行，遵守戒律，诵念佛经，为法师所器重。他听说法显等人西行佛国天竺，取回佛经，于是他发誓也要赴西天取经。遂于南朝宋永初元年，即北燕冯跋太平十二年（420年）带僧众25人从龙城（今朝阳）出发，经高昌郡（今新疆吐鲁番东部）、龟兹（今新疆库车一带），过葱岭，经月氏国道天竺（古印度）、舍卫国（中印度古王国）。昙无竭在天竺各国游历20多年，同行25人只剩存他一人，独自于444年乘商船，从南天竺回到广州（今广州）。

他所取得的梵文本《观世音菩萨受记经》，全名为《观世音菩萨得大势菩萨受记经》，于刘宋元嘉三年（426年）译出，后收入佛典总集《大藏经·华严部》中。他还将西天取经所见所闻编成《历国传记》，惜已失传。

释昙无竭是"中国最早西天取经僧人之一"，他比唐三藏西去取经还早207年，被誉为"东北西天取经第一人"，为我国古代佛教事业的发展和中外文化的交流做出了重要贡献[3]。

2. 传讲《涅槃经》的释昙无成

释昙无成的事迹见载于《高僧传》卷七《宋淮南中寺释昙无成》。

昙无成，俗姓马，生年不详，扶风人（陕西泾阳西北），举家迁居龙城。13岁出家，学佛的态度清纯端正，悟性如神。还没到受具足戒的年龄就已经很精于与人讲说论辩经义了。昙无成专门致力于佛教经典的研读，在戒、定、慧"三学"的修行方面十分精深。

姚秦即将灭亡的时候，关中地区动荡不安，昙无成离开长安，到淮南郡（今安徽寿春一带），住在中寺传法，主要讲授《大般涅槃经》和《大品般若经》，从师学习的弟子200多人。著述有《实相论》和《明渐论》。

当时鸠摩罗什弟子号称有众三千人，而听受领悟之僧有800余人，皆诸方英秀，一时俊杰，其中尤其知名者，后世有"四杰""八俊""十哲"之称。昙无成则是《大义章》卷首所言"什门八俊"之一。

昙无成圆寂于刘宋元嘉中期，即北魏太武帝拓跋焘时期，享年64岁。

3. 造金塑佛像的释僧诠

僧诠事迹见于《高僧传》卷七《宋余杭方显寺释僧诠》。

僧诠，俗姓张，北燕辽西郡海阳人（今河北滦县西南），生卒年无考。他少年时在燕齐地区云游，学遍了除佛教以外的各类书籍，20岁才出家。

他出家后专心学习佛学，精通经、律、论"三藏"，受到北方地区求学和做学问者的尊崇。他是在诸燕地区成长起来的一位高僧，在佛学上颇有造诣。后来他游历过长江至南朝刘宋的京师建康（今江苏南京）开席讲经，教化江南。他好施舍、济穷人，讲经礼拜精益求精，德性高贵。

他早年曾在"黄龙国造丈六金像"，所谓黄龙国，是江南人对于北燕的称呼，也以黄龙指燕国都城龙城。入吴地（今浙江地区）后，他又营造一尊一人高的鎏金铜佛像，安置在虎丘山东寺中。

4. 江陵竹林寺主持释昙顺

昙顺事迹附见于《高僧传》卷六《晋吴台寺释道祖》后。南朝陈舜俞《庐山记》卷三有昙顺的小传。

据载，昙顺系北燕龙城人。从小吃素，有德行。幼年出家，亲受鸠摩罗什大师的教诲。后到庐山，跟从慧远法师修习西方净土法门，在佛教义学上有较高声誉。慧远法师在庐山创办莲社，专修净土法门，有徒众数千人，其中18人声誉极高，号称莲社"十八贤"，昙顺为其中之一。

南蛮校尉刘遵，在江陵（今湖北荆州）创立竹林寺，请慧远法师派人测量营造，昙顺遵从法师的派遣，徙居江陵，任竹林寺主持。

刘宋元嘉二年（425年），昙顺圆寂，享年79岁。

5. 栖霞寺的开山祖师释法度

法度事迹见于《高僧传》卷八《齐琅玡摄山释法度》。

释法度，北燕龙城人。生于437年，即北魏太武帝太延三年。他年少时被父母送到龙城的一个寺院出家，学习文化和佛教经典、仪轨。长大后离开寺院到北方各地云游，参拜名师，全面系统地学习佛家经典。法度是一名苦行僧。

南朝宋末年，法度云游至南朝宋的国都建康（今江苏南京）。齐郡（今山东临淄）有一位隐士叫明僧绍，隐居在琅玡的摄山（今江苏南京境内）。他敬仰法度清明，以师友相待。南齐永明七年（489年），明僧绍在弥留之际，将自己在摄山上的宅院施舍出来，作为栖霞精舍，请法度居住。于是，法度成为如今南京栖霞寺的开山祖师。据《摄山栖霞寺碑》记载"沙门法度为智殿栋梁，即此旧基，更兴新制，又造尊像十有余龛"。

法度常安心净养，发愿往生西天极乐。因此，通篇讲解《无量寿经》许多次。齐永元二年（500年），在摄山栖霞寺中圆寂，享年64岁。

6. 精通"五门"的释慧豫

释慧豫见载于《高僧传》卷十二《齐京师灵根寺释慧豫》。

慧豫，北魏黄龙人，生于南朝宋文帝元嘉八年，即北魏太武帝延和元年（432年）。少年时出家，聪颖慧学，专心致力于学习佛教经典。长大后，在北方各地云游，拜访名师，研习大有进益。

南朝刘宋时期（450年以后），游历至南朝宋的都城建康（今江苏南京），住在灵根寺修行。

他善于言谈辩论，对三乘妙法颇为用心，始终保持高尚的节操，把拯救人们的苦难放在首位，念诵《大涅槃经》《法华经》《十地》等经典。又修习禅定，特别精通"总彰佛体门""开智慧门""显不思议门""诸法正性门""了无异自性无障碍解脱门"，"五门"精绝。

释慧豫终于南朝齐永明七年，即北魏孝文帝太和十二年（489年）圆寂，终年57岁。

7. 对六朝时期岭南佛教做出贡献的释昙弘

昙弘事迹见载于《高僧传》卷十二《齐交趾仙山释昙弘》。北宋释戒珠著《净土往生传》和明代袾宏撰《往生集》亦有记载。

据载，昙弘为北燕龙城人。南朝宋武帝永初年间（420~422年），昙弘从龙城往南云游至番禺（今广东广州南部），住在台寺。晚年又至交趾郡（今越南首都河内东天德江北岸）的仙山寺。

他除"香火之外，了无他事"，一心念诵《无量寿经》和《观世音经》"不知其数"。发誓不慕荣利，安心修养，希望早日往生极乐，见到阿弥陀佛。

据昙弘本传记载，他从龙城南游番禺的确切时间是"宋永初中"，即421年，死于455年，而生年和世寿不知。如果结合生平事迹推之，昙弘于后燕时出生，落发出家可能是在后燕晚期，北燕太平十三年南游。

昙弘在番禺和交趾共计35年，对于六朝时期佛教在岭南地区的传播和发展做出了重要贡献。

8. 来自高句丽的高僧——僧朗

僧朗事迹附见于《高僧传》的卷八《齐琅琊摄山释法度》中。据载，他是栖霞寺的开山祖师法度的弟子。僧朗，辽东（今辽宁辽阳地区）高句丽人。自法度入灭后，他继踵师迹，作摄山栖霞寺的主持。他"为性广学"，凡是佛经戒律，都能演讲，尤其精通"华严经"和《中论》《百论》《十二门论》。

僧朗在摄山复兴三论之学，梁武帝也去寺院向僧朗学习。

僧朗之下僧诠，僧诠之下法朗，法朗下为集三论宗之大成者吉祥寺吉藏，故僧朗被仰为"江南三论宗"之初祖。栖霞寺因此形成了自成一体的"摄山三论学"。

三 佛教遗存

在北方，西北的凉与东北的燕为佛法较盛之地。北方高僧多出于辽西，足见北燕佛教颇盛。北燕佛教的兴盛，与统治者的崇尚、倡导有密切关系。

1. 屹立千年的思燕佛图

思燕佛图，为北魏文成文明皇后冯氏所立。据《魏书》卷13《皇后列传》载，文成皇后冯氏乃北燕王冯弘子冯朗之女，她崇佛甚笃，临朝听政之时广建佛寺，于孝文帝太和年间，为了祭奠先祖，宣弘佛法，"立思燕佛图于龙城，皆刊石立碑"。经过几年来的发掘、考证，确认朝阳市内北塔下面的夯土台基即是思燕佛图基址[4]。

思燕佛图遗迹尚部分保存，已探知夯土台基长宽近百米，高约7米，有础石、屋面、土墙等遗迹，发现泥塑佛、菩萨、罗汉、飞天等造像残块，"万岁富贵"和莲花纹瓦当及绳纹砖、布纹瓦等建筑构件，初步认为思燕佛图是一座规模宏伟的方形木结构楼阁式堂塔。此塔虽经隋、唐、辽各代几次重建或维修，但这一重要发现，为研究我国古代建筑史、佛教史增添了宝贵的考古资料[5]（图一）。

遗址中出土文物数量最多、最具时代特征、艺术价值最高的是泥塑造像，有佛、菩萨、佛弟子、力士、飞天、化生童子、伎乐人等。泥塑造像采用模制成型

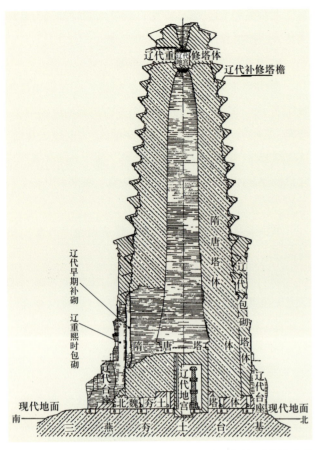

图一　朝阳北塔结构图（参见辽宁省文物考古研究所、朝阳市北塔博物馆：《朝阳北塔考古发掘与维修工程报告》，文物出版社，2007 年）

和手工雕塑两种方法制作而成，最后敷彩妆銮，有的还贴金粉。造像风格总体上是一致的，都具有北魏前期造像特点。其制作时间与思燕佛图同时，即孝文帝太和九年（485 年）至太和十四年（490 年）之间（图二）。

思燕佛图的兴建具有非常重要的历史意义和学术价值，它推动了北魏时期营州地区佛教的发展。

2. 东北地区最早石窟寺

万佛堂石窟位于辽宁省义县城西北 8 千米处，这里属北魏营州辖境。它是北魏在营州境内开凿的规模最大、也是东北地区开凿时代最早的一处石窟寺。据现存造窟题记，此石窟为北魏太和二十三年（499 年）营州刺史元景和景明三年（502 年）尉喻契丹史韩贞等所凿，后经唐、辽补刻或改凿，明清时期泥塑彩绘造像。又据专家考证，万佛堂石窟的功德主中可能还有北燕天王冯氏的后代[6]（图三）。

石窟依山岩体的自然走向而开凿并随其分布的疏密状况，自然形成三个小区。东区现存洞窟 7 个，窟外小龛 2 个；中区无窟龛，仅有近代兴建的三间僧房；

图二　朝阳北塔出土泥塑
1. 泥塑飞天像
2. 泥塑佛头像
3. 泥塑化生童子头像
4. 泥塑菩萨立像
5. 香泥小塔

图三　义县万佛堂石窟

西区现存洞窟 9 个，窟外小龛 10 个。共存石窟（龛）20 余个，雕像 430 尊。

据碑刻记载：西区是北魏太和二十三年平东将军营州（今朝阳）刺史元景为皇帝祈福开凿的。现存 9 窟，分为上、下两层，上层有 3 个小窟，窟内石刻造像已经风化无存。下层有 6 窟，第一窟，窟门内窟壁的千佛式坐佛，都是经典的北魏中期造像，刀法劲健，形象生动。在万佛堂石窟中，数第一窟规模最大，造像数量最多，题材最丰富，雕刻最精美。雕凿此窟的功德主，其地位与财力都应高于元景和韩贞。在此时期，只有富贵显赫、家资巨万、崇信佛法的北燕冯氏后裔，有资格、有实力雕凿如此规模的石窟。

第五窟为大型窟，前半部已经坍塌。最有价值的是"平东将军营州刺史元景造像碑"，整个碑记雕刻在东南角的山岩上，碑的下半部分已经风化，上半部还刻 304 字，记述了造窟的经过，仔细端详所存文字，遒劲挺秀，笔力极工，具有很高的艺术价值。魏碑字有方笔、圆笔之分，独成一体，此碑文字体方圆兼备结构严谨，清末学者梁启超评价为"天骨开张，光芒闪溢"。康有为则称其为"元魏诸碑之极品"（图四）。

第六窟最大，由于年代久远，风化严重，现存一尊大弥勒佛，波形发髻，西眉长眼，高鼻薄唇，交脚倚坐，体现一种慈善尊严和超大型出世的神态，是典型的北魏造像，两边为无朝和无叶，这尊弥勒佛是万佛，又叫交脚弥勒，是北朝时代常见的造像形态（图五）。第五窟窟顶有一个半圆，雕刻出石窟的莲花宝盖，每个窟顶的莲花宝盖是圆形的，如果这个圆很完整，就说明这个石窟是完整的，而这一窟的莲花宝盖只剩一半，可见当时的石窟应有目前规模的一倍大左右（图六）。

东区为北魏景明三年（502 年）尉喻契丹使韩贞联合驻地官兵开凿的私窟。现存 7 窟，造像多已风化无存。

3. 喀左境内的北魏石雕造像[7]

在喀左县南哨镇南山村发现有诸葛熹造一佛二菩

图四　义县万佛堂石窟元景造像碑拓片

图五　义县万佛堂石窟交脚弥勒像

图六　义县万佛堂石窟石雕莲花宝盖

图七　喀左诸葛熹造像

萨组像，宽98、通高147厘米。释迦佛像头部缺失，作说法印。着袒右肩袈裟，结跏趺坐于束腰式方座上。两侧各立一菩萨，面相丰圆，束发髻，下身着裙，一手下垂，提长颈瓶，另一手于胸前执物似莲蕾，赤足立于莲台之上。束腰形长方座中间雕坐姿菩萨和供养人，两侧各一昂首蹲狮。光背前面平素无纹，后面上部刻出双面坡式屋檐，檐下刻千佛龛，旁刻发愿文，有"大魏正始三年六月十五日诸葛熹为七世父母……造像一锺（区）……"等字样，证明此造像是诸葛熹于北魏宣武帝正始三年（506 年）为七世父母所造（图七）。

石雕弥勒佛像，属未完工作品。佛结跏趺坐于方形台座上，举身光背，宽 36、通高 51.5 厘米。佛面清癯，身体修长，肉髻低平，着双领下垂式袈裟，左手伸指于左膝内侧，手掌外撇，右手于胸前施说法印（图八）。

4. 具有地方特色的佛教题材装饰

佛教题材的图案，有莲花、忍冬、龟甲等纹饰以及佛像等，在辽西地区发现的三燕时期的马具和饰物中，就有许多以佛教美术为题材的纹饰。如北票喇嘛洞墓出土的鎏金铜鞍桥包片上鎏刻有内饰龙、凤的龟甲纹，下缘饰连续忍冬纹（图九）；另外还有镂孔圆形饰件、鎏铃、箭箙铜板、镂孔异形饰件上分别刻有忍冬、六瓣莲花、双层仰莲、龟背等纹饰[8]。朝阳袁台子壁画墓出土的鎏金镂孔圆形铜饰和圆帽形铜铃饰，都饰莲瓣纹[9]。朝阳袁台子、北票西沟村、喇嘛洞等处墓葬，其时代基本上同属于前燕时期，个别墓葬可能晚到后燕[10]。这类饰件在朝阳和北票的其他地点

发现的前燕、后燕墓葬中也有出土。

北燕冯素弗墓中出土一件压印佛像纹山形金饰片（图一〇）。由一片有压印佛像纹的山形金片和片上穿缀的步摇叶片组成。其压印图纹正面因缀满摇叶无法看清，从背面观察的情况是：周边为山字形大边框，框内沿边饰一周锯齿纹带，锯齿纹线的上下隙处有一些小的忍冬纹样的附饰。边框内，中心为一正面佛像，结跏趺坐在高台上，膝部宽肥，双手作禅定印，背有火焰纹大背光。佛台宽平，前壁有并排的四个方框形饰，每框内都突起一根对角斜线，四框两两相对。台座左右似为二身直立的胁侍，面部可见鼻眼，头上似有冠。衣装在胸腹以下成为二、三条平行直垂的长线条，一直垂注到锯齿纹边框。这件金珰上压印的佛像，是目前东北地区发现年代最早的佛教资料，十分珍贵[11]。

高句丽壁画墓中常见莲花图案，当与佛教有关。佛家认为，欲往极乐世界必由莲花化生，莲花几乎就是佛教的象征。将军墓位于桓仁县雅河乡米仓沟村，墓葬年代当在 4 世纪末至 5 世纪初，是一座大型封土

图八　喀左北魏石雕弥勒像

图九　喇嘛洞墓出土鎏金铜鞍桥包片

图一〇　压印佛像纹山形金饰片

图一一　米仓沟将军墓莲花图

石室墓[12]。壁画内容以莲花为主,此外还有双龙纹、变形莲花纹、王字云纹等。莲花主要绘于四壁及叠涩梁的正面,均为侧视莲花,多以墨线勾边,粉红设色,绚丽多彩,有的至今仍然保持着光艳的色泽。墓中共绘制莲花300余朵,分行绘制,每壁5行,每行十一、十二朵不等,花朵形象饱满、硕大。纹饰均用墨线勾边,其内涂黄、绿、赭、红、黑、白色,以黄、绿、赭色居多,涂红、黑色的仅有几例。从该墓的莲花纹壁画可见高句丽受佛教影响较深(图一一)。

两晋时期佛教思想和佛教绘画对三燕墓葬壁画也产生了一定影响。如朝阳袁台子前燕壁画墓中墓主人像,正面端坐,手指麈尾,面部丰腴,双目凝神,大耳,耳下缘与嘴角平齐,酷似一尊菩萨像[13]。这明显地受到了当时佛教思想、绘画的影响[14]。此外,在辽宁境内的诸多三燕、高句丽遗址中,均有发现莲花纹的瓦当等带有佛教符号的建筑构件,形成了具有地方特色的新的装饰艺术风格。

综上,两晋时期,随着大批汉族流民的到来,佛教也从内地传入辽西地区,慕容诸燕国家在都城和统治区内广泛兴建佛寺。东北地区的佛教由此逐渐传播开来。北朝时期,营州佛教在北燕基础上继续得到发展。"十六国"时期民族迁徙,庞大的人群不间断地移动,对辽宁境内社会形势产生巨大影响,各族民众迁徙流动提供了相互交流的有利契机,促进他们相互间的交往、交融,对于佛教传播发挥了直接作用,扩展了佛教的势力和影响。

注释

[1] 定县博物馆：《河北定县发现两座宋代塔基》，《文物》1972 年第 8 期。

[2] 《魏书·释老志》，中华书局，1974 年。

[3] 朝阳佛教史课题组：《朝阳佛教史》，社会科学文献出版社，2008 年。

[4] 辽宁省文物考古研究所、朝阳市北塔博物馆：《朝阳北塔考古发掘与维修工程报告》，文物出版社，2007 年。

[5] 田立坤等：《辽宁文化通史·魏晋南北朝隋唐卷》，大连理工大学出版社，2009 年。

[6] 刘建华：《义县万佛堂石窟》，科学出版社，2001 年；曹汛：《万佛堂石窟两方北魏题记中的若干问题》，《文物》1980 年第 6 期。

[7] 朝阳佛教史课题组：《朝阳佛教史》，社会科学文献出版社，2008 年。

[8] 田立坤、李智：《朝阳发现的三燕文化遗物及相关问题》，《文物》1994 年第 11 期。

[9] 辽宁省博物馆文物队等：《朝阳袁台子东晋壁画墓》，《文物》1984 年第 6 期。

[10] 徐秉琨：《鲜卑·三国·古坟——中国朝鲜日本古代的文化交流》，辽宁古籍出版社，1996 年，第 47、53、57 页。

[11] 黎瑶渤：《辽宁北票县西官营子北燕冯素弗墓》图一四，《文物》1973 年第 3 期。

[12] 武家昌、梁志龙、王俊辉等：《桓仁米仓沟高句丽壁画墓》，《辽宁考古文集》，辽宁民族出版社，2003 年。

[13] 辽宁省博物馆文物队等：《朝阳袁台子东晋壁画墓》，《文物》1984 年第 6 期。

[14] 刘中澄：《关于朝阳袁台子晋墓壁画的初步研究》，《辽海文物学刊》1987 年第 1 期；宿白：《朝鲜安岳所发现的冬寿墓》，《文物参考资料》1952 年第 1 期；洪晴玉：《关于冬寿墓的发现和研究》，《考古》1959 年第 1 期。

从辽宁出土文物看 3~5 世纪草原丝绸之路

The Steppe Silk Road of the Third-fifth Centuries from the Perspective of Unearthed Cultural Relics in Liaoning

◎ 卢治萍　王雅静 / Lu Zhiping　Wang Yajing

公元前 139 年，汉武帝派张骞出使西域，开通了长安（今西安）经河西走廊、塔克拉玛干沙漠至中亚、西亚的商道，即举世闻名的"丝绸之路"。但考古发现证实在"丝绸之路"开通前，早已存在着一条鲜为人知、沟通东西天然通道，即贯通欧亚大陆的"草原丝绸之路"。

草原丝绸之路的形成与自然生态环境有着密切的关系。环境考古学资料表明，北纬 40°~50° 之间的中纬度地区，有利于人类的东西向交通，这个地区恰好是草原地带。辽宁地处欧亚大陆草原的东南边沿，毗邻中原，地接东北各族的聚居区，是各族杂居互市、文化交融之地。先秦时期，草原丝绸之路已到达辽宁，以夏家店上层文化为代表的北方民族在此繁衍生息，既是草原文化的传播者，也是缔造者。其虎纹牌饰、联珠饰、柄部装饰动物纹的刀剑等，远及蒙古国和南西伯利亚地区[1]。秦汉时期辽宁地区纳入中原王朝版图，成为中央政府经营东北的前沿。1956 年铁岭西丰县发现的西岔沟西汉墓地[2]，面积 8000 多平方米。该墓地遭到破坏，推算原有墓葬约 500 座，发掘 63 座，均为单人长方形土坑墓，出土各类文物 1 万余件，可分为兵器、马具、服饰、器皿、工具及装饰品等。从墓葬形制和出土文物分析，其文化因素十分复杂，包括以铜牌饰、镂孔小铜铃、括号形坠饰、铜柄铁剑、铜护心镜、金银丝扭环耳饰等为代表的匈奴、夫余等北方民族因素，也有大量铜镜和半两钱、汉式陶器等中原文化因素[3]，表现了当时辽宁北方各族"朝发穹庐，夕至城郭"[4]，相互交往的景象。

曹魏初年，慕容鲜卑的首领莫护跋率部向东南迁徙，到达沿海之滨辽西郡。238 年，莫护跋随司马懿讨伐公孙渊有功，并封为率义王，定居大棘城（今北票三官营子）。此后，慕容鲜卑不断发展壮大，东晋咸康三年（337年），慕容皝建立燕国政权，建都龙城（今辽宁朝阳），史称"前燕"。前燕最盛时曾占有北至辽东、南至黄河以南、东至山东、西有河北、河南等大片土地，与东晋、前秦鼎足而三。前燕虽为前秦所灭，但慕容鲜卑又相继建立了后燕、西燕与南燕。汉人冯跋又在后燕的基础上建立北燕。前燕、后燕、北燕均曾建都于龙城（今辽宁朝阳），因此，朝阳有"三燕故都"之称，而所谓的"三燕文化"就是指这一时期以慕容鲜卑遗存为主体的考古学文化。草原丝绸之路经过长时间的发展，至3~5世纪已进入繁荣阶段。当时生活于草原丝路东端的慕容鲜卑东与高句丽相接，西与柔然为邻，各民族间互相渗入和掺杂，交往频繁。文献记载，北燕与柔然有通姻，北燕天王冯跋的女儿乐浪公主就嫁给了柔然可汗斛律，而冯跋也娶斛律亲生女儿为妻，建立了稳固的和亲关系。这为草原丝绸之路的畅通，做出了极大的贡献。此时的草原丝绸之路，已不仅是商品贸易之路，更是技术传播、文化交流之路。

一 商品贸易之路——罗马进口玻璃器

1965年北票县西官营子发现两座石椁墓，其中1号墓出土了"范阳公章""辽西公章""车骑大将军章""大司马章"四枚印章，《晋书·冯跋载记》中记述了冯素弗曾先后任受范阳公、侍中、车骑大将军、大司马、辽西公等官爵[6]。因此判断这两座墓是北燕天王冯跋的长弟、北燕宰辅冯素弗和他妻属的墓葬。冯素弗死于415年，推算死时年龄约三十岁。1号墓随葬的器物十分丰富，并且制作精美。玻璃器就出土有5件之多，包括鸭形玻璃注、玻璃杯、玻璃钵、玻璃碗以及一件残器，晶莹剔透，色彩艳丽，其中鸭形玻璃注最为引人注目[7]（图一）。

"玻璃"文献中一般称为"琉璃""陆琳""颇黎"等，虽然读音略异，但都显示这是外语翻译得名。中国传统国产玻璃器有着悠久的历史。春秋末战国初，

西亚玻璃珠饰经过中亚游牧民族的中介，作为贸易进口到中国中原地区。战国中晚期，中国已经能够制造外观上与西亚相似，而成分不同的玻璃珠。这种受西亚影响建立起的玻璃业很快与中国文化传统相融合，开始生产仿玉制品，并采用与金属成型工艺相似的铸造法制作。

而冯素弗墓出土的玻璃器以透明深浅绿色为特征，器胎较薄又是卷边，玻璃碗下仍留有粘疤残痕。鸭形玻璃注更是造型奇特，以粘贴玻璃条装饰细部，这种装饰手法是罗马玻璃经常采用的。阿富汗伯格拉姆遗址中发现了一批2~3世纪罗马高级玻璃器窖藏，其中鱼形器成型、装饰技法都与这件鸭形玻璃器相似[8]。这些都是以吹制工艺闻名于世的古罗马玻璃器的重要特征。

玻璃吹制工艺最早产生在公元前1世纪左右的地中海东岸古罗马帝国，并迅速传播到古罗马帝国各个玻璃烧造工艺地点。吹管玻璃技术向东方传播，尚缺乏文献记载。从现出土的玻璃器判断大体在5世纪北魏时期中亚的工匠将吹制玻璃技术传到中国。其制作的玻璃器质量不精，很难与冯素弗墓出土的这批玻璃器相媲美。

冯素弗墓出土另一件玻璃杯（图二），色彩艳丽，在中国出土的早期玻璃器中独树一帜。由于制造玻璃的主要原料——石英砂中都含一些氧化铁，玻璃往往呈绿色或棕色。如果要制出其他色彩的玻璃，必须在熔制过程中加入少量染色剂。冯素弗墓玻璃杯深翠绿色透明，石英砂中夹杂的四氧化三铁不会产生这样的

图一 冯素弗墓出土鸭形玻璃注

图二 冯素弗墓出土玻璃杯

图三　韩国金铃冢、日本新泽
　　　千冢出土玻璃碗
1. 韩国金铃冢
2. 日本新泽千冢 126 号墓

1　　　　　　　　　　　　　　2

效果，只有加入少量氧化铜，才可能产生翠绿色。经过扫描电镜检测，冯素弗墓玻璃杯内果然含有铜，而鸭形器和碗则没有发现铜[9]。

　　罗马工匠很早就掌握了熔制彩色玻璃的工艺。我国西晋鱼豢的《魏略》记有："大秦国出赤、白、黑、黄、青、绿、缥、绀、红、紫十种流离"[10]，大秦就是文献中的罗马帝国。罗马玻璃中深翠绿色的玻璃容器不是很多。公元 1 世纪时流行彩色玻璃，后来罗马人更崇尚像水晶一样的无色透明，彩色玻璃器则相对较少，但是罗马工匠仍制造少量彩色玻璃的高级奢侈品。

　　从文献上看，当时玻璃器非常珍贵，多是舶来品。两汉时期，地中海沿岸的罗马玻璃器进口到中国，这一事实已得到了考古发现的证明[11]。然而，西方玻璃器大量东运，是在魏晋南北朝时期，这与当时统治阶级奢侈斗富之风有关。其中西方进口玻璃器作为陈列宝物彰显着身份和财富。《洛阳伽蓝记》载"琛常会宗室，陈诸宝器。金瓶银瓮百余口，瓯檠盘盒称是。其余酒器有水晶钵、玛瑙杯、琉璃碗、赤玉卮数十枚，作工奇妙，中土所无，皆从西域来"[12]。元琛夸富的故事反映了当时上层社会对域外玻璃器的青睐。

　　从目前全国出土外国玻璃器数量甚少的情况可以想象，那时进口玻璃器，尤其像鸭形玻璃注那样精美的产品数量有限，因此统治者和富人才视如珍宝。而冯素弗墓出土 5 件之多，可见冯素弗的地位尊贵，也从侧面反映了北燕在草原丝绸之路的重要地位。

　　这一时期形态相似的玻璃器在朝鲜半岛和日本也有发现。朝鲜半岛三国时期的新罗墓葬中也出土了一些珍贵的玻璃器，如庆州皇南洞98 号南坟（5 世纪初）、庆州市瑞凤冢（5 世纪至 6 世纪初）、庆州市皇南洞98 号北坟 (5 世纪中)、庆州市皇南洞 155 号墓 (天马冢，5 世纪后半叶)、庆州市金铃冢 (5 世纪后半叶至 6 世纪初)[13]。日本新泽千冢 126 号坟[14]（5 世纪后半叶)也出土了罗马进口玻璃器。这些玻璃器的发现证明，当时草原丝绸之路商品贸易已抵达龙城，又经慕容鲜卑连通朝鲜半岛和日本（图三）。

二　技术传播之路——影响深远的双马镫

　　草原丝绸之路不仅是一条通商之路，也是一条技术传播之路。《后汉书·乌桓鲜卑列传》载鲜卑"兵利马疾，过于匈奴"[15]。富有民族特色的慕容鲜卑马具作为重要的随葬品之一，近年来在朝阳地区不断有新的发现。在已发表的 40 余座三燕文化墓葬中（图四），出土马具的墓葬已经超过 10 座。慕容鲜卑马具包括马镫、鞍桥、衔、节约、杏叶等，其中马镫除了东传朝鲜半岛、日本外，还沿着草原丝绸之路，传遍整个欧亚草原，对全世界影响深远。

　　慕容鲜卑马镫目前发表者有 7 例，其中双马镫有 4 例发现于北票喇嘛洞西区 M266[16]、北燕冯素弗墓、朝阳袁台子壁画墓[17]、北票章吉营子北沟 M8[18]。其中冯素弗墓出土的木芯双马镫最为著名（图五），其制作颇为精致。镫芯以桑木揉制成，在镫的整个

图四 三燕文化墓葬分布图

1. 冯素弗墓 2. 仓粮窖墓 3. 金岭寺建筑群址
4. 奉车都尉墓 5. 喇嘛洞墓地 6. 大板营子
墓地 7. 东团山子、西团山子遗址 8. 三官
营子遗址 9. 东山墓 10. 北庙墓 11. 龙
城城址 12. 八宝墓 13. 医M13 14. 房身
墓 15. 房身北沟墓地 16. 袁台子墓 17. 袁
台子壁画墓 18. 崔遹墓 19. 西沟墓 20. 十
二台砖厂墓地 21. 大平房墓 22. 三合成
墓 23. 田草沟墓地 24. 榆树沟墓 25. 保安
寺墓 26. 前山墓 27. 李廆墓

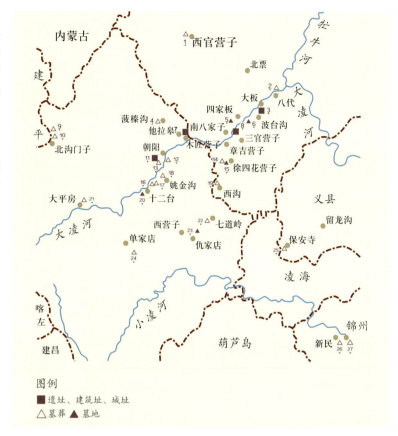

图五 冯素弗墓出土木芯马镫

图六　虢国夫人游春图

图七　长沙金盆岭西晋永宁二年（302 年）墓釉陶骑俑

外表包钉铜片，并施鎏金，镫柄上方开有横长方形透孔。

先秦时代，马多用于驾车，极少单骑。春秋末年才有贵族骑马的记载，然而直到南北朝以前，我国上层社会的男子出行时，讲究乘车而不提倡骑马。原因之一是由于马具的不完善。马镫发明后，中原骑马之风才得以兴起。唐代中期男子在隆重的场合都以骑马为主，有些女子也乐于骑马游玩（图六）。

长沙金盆岭西晋永宁二年（302 年）墓釉陶骑俑（图七）的镫，表现了中国最早期的镫的形态。在这个墓出土的陶骑俑中，有的在马鞍左侧前缘系有三角形小镫，这是为上马踏足用，由于是单独一个使用因此骑好后就不再踏镫，这种小镫并不是真正意义上的马镫，而是一种原始形态，可以称为“上马脚扣”。

三燕文化墓葬出土的马镫是最早的真正意义上的马镫，标志着马镫的初步成熟。而成熟马镫的使用，标志着骑马用具的完备，使得骑兵的发展进入一个新的时期。骑兵可以很好地与战马结合，不但可以穿上笨重的铠甲，也可以把马的冲力转化到兵器上，为重甲骑兵——甲骑具装的发展，提供了技术方面的基础（图八）。慕容鲜卑 3 世纪初迁居辽西，经过百余年的发展，由弱到强，他们在与鲜卑宇文、段氏两部及夫余、高句丽的攻战中逐一取胜，建立政权。后又进军中原，与后赵、冉魏、段氏、匈奴、前秦一争雄长。究其原因，除慕容氏在内政外交上顺应形势，得到广大汉族和少数民族支持外，还因为其强大的军事力量。而骑兵，尤其是装备有甲骑具装的重装骑兵起到了重要的作用。

4 世纪末 5 世纪初马镫迅速东传到高句丽。吉林集安七星山 96 号墓、万宝汀 78 号墓等墓葬都有马镫[19]出土（图九）。5 世纪上半叶，马镫通过高句丽传入朝鲜半岛，朝鲜半岛南部的伽耶地区墓葬中出土的长柄马镫[20]，具有集安高句丽墓马具同样的特点（图一〇）。6 世纪时，马镫东传至日本。在日本 6 世纪的马形植轮身上，已经塑出髻头、鞍具、镫、胸带等全套马具[21]（图一一）。

5世纪以后，金属马镫迅速传遍欧亚大陆。欧洲最早的马镫出土于6世纪的匈牙利阿瓦尔人的墓葬中[23]。而阿瓦尔人是来自蒙古高原的柔然人的后代，柔然由于被北魏击败于6世纪沿草原丝绸之路西迁至匈牙利定居。因此，一些考古学者认为是柔然人从中国北方把马镫传播到了欧洲。马镫的引入促成了重甲骑兵的发展，也有助于封建骑士阶级的形成，对欧洲中世纪骑兵建设有巨大的贡献。

三　文化传播之路——步摇和步摇冠

慕容鲜卑喜爱佩戴金器，金器构成了其遗物中具有特色的组成部分，金器种类繁多，数量丰富，以首饰、服饰件、马具为主，其中金步摇最为引人注目（见表）。慕容鲜卑由莫护跋率领进入辽西后，喜戴"步摇"作为装饰。莫护跋起初并不姓慕容，而是由步摇音讹而来。崔鸿《十六国春秋·前燕录》（《太平御览》卷一二一引）：

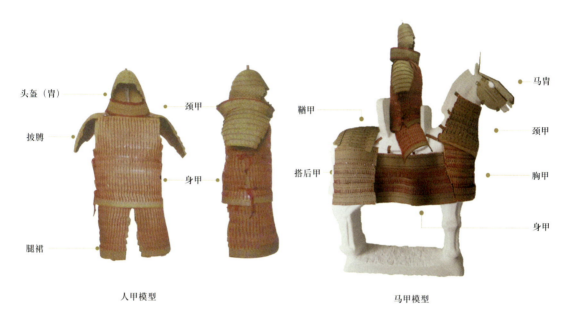

人甲模型　　　　　　　　　　　马甲模型

图八　喇嘛洞墓地出土的甲骑具装复原示意图（参见白荣金等：《辽宁北票喇嘛洞十六国墓葬出土铁甲复原研究》，《文物》2008 年第 3 期）

图九　集安七星山 96 号墓出土双马镫　　　　　　图一〇　朝鲜半岛南部伽耶地区墓葬出土长柄马镫

图一一　日本马形埴轮

图一二　乌尔（UR）王墓出土额饰

图一三　萨尔马泰女王墓出土金冠

图一四　席巴尔甘金丘大月氏墓出土步摇

　　"曾祖莫护跋，于魏初率其诸部入居辽西，从司马宣王（司马懿）讨公孙渊，拜率义王，始建国于大棘城之北。见燕代少年多冠步摇冠，意甚好之，遂敛发袭冠，诸部因呼之'步摇'，其后音讹，遂为'慕容'焉。……父涉归，以全柳城勋进拜单于，迁邑辽东，于是渐变胡风，自云：'慕二仪之德，继三光之容'，遂以慕容为姓。"这段文献清楚地记载了慕容部得名和定名的经过。

　　"步摇"是中国古代妇女使用的一种发饰，起源甚早。"步摇"一词最早出现在战国时楚国宋玉的《讽赋》，宋玉出行，路投一处人家，"主人之女，翳承日之华，披翠云之裳，更被白縠之单衫，垂珠步摇，来排臣户"[23]。汉刘熙《释名·释首饰》："步摇，

上有垂珠，步则摇动也。"东汉时期贵族妇女首饰的"步摇"加入了金质制品的成分，皇后"谒庙服"与行亲蚕礼时的服饰，其首饰为"假结，步摇，簪珥""步摇以黄金为山题，贯白珠为桂枝相缪"，又"长公主见会衣服，加步摇"，而"自二千石夫人以上至皇后，皆以蚕衣为朝服"[24]。可知"蚕衣"是东汉时高级贵族妇女高规格的、最郑重的礼服，而又只有皇后"谒庙服""蚕衣"与长公主"见会衣服"才戴步摇。

　　考古发现表明，这种金质制品的做法起源于中西亚。早在5000多年前，两河流域的乌尔（UR）王墓群中，随葬侍女的头部即出现有用连排的一枚枚金树叶穿缀而成的半环形状的额饰。金叶都是锤鍱金箔做

辽宁出土金步摇冠一览表

编号	出土地点	时代	金步摇冠	资料来源
1	朝阳王子坟山墓群 M8713	3~4 世纪	1 件	辽宁省文物考古研究所、朝阳市博物馆：《朝阳王子坟山墓群 1987、1990 年度考古发掘的主要收获》，《文物》1997 年第 11 期
2	朝阳田草沟 1 号墓	3 世纪晚至 4 世纪前叶	2 件，大小各一	辽宁省文物考古研究所、朝阳市博物馆、朝阳县文物管理所：《辽宁朝阳田草沟晋墓》，《文物》1997 年第 11 期
3	朝阳田草沟 2 号墓	3 世纪晚期至 4 世纪前叶	1 件	辽宁省文物考古研究所、朝阳市博物馆、朝阳县文物管理所：《辽宁朝阳田草沟晋墓》，《文物》1997 年第 11 期
4	朝阳袁台子 3 号墓	4 世纪	2 件，大小各一	孙国平：《试谈鲜卑族的步摇冠饰》，《辽宁考古、博物馆学会成立大会会刊》，1981 年
5	朝阳十二台乡砖厂 88M1	4 世纪初期至 4 世纪中叶	1 件	辽宁省文物考古研究所、朝阳市博物馆：《朝阳十二台乡砖厂 88M1 发掘简报》，《文物》1997 年第 11 期
6	朝阳王坟山 1 号墓	4 世纪末至 5 世纪初	1 件	孙国平：《试谈鲜卑族的步摇冠饰》，《辽宁考古、博物馆学会成立大会会刊》，1981 年
7	朝阳西团山墓	4 世纪末至 5 世纪初	1 件	孙国平：《试谈鲜卑族的步摇冠饰》，《辽宁考古、博物馆学会成立大会会刊》，1981 年
8	北票房身 1 号墓	3 世纪末至 4 世纪初	2 件，大小各一	陈大为：《辽宁北票房身村晋墓发掘简报》，《考古》1960 年第 1 期
9	北票房身 2 号墓	3 世纪末至 4 世纪初	2 件，大小各一	陈大为：《辽宁北票房身村晋墓发掘简报》，《考古》1960 年第 1 期
10	北票房身 8 号墓	3 世纪末至 4 世纪初	1 件	陈大为：《辽宁北票房身村晋墓发掘简报》，《考古》1960 年第 1 期
11	北票喇嘛洞 7 号墓	3 世纪末至 4 世纪中叶	1 件	辽宁省文物考古研究所、朝阳市博物馆、北票市文管所：《辽宁北票喇嘛洞墓地 1998 年发掘报告》，《考古学报》2004 年第 2 期
12	北票冯素弗墓	5 世纪初	1 件	辽宁省博物馆：《北燕冯素弗墓》，文物出版社，2015 年

成，叶脉纹路毕现，叶蒂卷附在串绳上，叶垂于外[25]（图一二）。1864 年，在顿河下游新切尔卡斯克的萨尔马泰（即中国史书记载的"奄蔡"）[26]女王墓中出土了一件"金冠"（图一三），其年代为公元前 2 世纪，即相当于中国的西汉初年。1979 年在阿富汗北部席巴尔甘（shibarghan）发现的金丘大月氏墓群，其时代为公元 1 世纪前期[27]。其中金丘 6 号墓的一件金质步摇冠有一条长 47、宽 4 厘米的横带，带的两端有环。横带上装有五簇图案化的树木形步摇，内四树各对栖二鸟（图一四）。每树又各有六枚六瓣形花朵，还满

图一五　房身 2 号墓出土金步摇、冠饰及日本新泽千冢 126 号坟出土冠饰
1. 房身 2 号墓花树状金步摇　2. 房身 2 号墓龙凤纹方形冠饰　3. 新泽千冢 126 号坟出土龙纹方形冠饰

图一六　冯素弗墓、王坟山出土金步摇冠
1. 冯素弗墓　2. 王坟山

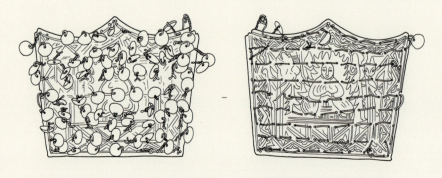

图一七　冯素弗墓出土压印佛像纹金珰

缀圆形摇叶。由此可知，步摇金饰大约即在汉代传入中国，主要向两个方向传播：一个是向中原，另一个方向则沿着草原丝路向东[28]。

传入中原的一路，由于中原服饰传统力量强大，逐渐被改造纳入中国的传统首饰和等级服饰制度。不再是像奄蔡女王与席巴尔甘墓中所出那样，作为步摇冠而独立存在。

金步摇的另一路沿草原丝路向东传播，则保留了步摇冠的形式。辽宁地区发现慕容鲜卑步摇冠16件（见表），是中国发现步摇冠最为集中的地区。步摇冠可分为两类，一类以博山形基座、枝、叶组成，以房身2号墓出土者为代表；另一类为数枝集成一束，以冯素弗墓出土步摇冠最为典型[29]。

北票的房身村2号墓出土两件，一大一小，都是以金枝穿缀摇叶、下有山形基座即"山题"为特征的饰品。两件形制稍有区别，都被称为"花树状"，大者金枝有枝有干如乔木状；小者则是短干多枝如灌木状[30]（图一五，1），显示了它们从乌尔王墓、奄蔡女王墓出土的叶形摇叶的传承关系。同墓还出土两件方形镂孔，一作双龙双凤纹、一作四凤纹的金饰片，

其四周边框则都缀饰圆形摇叶（图一五，2），这又表现了与席巴尔甘圆形摇叶的继承和发展关系。朝阳地区的十二台砖厂、田草沟、袁台子、北票喇嘛洞等地出土者形制基本同于房身村2号墓出土的这两件[31]。

北燕冯素弗墓出土的金步摇冠饰，冠已不存，仅存笼冠的十字形梁架和架上矗立的一丛六枝形顶花。朝阳王坟山也出土了一件结构类似冯素弗墓步摇冠饰[32]（图一六），但其梁架上也装饰有摇叶，让我们联想到冯素弗墓梁架上的成对小孔，也许是装饰摇叶之用。

除了步摇、步摇冠之外，慕容鲜卑还有一些器物也以摇叶为饰，属于服饰的有"金珰"（帽额徽饰）、耳饰、带具（图一七）。其中北燕冯素弗墓出土压印佛像纹步摇金珰，一面缀满摇叶，一面则锤镍有一佛二菩萨的形象，这是中国东北地区最早的佛像资料。步摇叶在慕容鲜卑马具中也有广泛的应用。如喇嘛洞墓地出土的当卢、寄生和节约（图一八），马具的摇叶只是多用鎏金铜质。这些大小不一、质地不同的金属摇叶，成为慕容鲜卑文化的显著特色。

十六国诸燕灭亡之后，步摇冠在北方可能还有使用，南朝梁陈时的文学家沈炯有《长安少年行》诗云：

图一八　喇嘛洞墓地出土鎏金铜当卢、节约
1. 当卢　2. 节约

图一九　韩国皇南大冢北坟出土金冠

图二〇　韩国银铃冢、皇南大冢北坟出土金耳饰
1. 银铃冢　2、3. 皇南大冢北坟

图二一　日本藤之木古坟出土金履

图二二　义县保安寺墓地出土三鹿纹金牌饰

图二三　北票房身2号墓出土金戒指

"长安好少年，骢马铁连钱。……步摇如飞燕，宝剑似舒莲。去来新市侧，遨游大道边。"[33]沈炯原仕南梁，后被西魏所俘，留居约两三年，于梁绍泰二年（556年）南归，可能是居西魏时作此诗，由此可推知北朝仍有步摇冠。生活在西北的慕容鲜卑一支的吐谷浑，文献中可见到"首戴金花冠"遗俗的记载[34]。

金步摇饰虽如昙花一现，盛行时间不长，但是其影响却远及朝鲜和日本，并与当地的文化相结合。高句丽、百济、新罗地区都有步摇饰物发现。朝鲜半岛三国时期皇南大冢北坟出土金步摇冠（图一九），金冠上有许多华丽装饰物，其中冠面分布有数十个摇叶，冠座左右端各垂挂着一个坠满摇叶和曲玉的垂饰。韩国银铃冢、皇南大坟出土的耳饰也密集地排列着多组摇叶（图二〇）。日本新泽千冢126号坟出土的方形冠饰（图一五，3），形制同于房身2号墓出土的龙凤纹方形冠饰，且装饰一周摇叶。日本藤之木古坟的出土文物中，更是将摇叶遍布整个服饰，从冠到履（图二一），至为丰富。这些考古发现说明慕容鲜卑的金步摇对中国东邻地区的影响巨大。

慕容鲜卑喜爱金饰物，含金量高达85%~92%，纯度之高实属罕见[35]。其制作工艺十分成熟而高超。锤𫐓、镂刻、铆钉、镶嵌、掐丝、金珠焊缀的技法都已成熟运用。三鹿纹金牌饰就是先以锤𫐓技术做出大概的轮廓，再在细部略加錾刻（图二二）。金戒指则运用镶嵌工艺，镶嵌了三个色彩斑斓的宝石（图二三）。另一种金珠焊接工艺很有特色。如冯素弗墓出土的金珰附蝉，以金片剪成，正面盘焊细金丝为图案，轮廓线内则是一蝉（图二四，1）。紧贴每条金丝的两侧，各有一行以极小的金珠焊出的纹线作为衬饰。这种工艺称为焊珠工艺（图二四，2）。焊珠工艺是将黄金碎屑小粒，置于木炭上加热至熔化，由于表面张力的作用，凝为小珠状。然后用焊药即一种含铜的矿物加上胶质，在高温下胶质焚烧成炭质，铜与黄金产生助熔作用，在较低温度下，就能将黄金珠焊接在金片上。这种工艺需要高超的技艺，对温度控制需要十分精确，温度过高，金珠熔化变形，温度过低，又无法焊接牢固[36]。

1   2

图二四　冯素弗墓出土金珰附蝉及金丝、金珠局部显微图像
1.金珰附蝉　2.金丝、金珠局部显微图像

1   2   3

图二五　北票房身2号墓出土梭形金珠、田草沟1号墓出土金管、乌尔遗址出土黄金串珠
1.房身2号墓梭形金珠　2.田草沟1号墓金管　3.乌尔遗址黄金串珠

这件金珰同时使用了卷丝法，使用极薄的金箔裁成长条，再卷成细管，再以焊药焊接于金片上。北票房身2号墓出土的梭形金珠[37]（图二五，1）、田草沟1号墓出土的金管[38]（图二五，2）除了满饰极小金珠以外，还每面镶嵌有一梭形绿松石。与西亚美索不达米亚公元前2500~前2400年的乌尔遗址中出土的黄金串珠形制十分相似（图二五，3）。这种掐丝、金珠焊接、镶嵌工艺约公元前4世纪末出现于中国，首先在西北游牧民族[39]，东汉魏晋时期中原应用这种工艺

制作的金珠有零星发现，但是基本为西方舶来品[40]。从考古发现看，慕容鲜卑金器数量多，工艺水平精湛，并且具有独特的民族特点，成熟的金器制作工艺技术此时很可能已传入辽西，为慕容鲜卑人掌握。

综上所述，3~5世纪草原丝绸之路商品贸易繁荣，东西方技术传播、文化交流达到了前所未有的程度。从辽宁出土文物可见当时生活在辽西地区的慕容鲜卑的杰出贡献，也印证了北方民族在中国历史发展中不可忽视的推动作用。

注释

[1] 杨建华等著：《欧亚草原东部的金属之路》，上海古籍出版社，2016年，第254页。

[2] 孙守道：《匈奴西岔沟文化古墓群的发现》，《文物》1960年第8、9期合刊。

[3] 潘玲：《伊沃尔加城址和墓地及相关匈奴考古问题研究》，科学出版社，2007年。

[4] 《后汉书·乌桓鲜卑列传》，中华书局，1965，第2982页。

[5] 刘宁：《北燕、柔然与草原丝绸之路》，《北燕冯素弗墓》，文物出版社，2015年，第238页。

[6] 《晋书·冯跋载记》，中华书局，1974年，第3127页。

[7] 辽宁省博物馆：《北燕冯素弗墓》，文物出版社，2015年，第34页。

[8] 安家瑶：《冯素弗墓出土玻璃器》，《北燕冯素弗墓》，文物出版社，2015年，第222页。

[9] 安家瑶：《冯素弗墓出土玻璃器》，《北燕冯素弗墓》，文物出版社，2015年，第224页。

[10] 《晋书·张辅传》，中华书局，1958年，第1287页。

[11] 安家瑶：《玻璃器史话》，社会科学文献出版社，2011年，第33页。

[12] （东魏）杨衒之：《洛阳伽蓝记》卷四，科学出版社，1958年，第85页。

[13] 奈良县立橿原考古学研究所附属博物馆：《1500年前のジルクロード新沢千塚の遗宝とその源流》，明新印刷株式会社，1992年，第40页。

[14] 奈良县立橿原考古学研究所附属博物馆：《1500年前のジルクロード新沢千塚の遗宝とその源流》，明新印刷株式会社，1992年，第36、37页。

[15] 《后汉书·乌桓鲜卑列传》，中华书局，1965年，第2982页。

[16] 辽宁省文物考古研究所：《辽宁北票喇嘛洞墓地1998年发掘报告》，《考古学报》2004年第2期。

[17] 田立坤：《袁台子壁画墓的再认识》，《文物》2002年第9期。

[18] 尚晓波主编：《龙城宝笈——朝阳博物馆馆藏文物精品》，辽宁人民出版社，2011年，第50、51页。

[19] 吉林省文物考古研究所：《吉林集安高句丽墓葬报告集》，科学出版社，2009年，图版九。

[20] 郭物：《国之大事——中国古代战车战马》，四川出版集团、四川人民出版社，2004年，第140页。

[21] 京都国立博物馆：《倭国》，每日新闻社，1993年，第158页。

[22] 郭物：《国之大事——中国古代战车战马》，四川出版集团、四川人民出版社，2004年，第142页。

[23] 《古文苑》（四库全书本），上海古籍出版社，1993年，208页。

[24] 《后汉书·舆服志下》，中华书局，1965年，第3661页。

[25] 中华世纪坛世界艺术馆：《美索不达米亚文明》，文物出版社，2007年，第96页。

[26] 孙机：《步摇·步摇冠·摇叶饰片》，《文物》1991年第11期。

[27] 同[26]。

[28] 徐秉琨：《步摇与慕容鲜卑》，《北燕冯素弗墓》，文物出版社，2015年，第284页。

[29] 田立坤：《步摇考》，《采铜集》，文物出版社，2015年，第184页。

[30] 陈大为：《辽宁北票房身村晋墓发掘简报》，《考古》1960年第1期，第24~26页。

[31] 万欣：《鲜卑墓葬、三燕史迹与金步摇饰的发现与研究》，《辽

宁考古文集》, 辽宁民族出版社, 2003 年。

[32] 朝阳市文化局:《朝阳馆藏文物精华》, 吉林文史出版社,
2009 年, 第 112 页。

[33] 《沈侍中集》,《汉魏六朝百三家集》卷八十八, 吉林出版
集团, 2005 年, 第 673 页。

[34] 《魏书·氏 吐谷浑 宕昌 高昌 邓至 蛮 獠列传》, 中华书
局, 1974 年, 第 2282 页。

[35] 申桂云、王怡威、刘博:《冯素弗墓出土金器的分析与研究》,
《北燕冯素弗墓》, 文物出版社, 2015 年, 第 204 页。

[36] 关善明、孙机:《中国古代金饰》, 沐文堂美术出版社有限
公司, 2003 年, 第 19 页。

[37] 同 [30]。

[38] 辽宁省文物考古研究所、朝阳市博物馆、朝阳县文物管理
所:《辽宁朝阳田草沟晋墓》,《文物》1997 年第 11 期。

[39] 齐东方:《早期金银工艺初论》,《文物季刊》1998 年第 2 期。

[40] 岑蕊:《试论东汉魏晋墓葬中的多面金珠用途及其源流》,
《考古与文物》1990 年第 3 期。

草原丝绸之路对契丹文化的影响
The Impact of the Steppe Silk Road on the Khitan Culture

◎ 韩雪 / Han Xue

契丹族源于东胡，是鲜卑族的一支。北魏世祖太武帝拓跋焘太延三年（437 年），契丹遣使朝献，从而首次被载入史册。唐末，契丹首领耶律阿保机（辽太祖）统一八部，916 年，契丹人仿汉制置百官，建元神册，定国号"契丹"，947 年改国号为"大辽"。

契丹是一个开放进取的民族，受唐文化、西域文化影响很深，西域文化的涌入得益于纵贯欧亚大陆的丝绸之路。丝绸之路的历史非常悠久，雄踞于中国北方草原上的古代游牧民族，借助于草原丝绸之路，与西方各民族互通有无，出现了一种更为包容并蓄的文化现象。契丹崛起后，向西北边境扩张，辽天赞三年（924 年），契丹人的势力范围已经扩张到今新疆境内，高昌回鹘、乌孙、黠戛斯等部，也开始向契丹称臣纳贡[1]。通往西域交通的畅通无阻，高昌、于阗等国成为辽与中亚波斯、大食等国联系的桥梁，客观上促进了西域文化的传入。通过与中原及西方的密切交往，博采众家之长，融汇其他各民族的风格，形成独具特色的契丹文化。考古出土的辽代器物上多表现出浓郁的唐代与西域风格，本文选取辽宁地区辽墓出土的辽代金银器、玻璃器与琥珀等典型器物，探讨草原丝绸之路对契丹文化的影响。

一　摩竭纹金银器

契丹人笃信佛教，随着佛教文化的逐步渗透，辽代出土了大量受佛教影响的器物，其中最具代表性的就是摩竭纹及造型，它是辽代金银器中最盛行的样式之一，主要器类有盘、碗、耳坠、银饰板等。列举如下：

摩竭纹银锭式长盘，长 23.4、宽 10.9~12.6 厘米，凌源小喇嘛沟辽墓出土[2]，凌源市博物馆藏。盘内底单线錾刻双摩竭纹，摩竭口大张，长舌伸出，獠牙外露，长鼻上卷，头上有角，鱼身生有双翅，鱼身部位錾刻鳞纹，腹部一鳍，尾部分叉外卷，双摩竭首尾相逐，中间饰如意云头火焰球，构图匀称（图一）。

摩竭纹五曲银杯，口径 7.2、高 3.5 厘米，凌源小喇嘛沟辽墓出土[3]，辽宁省文物考古研究所藏。碗心刻划一条摩竭（图二）。

摩竭形金耳饰，长 3.7 厘米，重 20.1 克。1956 年 10 月建平县朱碌科辽墓出土[4]，辽宁省博物馆藏。耳饰作鱼形，由两片金页合成。鱼身披花叶和鱼鳞，鱼尾上卷，形象逼真（图三）。

鎏金云水双摩竭纹银饰板，长 18、宽 10.5 厘米。北票水泉 1 号辽墓出土[5]，辽宁省博物馆藏。刻划双龙鱼逐珠，云水纹地，四边有六个铜铆钉与背部同形木板相接（图四）。

摩竭是来源于古印度神话和佛经中的摩竭王或摩竭大鱼，又作摩伽罗，梵语为 Makara，汉译成摩羯、摩竭、摩伽罗等，意为鲸鱼、大鱼。它是河中之神，能融化万物，是法力无边的海兽，既可兴风作浪，又能滋养

人民，使之得以生息繁衍。据《大唐西域记》卷八记载：遭矩吒国大商主"宗事天神，祀求福利，轻蔑佛法"，一次带领船队航海贸易，遭遇海风迷航，"俄见大山崇崖峻岭，两日联晖，重明照朗"，诸商人皆以为是山，商主却说："非山也，乃摩羯鱼耳，崇崖峻岭鬐鬣也，两日联晖眼光也"，于是大家齐诵自在菩萨保平安，遂"崇山既隐，两日亦没"。

北魏杨炫之《洛阳伽蓝记·闻义里》："河西岸有如来作摩羯大鱼，从河而出，十二年中以肉济人处，起塔为记，石上犹有鱼鳞纹。"《翻译名义集·畜生》："摩羯，或摩伽罗，此云鲸鱼。雄曰鲸，雌曰鲵。大者长十余里。"清厉荃《事物异名录·水族·鲸》："《华

图一　小喇嘛沟辽墓出土摩竭纹银锭式长盘

图三　朱碌科辽墓出土摩竭形金耳饰

图二　小喇嘛沟辽墓出土摩竭纹五曲碗

图四　北票水泉 1 号辽墓出土鎏金云水双摩竭纹银饰板

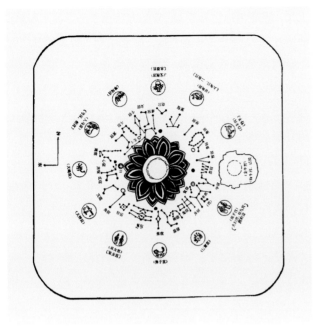

图五　宣化辽墓壁画·星象图（摹本）

夷志》：'海中大鱼口可容舟，其名曰摩羯。'"

据文献记载，公历纪元前后，佛教开始由古印度传入中国。随着丝绸之路的畅通、繁盛，"摩羯"通过佛教经典、印度与中亚的工艺品传入中国。摩羯造型和图案最早见于南北朝时期，盛行于唐代、辽代。五代时期，摩羯纹仍然是当时壁画及画屏上最为流行的题材之一。辽金时期，摩羯形（纹）出土的实物较多，除金银器外，辽墓壁画上亦见有摩羯的形象（图五）。

此外，与摩羯纹相似的还有一种鱼龙纹，辽代出土的"鱼龙"样造型[6]，是一种华化的摩羯的形象，也就是说是一种鱼龙正处于变化中的形象，其头部完全是龙首的形象[7]。"鱼龙"一词最早可以追溯到《汉书》和《后汉书》。《汉书·西域传赞》："设酒池肉林以飨四夷之客……漫衍鱼龙、角抵之戏以观视之。"鱼化龙的传说由来已久。《辛氏三秦记》："河津一名龙门，禹凿山开门，阔一里余，黄河自中流下，而岸不通车马。每莫春之际，有黄鲤鱼逆流而上，得过者便化为龙。"唐代，鱼龙变化的传说更为流行，鱼龙的故事频繁出现在诗文当中。如李白《赠崔侍御》："黄河二尺鲤，本在孟津居。点额不成龙，归来伴凡鱼。"鱼龙变换则渊源、根植于中国古代悠久的历史文化，

鱼龙共存于一图的现象在汉代的画像石、画像砖、壁画、帛画、器物装饰灯各种汉画种类中均有发现，鱼化而为龙，寓意着由凡入仙，正是当时神仙思想的典型反映，是汉人追求的一种境界。可以肯定在唐代已存在两种含义不同的动物造型，一是与印度佛教有关的摩竭鱼，多施于金银器上，二是以鲤鱼跃龙门来表达祈求升官登仕愿望的鱼化龙的形象，辽代继承了唐的这种纹饰传统[8]。

除了佛教文化，中国与西域诸国、地区，随着草原丝绸之路的开通，在文化上相互渗透、相互影响。在这一过程中，分布于阿姆河和锡尔河流域的粟特文化的影响极为突出。粟特是丝绸之路上重要的枢纽和中继站，地理位置上的优势，使粟特成为与中国接触最多、关系最为密切的中亚民族。粟特银器中的杯、碗器体多分曲或作花瓣形，这种匠意深深地影响了唐代早期金银器的造型。"尽管唐代金银器中有诸多的粟特文化因素在初唐以后不断弱化，但粟特银器的器形、装饰和制作工艺通过草原丝绸之路传入辽朝境内，在辽代金银器中持续的更加久远，一直冲击到草原地区元代的金银器中。"[9]如前文提到的凌源小喇嘛沟辽墓出土的摩竭纹五曲银碗。

二　银釦玻璃方盘

玻璃，"考古报告中常常根据其透明度分别定名为'玻璃'、'琉璃'和'料器'。一般把透明度较好，与现代玻璃相似的称为玻璃，把透明度差的称为琉璃，把色彩鲜艳的小件器物称为料器。"[10]比较接近现在读音的是南北朝开始叫起来的"颇黎"。

丝绸之路为中国程式化的玻璃艺术输入了新鲜空气，尽管当时的西域文化无法像今天这样从某些思想领域上影响中国，但光鲜透亮、轻巧别致、五彩斑斓的西方玻璃制品却让人爱不释手。中国玻璃制品的进口史可追溯至春秋战国时期，即中国本土玻璃工艺发展的萌芽期，可谓由来已久。

西汉—北宋这一时期，地中海沿岸及伊朗高原先后出现了几个世界性的玻璃生产中心，借助丝绸之路这一媒介，中国与这几大玻璃制造中心贸易往来频繁。

进口的玻璃器皿主要包括罗马玻璃、萨珊玻璃、伊斯兰玻璃三大类。路振《乘轺录》记载辽设宴款待路振一行时写道："置宴于亭中，供帐甚备，大阉具馔，盖萍皆颇璃。黄金如器。"由此可见，玻璃器皿已经成为契丹人重要的生活用品。

辽代玻璃器从成分上主要有两类：钠钙玻璃和铅玻璃。钠钙玻璃一般来自西方，制作精美、透明度高，以容器尤其是饮食器具为多。铅玻璃是中国制造生产的玻璃，大多是装饰品，追求仿玉效果。辽代玻璃器

制作技术与前代相比并没有明显进步，其最大特色是大量引进西方伊斯兰玻璃器——主要为饮食器具（见表）。

1974 年发掘的法库叶茂台 7 号辽墓，主室东南与西南两角木桌椅各一张，桌上有漆勺、碗和玻璃方盘、玛瑙杯[11]。玻璃方盘盘面中部下凹呈一圆形"浅盘"，四角处下凹成四个桃形"浅盘"。下有四只袋形足，袋足之间，有阴弦纹沟通。玻璃器原裂成三块，用三个小银铜子将玻璃铜合在一起。从形制上看，它不是一个普通平面方盘——五个凹面的设计。专家学者推测，

辽宁地区出土部分辽代玻璃器

出土地	器物	分类	备注	资料出处
朝阳姑营子耿延毅墓	玻璃把杯	进口	深绿色，透明，含有气泡。口微敛，作圆筒状，肩部突出，假圈足；口与肩部连一扁圆把手，把手上端一角翘立，形若螭首	见注释[12]
	玻璃盘	进口	黄色，叠沿外卷，腹壁陡直	
朝阳北塔天宫	金盖鸟形玻璃瓶	进口	浅绿色，圈足，卵形腹，细颈，口似鸟首，上有子母口金盖。柄上立短柱，似鸟尾，整体造型如一只昂首蹲坐的鸟。瓶内立一长颈弧腹小瓶	见注释[13]
	七棱柱状玻璃瓶	进口	形体较小，内装沙粒	
法库叶茂台 7 号	银钿玻璃方盘	进口	绿色	见注释[14]
义县清河门水泉辽墓	玻璃带銙		蛋白色，表面有较厚侵蚀粉化层，部分已粉碎，失去原形。出土时共 15 块，有圭形铊尾、云形銙、馒头形銙、方形銙和桃形銙	见注释[15]
阜新辽平原公主墓	玻璃碗	进口	白色，透明，含气泡，表面有风化层，敞口，圆唇。外壁遍布几何纹、三叶纹所构成的图案，器底饰六叶花纹	见注释[16]
	玻璃盆	进口	紫色，透明，器底较厚，表面有风化层。斜腹，平底。器壁较薄，内壁平滑，外壁遍布椭圆形凹坑	
	玻璃盘	进口	3 件，白色，透明，含气泡，表面有风化层。敛口，尖唇，鼓腹，圜底近平	
	玻璃杯	进口	蓝色，透明，含气泡，表面有风化层。直口，圆唇，斜腹，小圜底，足为附加堆纹旋转而成。口沿部素面，器身饰十一道附加凸弦纹。器底部为附加堆纹，自底部螺旋而上并相互交接	
朝阳新华路辽代石宫	葫芦形玻璃瓶		2 件	见注释[17]
	玻璃舍利瓶		平口，长颈，瓶体为方形。表面饰有柳叶形和波浪形凹槽	

说明：本表未收入辽宁地区辽墓出土的玻璃残片和玻璃（琉璃）珠、玻璃管（料管）。

图六　叶茂台7号辽墓出土玻璃方盘

图七　大英博物馆藏釉陶方盘

图八　辽耿氏墓出土玻璃把杯

图九　朝阳北塔天宫出土金盖鸟形玻璃壶

方盘是用来放置不同的调味品的，即玻璃调味盘（图六）。

大英博物馆藏有一件伊斯兰铅釉黄绿彩调味陶方盘，与此盘极为相似，两者区别是该盘面上多了四个圆形"浅盘"，盘下亦有四个小足。该陶盘有浅浮雕几何纹和阿拉伯铭文，其意为"来自巴士拉的阿卜·纳赛尔，在埃及制作"[18]（图七）。自唐以来中国与伊斯兰世界关系颇为密切，唐、宋及辽进口了大量的伊斯兰玻璃，法库叶茂台出土的玻璃调味方盘应是其中之一。

辽宁地区辽代伊斯兰玻璃器还有：朝阳姑营子辽耿氏墓出土的玻璃把杯[19]（图八），圆筒状，腹部急收成假圈足，口与腹部连一把手，把之上端一角翘立，形若螭首，与伊朗高原喀尔干出土的玻璃把杯器形相同。翘立的把手，在伊斯兰9~11世纪的金属器、玻璃器和陶瓷器上都能见到，是典型的伊斯兰器。朝阳北塔天宫出土的金盖鸟形玻璃壶，更是伊斯兰玻璃器中的珍品（图九）。

三　琥珀璎珞

琥珀诞生于距今6000万~4000万年前，属于地质学上所称的始新世，是一种古老的宝石饰品材料。北欧波罗的海是世界琥珀主要产地，其次是缅甸、罗马尼亚和西西里岛。中国琥珀的主要产地有辽宁抚顺、河南西峡、云南、福建、西藏等地。

琥珀作为艺术载体在我国的出现，至少可以追溯到距今3000余年前的四川广汉三星堆遗址1号祭祀坑中，为一枚心形琥珀坠饰。就目前发掘的材料看，"出土琥珀制品的唐代遗址仅见三处：一是西安何家村窖藏出土的10段琥珀，与其他朱砂、珊瑚、光明砂等物一起放在一个盒子里，应是佛经所谓的七宝之一；二是法门寺地宫出土的2件琥珀狻猊，以暗红色透明琥珀制成，呈卧伏状，圆雕，表面饰阴刻线表示皮毛。三是齐国太夫人墓出土的147件凤鸟形、天鹅形琥珀饰品、梳脊以及琥珀珠等"[20]。尽管唐代出土琥珀的遗址仅见三处，但琥珀的使用体现出世俗化和宗教化的趋势。这一趋势在唐诗中得到了佐证：

兰陵美酒郁金香，玉碗盛来琥珀光。

——李白《兰陵客中》

掌中琥珀盅，行酒变逶迤。

——杜甫《奉送魏六丈佑少府之交广》

琥珀盏烘疑漏酒，水精帘莹更通风。

——刘禹锡《刘驸马水亭避暑》

唐代琥珀制品的兴盛，得益于丝绸之路的通畅和繁荣。从文献资料看，唐宋时期琥珀多来自波斯和西域诸国，西域文化在唐代的渗入，使得琥珀为更多人喜爱，并在一定程度上影响了有辽一代。辽代文献中关于琥珀来源的记载，仅见于《契丹国志》："高昌国、龟兹国、于阗国、大食国、小食国、甘州、沙州、凉州，以上诸国三年一次遣使，约四百余人，至契丹贡献玉、珠、犀、乳香、琥珀、玛瑙器。""但是无论西域、波斯或大食，都不是琥珀的产区，而只是古代贸易的中转站。生活在这些地区的粟特人在古代东、西方的贸易中一直扮演着十分重要的角色。古代进入西亚和中亚地区的琥珀，其实来自更遥远的罗马，亦即汉文文献所谓的大秦。"[21] 由此可见，辽代琥珀与西域各国有着千丝万缕的联系。

辽代琥珀的呈色大致有两种：一种颜色较深，呈酱红色，色彩艳丽，质地相对细密；另一种颜色较淡，呈黄色，质地相对酥松，有的密布龟裂纹，易碎。关于辽琥珀的来源无非两种：一种是来自本土，另一种是来自异域。单纯地从质地上分析，辽代出土的琥珀多是不透明或半透明，辽宁抚顺产的琥珀成色偏黄或紫，数量很少，透明体居多，且块体很小。

新中国成立以来发掘的辽代墓葬，特别是贵族墓葬中，出土了大量的琥珀制品，如朝阳北塔、义县清河门辽墓、法库叶茂台8号及9号墓、耶律宗教墓、新民巴图营子辽墓、北票水泉一号墓、朝阳姑营子辽耿氏墓、喀左北岭辽墓、阜新红帽子辽墓等。琥珀造型主要有：动物、植物（花叶形——源于印度，与印度佛教有关）、几何纹、人物纹等。如新民巴图营子辽墓出土琥珀饰件形状各异，器形有荷叶式、复叶、笋状、条状、罩状饰件，竹节玻拍执柄以及圆、椭圆、

扁琥珀珠若干[22]。法库叶茂台9号墓出土有琥珀小熊，身长约3.8、宽约2.4厘米。呈斜卧蹲伏状，两只前爪匍匐于地，一张尖嘴在前爪上，两耳直立，眉目清晰，形象憨态可爱。黄褐色琥珀圆雕而成，刀法简洁[23]。3号墓琥珀双熊佩，雕大小两熊相偎依而立，首在两端，而小熊回颈以视大熊，状甚依依。高2.4、宽3.4厘米（图一〇）。

琥珀硬度低，质地轻，色温润，有宝石般的光泽与晶莹度，是唯一有生命的"活化石"。辽代琥珀题材丰富，工艺精细，宗教及装饰功能彰显。唐之前的琥珀饰品注重药用和辟邪功能，间作小装饰品；唐代出土的琥珀制品开始出现世俗化和宗教化的趋势；辽琥珀将这一趋势发扬光大，琥珀装饰功能和宗教功能使得琥珀成为辽服饰中的一大特色，并发展成为一种服饰潮流。"辽代服饰中最引人注目的莫过于集装饰和实用功能于一体的佩饰的制作。这类琥珀制品，小巧玲珑，通常系挂于蹀躞带上，随身携带，腹腔或作不规则的圆形"[24]。这类琥珀制品中的翘楚，当属琥珀璎珞（项链）。

璎珞，通常指佛像上的装饰，由世间众宝所成，意为"无量光明"。东晋僧伽提婆与僧伽罗叉译的《中阿含经·木积喻经》记有："沐浴香薰，着明净衣，华鬘璎珞，严饰其身。"《维摩诘经讲经文》中有"整百宝之头冠，动八珍之璎珞"之说法。佛教的菩萨像，是以释迦牟尼未出家前的王子形象为基础，反映了当时印度贵族的生活风尚。菩萨像一般都是头戴各式宝冠，裸上

图一〇　叶茂台3号辽墓出土琥珀双熊佩

身，披帛，下着天衣，全身有项链、耳、胸饰、臂钏、腕钏等多种珠宝配饰。玄奘在《大唐西域记》卷二中，记录了他在南亚次大陆的所见所闻：无论男女都"首冠花鬘，身佩璎珞"。可见，璎珞在古代南亚次大陆"在家人"（泛指僧、尼、道士以外的世俗之人），特别是贵族男女的随身装饰品。当璎珞传入中国后，它的西域风情与中华文化的审美相结合，展现出别样的魅力。

法库叶茂台 7 号墓墓主是契丹老年贵族女性[25]，墓葬保存相对完整，出土器物数量众多。该墓出土的两挂璎珞，由五股、258 颗水晶珠和 7 件描金琥珀狮

图一一　辽陈国公主墓公主所佩璎珞

图一二　辽陈国公主墓驸马所佩璎珞

形佩饰相间穿成。水晶珠多作椭圆形，间以瓜棱形。7 件琥珀佩以正中者为最大，两侧各有 3 件佩饰对称布列，其大小由前至后递减，琥珀佩件均高浮雕。

除叶茂台出土的琥珀璎珞外，1987 年内蒙古文物考古研究所主持发掘的辽陈国公主驸马合葬墓[26]，是迄今为止发现琥珀器数量最多、形制最为丰富的、研究价值最高的契丹贵族墓葬。墓主陈国公主是辽景宗第二子耶律隆庆之女。该墓出土的琥珀有 11 组 2101 件，其中，配件和饰件主要有头饰、项链、耳坠、璎珞、串珠及琥珀握手。

陈国公主墓出土琥珀璎珞 4 组，分别佩戴于公主和驸马的颈部，每人戴两组。公主所戴璎珞由 5 股、257 颗琥珀和 5 件琥珀浮雕饰件、2 件素面琥珀，以细金属丝相间串组而成，周长 159 厘米。琥珀呈珠红褐色，形状有不规则椭圆形和枣核形两种。7 件琥珀饰件分红褐色和橘红色，其中 2 件素面琥珀饰形状不规整；另外 5 件琥珀雕饰均为椭圆形，雕刻行龙、蟠龙、蟠龙戏珠或莲花。其短者一组 69 件，由 60 颗琥珀珠和 9 件圆雕、浮雕琥珀饰件，以细金属丝相间串组而成。浮雕琥珀饰件多雕刻蟠龙、行龙或行龙戏珠（图一一）。驸马的璎珞则由 416 颗琥珀珠和 5 件琥珀浮雕饰件，以细金属丝相间组成，周长 173 厘米。琥珀饰件浮雕行龙、蟠龙、行龙戏珠、云纹对鸟、荷叶双鱼等（图一二）。

契丹人对琥珀饰的热爱，得益于契丹人独特的审美。欧亚草原上的游牧民族，自古就有繁饰的传统，首饰和服饰多以金银制成，尤以颈部装饰最为讲究。有学者认为：因为琥珀代表了勇敢，符合契丹骑马民族尚武强悍的民族特性。琥珀的流行，也与契丹人尚佛不无关系。圣宗以后，辽朝佛教进入了全盛阶段。五京之内，佛寺林立。帝王、皇后饭僧的记载史不绝于书。佛教对于契丹人的影响不仅限于宗教信仰层面，它还深切地影响了契丹人的日常生活及对于美的认知。宋使使辽录中多有北地流行"佛装"的记载，如《张舜民使北记·佛妆》："面涂深黄，红眉黑吻，谓之佛妆。"佛教认为水晶代表佛骨，琥珀代表佛血。因此，璎珞项饰在辽代墓葬中多次出现就不难解释了（目前还没有辽代之前琥珀璎珞出土的实例）。

注释

[1] 《契丹国志》卷二十一《外国贡进礼物》记载："高昌国、龟兹国、于阗国、大食国、小食国、甘州、沙州、凉州，已上诸国三年一次遣使，约四百余人，至契丹贡献。玉、珠、犀、乳香、琥珀、玛瑙器、宾铁兵器、斜合黑皮、褐黑丝、门得丝、怕里呵、硇砂、褐里丝，已上皆细毛织成，以二丈为匹。契丹回赐，至少亦不下四十万贯。"

[2] 辽宁省文物考古研究所：《凌源小喇嘛沟辽墓》，文物出版社，2015 年。

[3] 同 [2]。

[4] 冯永谦：《辽宁省建平、新民的三座辽墓》，《考古》1960 年第 2 期。

[5] 辽宁省博物馆文物队：《辽宁北票水泉一号辽墓发掘简报》，《文物》1977 年第 12 期。

[6] 莫家良：《辽代陶瓷中的龙鱼形注》，《辽海文物学刊》1987 年第 2 期。

[7] 岑蕊：《摩羯纹考略》，《文物》1983 年第 10 期。

[8] 刘宁：《辽宁省博物馆藏鱼龙纹铜镜及相关问题》，《远望集——陕西省考古研究所华诞四十周年纪念文集》，陕西省人民美术出版社，1998 年。

[9] 张景明：《辽代金银器中之西方文化和宋文化的因素》，《内蒙古大学艺术学院学报》2006 年第 3 卷第 1 期。

[10] 安家瑶：《中国早期玻璃器皿》，《考古学报》1984 年第 4 期。

[11] 辽宁省博物馆、辽宁铁岭地区文物发掘小组：《法库叶茂台辽墓记略》，《文物》1975 年第 12 期。

[12] 朝阳地区博物馆：《辽宁朝阳姑营子耿氏墓发掘报告》，《考古学集刊》(3)，中国社会科学出版社，1983 年。

[13] 董高、张洪波：《辽宁朝阳北塔天宫地宫清理简报》，《文物》1992 年第 7 期。

[14] 马文宽：《法库叶茂台早期辽墓出土的伊斯兰玻璃调味方盘》，《中国历史文物》2002 年第 3 期。

[15] 杨伯达：《中国金银玻璃法琅器全集·玻璃器》，河北美术出版社，2005 年，第 45 页。

[16] 辽宁省文物考古研究所、阜新市考古队：《辽宁阜新县辽代平原公主墓与梯子庙 4 号墓》，《考古》2011 年第 8 期。

[17] 辽宁省文物考古研究所：《辽宁朝阳新华路辽代石宫发掘简报》，《文物》2010 年第 11 期。

[18] 同 [14]。

[19] 朝阳地区博物馆：《辽宁朝阳姑营子辽耿氏墓发掘报告》，《考古学集刊》(3)，中国社会科学出版社，1983 年。

[20] 许晓东：《汉唐之际的琥珀艺术》，《收藏家》2011 年第 5 期。

[21] 许晓东：《辽代的琥珀工艺》，《北方文物》2003 年第 4 期。

[22] 冯永谦：《辽宁省建平、新民的三座辽墓》，《考古》1960 年第 2 期。

[23] 辽宁大学历史系考古教研室：《辽宁法库叶茂台 8、9 号辽墓》，《考古》1996 年第 6 期。

[24] 许晓东：《中国古代琥珀艺术》，故宫出版社，2012 年，第 109 页。

[25] 辽宁省博物馆、辽宁铁岭地区文化组：《法库叶茂台辽墓记略》，《文物》1975 年第 12 期。

[26] 内蒙古自治区文物考古所、哲里木盟博物馆：《辽陈国公主墓》，文物出版社，1993 年，第 86~103 页。

辽宁地区出土的辽代金银器

Gold and Silver Wares of the Liao Dynasty from the Liaoning Region

◎ 齐伟 / Qi Wei

契丹族属东胡鲜卑族系，世居潢水（今西拉木伦河）和土河（今老哈河）流域，4世纪始见于史书记载，到唐末先后经历古八部、大贺氏和遥辇氏联盟三个时期。916年，迭剌部夷离堇兼联盟军事首领耶律阿保机建立契丹（后改辽、大契丹、大辽）政权。辽朝极盛时期，疆域南据燕云，北至外兴安岭，东临日本海，西近阿尔泰山，是继匈奴、鲜卑、突厥、回鹘之后在北方兴起的又一个对中原产生巨大影响的政权。契丹族在与周边各政权和部族交往过程中，创造出独具特色的"以国制治契丹，以汉制待汉人"[1]的二元政治。从中央到地方有两套平行的政权机构，即北面官（处理契丹各部和其他游牧、渔猎部族事宜）和南面官（负责汉人、渤海人事务）。辽政府还设立了五京六府，在契丹贵族聚居的北方草原地区，从建国前后开始就创立了头下州作为新的统治方式。"二元政治"的成功运用加强了辽朝的统治，促进了辽朝农牧业及手工业的发展，而金银器的制作成为手工业的一个重要行业。

一 辽宁地区主要辽代遗迹概况

辽代金银器的分类与分期与已知的辽代遗迹密不可分，辽宁地区是辽王朝版图的重要组成部分，属于辽东京道、中京道和上京道（图一、二）。全省各地均发现有辽代遗迹，尤其是在大凌河和辽河流域最为密集，主要包括城址、窑址、墓葬、寺塔建筑等。

辽代城址共发现136余处，包括都城、府城、头下州城、州县城和奉陵邑[2]。已经确定地望的州城有15处，如建平县八家子城址、昌图县四面城、阜新红帽子城址、彰武四堡子乡西南城址、喀左县大城子城址、昌图县八面城、阜新塔营子城址、阜新旧庙乡他不郎古城、彰武小南洼古城等。州城大都位于地势平缓之处，城址呈方形、长方形不等，夯土筑为城墙。头下州城分布于朝阳、阜新到沈阳、抚顺一带。位于北镇医巫闾山的显陵和乾陵旁设有奉陵邑，即显州和乾州，分别位于今北镇市老城区和北镇庙前，乾州故城尚存。东京辽阳府设在今辽阳旧城，辽兴中府治所即今朝阳老城。

图一　辽上京平面图　　　　　　　　　　　图二　辽中京平面图

图三　偏坡寺遗址十三瓣三重莲纹柱础石　　图四　骆驼峰遗址建筑基址

图五　叶茂台7号墓发掘初始及墓室外观

辽阳市小屯镇江官屯发现辽代众多陶瓷窑址、房址、作坊址、灰坑等遗迹。

　　辽宁地区发现的辽代墓葬不下千座，其中纪年墓达到70余座，分为皇陵、契丹贵族墓、汉人贵族墓等不同级别。皇陵即显陵和乾陵，从20世纪60年代至今，医巫闾山陆续发现辽代重要遗址及陪葬墓10处，主要分布在锦州北镇市西北约7千米的富屯乡龙岗子村和新力村，核心面积约13平方千米。这10处遗址和陪葬墓群分别是二道沟区内的琉璃寺西山、瞭望台、琉璃寺、坝墙子遗址、龙岗墓群（即陪葬墓，发现耶律宗政、秦晋国妃、耶律宗允、耶律宗教四合墓志）、三道沟区的偏坡寺（图三）、骆驼峰（图四）、瞭望台、石板道、新立建筑遗址。通过以上考古发现，基本确

定医巫闾山东麓二道沟和三道沟为显、乾二陵兆域所在[3]。辽宁北部的阜新、彰武、法库地区是契丹后族的领地[4]，主要有义县清河门萧慎微家族墓、法库叶茂台萧义家族墓（图五）、阜新大巴镇关山萧和家族墓（图六）、阜新县八家子乡乌兰木图山南麓的以平原公主和驸马萧忠墓和萧仅墓为主的墓葬群、彰武县苇子沟乡朝阳沟村萧氏族墓群等。此外还有一些契丹皇族的墓葬，如北票莲花山耶律仁先家族墓。在朝阳地区也多分布汉人贵族墓，如朝阳县西大营子乡西涝村刘承嗣家族墓、朝阳市龙城区边杖子乡姑营子村耿崇美家族墓、喀左甘招乡和坤都营子乡的王郁家族墓、朝阳台子乡山嘴子村赵思温家族墓、锦州市义县大榆树堡乡四道岔子村梁援家族墓。不明身份的还有凌源

图六　关山辽墓群
　　1. 王坟沟墓区　2. 马掌洼墓区

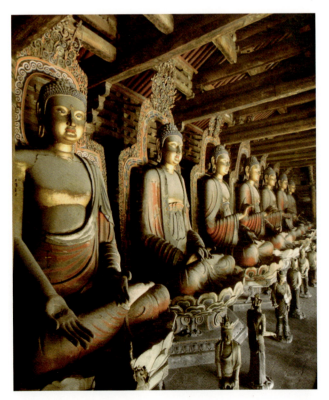

图七　奉国寺大雄宝殿中的七佛

小喇嘛沟辽墓群、建平古山子辽墓、建平张家营子辽墓、建平朱碌科辽墓、喀左白塔子乡辽壁画墓、锦州市张扛村辽墓、朝阳西上台和木头城子辽墓、新民巴图营子辽墓、岫岩县新甸子乡辽壁画墓、鞍山和辽阳地区出土的众多辽代画像石墓[5]等。除了大型和较大型贵族墓葬之外，中小型墓葬更是不胜枚举。虽然绝大多数墓葬都曾遭到盗掘，但仍出土了一大批有价值的文物，尤其是大量的辽代墓志，成为研究辽史的宝贵资料[6]。

辽人笃信佛教，广建寺塔。佛寺多朝东，与契丹喜东拜日习俗有关。佛塔，又称浮屠，用来藏置佛陀舍利和遗物，用以对佛陀的礼拜和祭祀，多位于寺中大殿前方。在寺塔布局中以佛寺为主，塔作为陪衬，而木结构的佛寺易损毁，砖石结构的塔能保存下来，故佛教建筑遗迹以塔为主，佛寺鲜见[7]。义县奉国寺是辽宁现存规模最大的辽代皇家寺院（图七），辽时称咸熙寺，其主体建筑大雄宝殿代表了辽代建筑的较高水平。兴城觉华岛上原有辽代海云寺上院，辽代名僧郎思孝曾居住此地。海云寺以东建有龙宫寺，今两寺已不存，但其附近白塔峪辽塔地宫发现有与龙宫寺有关的石刻经文[8]。朝阳凤凰山寺庙也已经不存，遗有辽道宗寿昌五年（1099年）大型汉白玉观音雕像及玉石观音唱和诗碑。辽宁地区辽塔现存近40座，辽西和辽北地区比较集中。以朝阳地区为例，有朝阳北塔、朝阳南塔、云接寺塔、大宝塔、青峰塔、黄花滩塔、双塔寺双塔，还有阜新地区的红帽子塔、塔营子塔、锦州的大广济寺塔、北镇崇兴寺双塔，沈阳的无垢净光舍利寺塔，新民的辽滨塔，鞍山市的香岩寺南塔等。以此为代表的辽塔多为不能登临的仿木结构的密檐砖塔。同时在朝阳北塔、朝阳南塔、阜新红帽子塔、兴城白塔峪塔、新民辽滨塔以及沈阳白塔地宫、天宫出土一批佛教文物，为辽代佛教的研究提供了实物依据。

辽宁省内存在众多的辽代遗迹，尤其是具有明确纪年的遗迹，为研究辽代金银器的分期、特点、文化因素等问题提供了重要的考古学依据。

二　辽宁地区出土的辽代金银器综述

辽宁省内考古发现的众多辽墓和部分辽塔天宫、

地宫中出土了大量辽代文物，有反映契丹人生活的马具、猎具、服饰、日常器用、娱乐物品，也有代表契丹族葬俗的典型葬具、金属葬服、壁画，更有表现辽代佛教艺术的佛经、法器、造像、佛画。无论从文物数量、类别、级别，还是纹饰、工艺等方面，都代表了辽代手工业制作和绘画的较高水平，同时反映了契丹族曾经的辉煌和辽文化的独特魅力。其中，金银器是契丹族博采众长的典型器物之一，反映了辽代的社会风俗习惯以及文化交流情况。

辽宁省内出土有辽代金银器的遗迹和出土金银器情况，按年代可以分为早、中、晚三期，同时还有一些年代不明的金银器，在此一并列出。

1. 辽代早期遗迹中出土的金银器

（1）北票市水泉1号辽墓出土鎏金摩竭纹银饰板1件、马具2件（银鞍桥、鎏金银马具银饰件）、鎏金银链1件[9]。

（2）北票泉巨涌辽墓出土银器1件、鎏金银饰件5件[10]。

（3）建平张家营子辽墓出土鎏金银抒腰1件、金手镯1件（图八）、金耳饰4件、银手镯1件、花式银碟2件（图九）、银匙1件（图一〇）、银箸2件、涂金簪花银鞍饰2件、鎏金银鞍桥1件（图一一）、鎏金银当卢1件[11]。

（4）建平朱碌科辽墓出土金手镯2件、鱼形金耳饰2件、金饰件2件、契丹文银匕1件[12]。

（5）锦州市张扛村1号辽墓出土银镯2件、银耳饰2件。2号辽墓出土鎏金文字兽面纹银带饰1件[13]。

（6）彰武县朝阳沟2号辽墓出土金耳饰2件、镂空金丝球4件、五曲银碗1件、银管2件、银耳饰1件、银戒指5件、鎏金银盏托1件、鎏金银铃罩1件、鎏金银双面人头铃1件、鎏金银臂韝1件、双鹿纹鎏金银饰件2件、双翼马纹鎏金银饰件1件、鎏金银鞍桥1件、长方形鎏金银饰件2件、鎏金银管饰件10件[14]。

（7）阜新关山萧氏族墓7号墓出土银带具（鎏金银带扣6件、鎏金银带饰20余件、鎏金银带箍3件、鎏金银铊尾3件、鎏金银转环1件）1套[15]。

（8）阜新县八家子梯子庙2号墓出土金戒指4件、银簪2件，3号墓出土金戒指1件、金箔1件、鎏金银带扣3件[16]。

（9）阜新海力板辽墓出土金耳环1件[17]。

图八　张家营子辽墓出土金手镯

图九　张家营子辽墓出土花式银碟

图一〇　张家营子辽墓出土银匙

图一一　张家营子辽墓出土鎏金银鞍桥

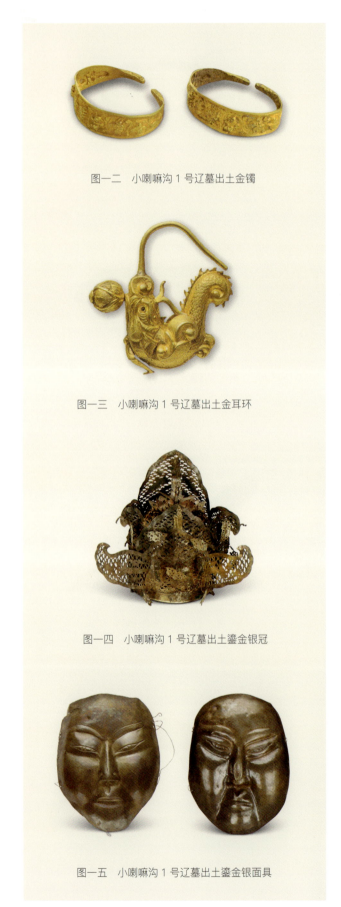

图一二　小喇嘛沟 1 号辽墓出土金镯

图一三　小喇嘛沟 1 号辽墓出土金耳环

图一四　小喇嘛沟 1 号辽墓出土鎏金银冠

图一五　小喇嘛沟 1 号辽墓出土鎏金银面具

（10）阜新南皂力营子 1 号辽墓出土金耳坠 2 件、鎏金银手镯 2 件、鎏金银戒指 8 件[18]。

（11）阜新水泉沟辽墓出土金耳饰 2 件、银饰件 1 件[19]。

（12）康平后刘东屯 1 号辽墓出土鱼形金耳饰 2 件、鎏金花瓣形饰件 6 件[20]。

（13）康平张家窑 1 号辽墓出土蹀躞带饰件 3 件（心形带铐、圭形带饰、心形带饰）、银辔饰 7 件[21]。

（14）法库叶茂台萧氏族墓群 7 号墓出土琥珀金耳饰 2 件、金丝球 2 件、鎏金镶琥珀鸾凤纹银扞腰 1 件、木胎包银漆箸 2 件[22]。9 号墓出土鱼形金耳饰 2 件[23]。

（15）法库小房身村辽墓出土的项链中包括鎏金银丝球 4 件、银皮木管 2 根、鎏金银丝 2 件、银包木针筒 1 件、鎏金银饰件 2 件[24]。

2.辽代中期遗迹中出土的金银器

（1）朝阳县二十家子乡前窗户村辽墓出土双凤戏珠纹鎏金银扞腰 1 件、鎏金银耳坠 2 件、鸾鸟衔草纹鎏金银镯两副 4 件、戏童纹鎏金银带具 1 套 7 件、鎏金银花口桃形饰 2 件、银丝球 6 件、葫芦形配饰 1 件[25]。

（2）辽宁建平沙海乡大西沟辽墓出土金环 1 件、银环 1 件和银链 1 件[26]。

（3）喀左北岭 1 号辽墓出土银面具 1 件、银靴底 1 副 2 件、六曲银碗 1 件、鎏金银木心小饰件 1 件[27]。

（4）北票白家窝铺辽墓出土银带饰 3 件[28]。

（5）凌源小喇嘛沟 1 号辽墓出土金镯 2 件（图一二）、金耳环 1 件（图一三）、鎏金银冠 2 件（图一四）、鎏金银面具 2 件（图一五）、鎏金银下颌托 1 件、独角兽纹鎏金银腰带具 1 套 21 件、莲花纹鎏金银扞腰 1 件、鎏金银戒指 6 件、鎏金银镂空球状饰 2 件、鎏金银管状饰 5 件、鎏金银对凤纹冠饰 1 件（图一六）、银马鞍前桥包片 1 件、鹦鹉纹鎏金银马带具 1 套 60 件、卷草纹鎏金银马带具 1 套约 19 件、鸳鸯纹鎏金银马带具 1 套 4 件、饮食器〔银长盘 1 件（图一七）、银勺 2 件、银杯 1 件、银钵 1 件、银碗 3 件、银执壶 1 件、银渣斗 1 件〕、装饰品〔鎏金银怪兽纹牌饰 1 件（图一八）、银花草纹如意形牌饰 1 件、银独角兽戏瑞兔纹牌饰 1 件、鎏金银盘龙戏珠纹泡饰 1 件、鎏金银圆薄片 1 件〕。

图一六　小喇嘛沟 1 号辽墓出土鎏金银对凤纹冠饰

图一七　小喇嘛沟 1 号辽墓出土银长盘

图一八　小喇嘛沟 1 号辽墓出土鎏金银怪兽纹牌饰

图一九　小喇嘛沟 11 号辽墓出土银冠

图二〇　朝阳南塔附近地宫出土辽代银碟

图二一　朝阳南塔附近地宫出土辽代银钵

6 号辽墓出土金丝花球 1 件、金坠饰 1 件。9 号辽墓出土银牌饰 4 件、银环 1 件。11 号辽墓出土银冠 1 件（图一九）、银面具 1 件、银鞍桥包片 1 套[29]。

（6）朝阳市南塔附近地宫出土银针 4 件、银匕 2 件、银碟 2 件（图二〇）、银钵 2 件（图二一）、菩提树残件若干件、鎏金银棺 1 件（图二二）、鎏金

银罗汉像 6 件[30]。

（7）朝阳姑营子耿氏族墓耿延毅墓出土银箸 2 双 4 件、银匙 2 件、鎏金银簪 1 件、鎏金花式银饰 4 件、银丝手套 1 副、鎏金银带卡 1 件、鎏金银丝、银片等，耿知新墓出土鎏金錾花银带卡 2 件[31]。

（8）朝阳姑营子耿氏族墓 3 号墓出土银器多件

图二二　朝阳南塔附近地宫出土辽代鎏金银棺

图二三　朝阳北塔天宫出土辽
代金舍利塔

图二四　朝阳北塔天宫出土辽代金盖
玛瑙舍利罐

图二五　朝阳北塔天宫出土辽
代金法轮

（带饰 1 件，其他破碎）[32]。

（9）朝阳北塔天宫出有金舍利塔 1 件（图二三）、金盖玛瑙舍利罐 1 件（图二四）、金法轮 1 件（图二五）、银法轮 1 件、金耳环 2 件、鎏金银塔 1 件（图二六）、金银经塔 1 件（图二七）、木胎银棺 1 件（图二八）、银菩提树 4 件（图二九）、灯笼形银饰件 1 件（图三〇）、龙纹花式口银碟 8 件、银罐 1 件、银囊盒 1 件、筒形银瓶 1 件（图三一）、嵌珍珠金法轮 1 件、鎏金银法轮 1 件[33]。

（10）彰武县朝阳沟 3 号辽墓出土葫芦形金坠 1 件、丁字形金坠 1 件、银面具 1 件[34]。

（11）阜新县八家子梯子庙辽平原公主墓出土金银器饰件 7 件[35]。

（12）法库红花岭辽墓出土金饰件 2 件、刻划银管 2 件[36]。

3. 辽代晚期遗迹中出土的金银器

（1）朝阳西上台辽墓出土鎏金金刚杵 1 件[37]。

（2）朝阳西大营子乡刘承嗣墓出土鎏金银饰件，

其中山朵形饰2件、铃形饰1件、银泡饰6件[38]。

（3）葫芦岛市西孤山萧孝忠墓出土鎏金银冠1件、银饰片4件[39]。

（4）建昌龟山1号辽墓出土银杯2件、银盘1件[40]。

（5）北镇龙岗墓群1号墓出土金手镯1件[41]。

（6）阜新清河门2号墓出土錾花环状镀金银器扣2件。4号墓出土金手镯2件、金耳饰2件、银面具1件[42]。

（7）阜新县红帽子辽塔地宫出土金舍利塔1件、银舍利塔1件、錾字银经卷1件[43]。

（8）阜新关山萧氏族墓群2号墓出土小银筒1件[44]。

（9）新民辽滨塔中宫发现三重套铜、银、金函1套3件、地宫出土八角形银塔1件[45]。

图二六　朝阳北塔天宫出土辽代
鎏金银塔

图二七　朝阳北塔天宫出土辽代
金银经塔

图二八　朝阳北塔天宫出土辽代木胎银棺

图二九　朝阳北塔天宫出土辽代
银菩提树

图三〇　朝阳北塔天宫出土辽代
灯笼形银饰件

图三一　朝阳北塔天宫出土辽代
筒形银瓶

（10）新民巴图营子辽墓出土人物鱼形舟簪1件、银钗1件[46]。

（11）法库叶茂台23号墓出土金环1件、银耳环1件、银饰件5件、鎏金银箔饰件2件[47]。

4. 不明年代的金银器

（1）喀喇沁左翼蒙古族自治县博物馆藏鎏金银菩提树1件（图三二），年代和出土地点不详。

（2）朝阳县西五家子乡吐须沟辽墓出土鎏金银鞍桥包片4件（朝阳县博物馆所藏，尚未有发掘报告）。

（3）阜新关山萧氏族墓5号墓出土小银钉[48]。

（4）法库叶茂台2号墓出土金镯2件，现藏于铁岭市博物馆[49]。

（5）法库包家屯乡南土城村出土鎏金银杯1件[50]。

以上所举43处辽代遗迹中，辽代早期墓葬出土的金银器中主要有装饰品（扞腰、耳饰、手镯、带饰、配饰、饰件等）、马具（鞍桥、当卢、铃等）、饮食器（箸、碗、银盏等）。辽代中期遗迹中出土的金银器主要有装饰品（头冠、扞腰、耳饰、手镯、戒指、簪、带饰、配饰等）、马具（鞍桥、马带具）、饮食器（碗、盘、箸、勺、杯、

图三二　喀喇沁左翼蒙古族自治县博物
馆藏鎏金银菩提树

钵、执壶、渣斗）、殡葬器（面具、网络罩衣、银靴底）、宗教器物等。辽代晚期遗迹中主要出有装饰品（冠、钗、簪、耳环等）、饮食器（杯、盘）、殡葬器（银面具）、宗教器物等，还有很多已经残碎的鎏金银饰件。从出土数量和品类分析，辽代早、中期出土的金银器要比晚期数量大、种类繁多。晚期墓葬中则主要以小型金银首饰为主，这可能与辽中期发布的一项政策有关。据《辽史》卷16记载：辽圣宗开泰七年（1018年）"禁服用明金、缕金、贴金"[51]。而辽代中、晚期出现的大量与佛教相关的金银器物则可能与中晚期佛教盛行有关，尤以兴宗、道宗最为突出。饮食器则贯穿于辽朝始终。当然，这只是根据现有的已知金银器进行分析，由于某些墓葬遭到破坏，有的墓葬随葬品甚至所剩无几，所以以上分期只能作为阶段性探讨。

三　辽代金银器体现的文化因素

辽政权建立发展的过程就是一个文化不断融合的过程，从之前的唐、五代到北宋、西夏、回鹘、吐蕃、新罗等政权都是契丹交往的对象，交往采取的战争、朝贡、商贸、通婚、出使等方式是人类史上各时期惯用的手段。这期间，契丹族在本土文化的基础上博采众长，创造了诸多独具特色的草原文化。辽代金银器也不例外，在保持契丹族风格的基础上受到多种文化因素的影响。

1. 唐文化因素的影响

契丹族在建国前经历了漫长的发展过程，到唐时先后经历了古八部、大贺氏和遥辇氏联盟三个时期，与唐王朝联系紧密。唐末以降，契丹族就不断吸收、创新和发展唐文化，使积淀深厚的唐文化余韵传入北方草原地区。金银器中所表现出来的浓厚的唐代风格，正是这一历史事实的反映。辽代金银器的造型、纹饰、制作工艺，均直接或间接的采自唐代金银器的艺术特征。

器形上，葵口多曲碗、杯、盝顶宝函以及圆形、椭方形、海棠形、花瓣形、菱弧形器口的器物，均是唐代常见的器物。与此对应，辽代金银器器口也有圆形、花瓣形、盘状、曲式、海棠形，明显承接了唐的风格[52]。

朝阳沟 2 号辽墓出土的五曲银碗、朝阳北塔出土的辽代花瓣形团龙纹银碟（图三三），明显受唐金银器造型的影响。

纹饰上，也多源于唐器物纹饰，讲究对称，并有主次之分，纹饰包括动物纹、植物纹和人物故事纹等。动物纹有龙、凤、狮子、昆虫、迦陵频伽等纹饰。植物纹有忍冬、牡丹、莲花、莲瓣、海棠、卷草、宝相花、折枝花等。人物纹有孝子图、高士图、伎乐天等。如朝阳北塔出土的辽代团龙纹银碟、朱碌科辽墓出土的团花纹金手镯（图三四）。

工艺上，辽代金银器制作过程中常采用的加工技术有铸、铆、焊、切、锤鍱、抛光、模冲、编缀、鎏金等技术，装饰工艺采用线雕、镂雕、立体雕、錾刻等手法。这些工艺在唐代金银器中都有应用。唐代金银器加工惯用锤鍱（钣金）成型，平錾花纹或主体纹饰隐起，纹饰鎏金，底衬鱼子纹。这也是绝大多数辽代金银器加工采用的方法[53]。

2. 西域文化因素的影响

辽代早期，辽朝便与波斯、大食等国保持着朝贡的关系。辽代中期以后继续开拓西北边境，修筑军事重镇"可敦城"，以镇西域[54]，客观上保证了草原丝绸之路的畅通。来辽地进行贸易的外国商旅络绎不绝，回鹘商人遍布上京，频繁的商贸活动补充了彼此或缺的东西，来自西方世界的玛瑙、玻璃、香料、象牙、胡椒等物品使契丹贵族的生活锦上添花，契丹境内的瓷器、钱帛、马匹等物品输出到西方和周边政权。与此同时，辽政府在辽上京同文馆设置驿馆，以供各国信使居住。频繁的商贸往来必定带动文化的互动。这种情况下，超越国界的民族融合带来的文化融合，多元文化因素的影响是任何一个所谓游牧或者农耕经济所无法避免的。

摩竭纹，最早源于印度，随佛教文化传入中原，在唐代金银器的纹饰中广为流行。后又传入北方草原地区，辽代金银器可以说是间接吸收了西域文化的因素。摩竭造型的辽代金银器种类繁多，主要有摩竭形金耳坠、摩竭纹鎏金银壶、摩竭纹鎏金银碗、摩竭纹鎏金银饰板等。凌源市小喇嘛沟辽墓出土的摩竭纹五曲银碗（图三五）、摩竭纹长盘（图三六）就是吸收该文化因素的典型器物。

在辽代金银器中也可以找到波斯和粟特金银器的文化因素。辽代花瓣形或多曲式金银器主要继承了唐代后期的制造风格，但间接地体现了粟特金银器的风貌。因为粟特金银器中，器体多分曲或作花瓣形，这种工艺首先对唐代

图三三　朝阳北塔出土辽代花瓣形团龙纹银碟

图三四　朱碌科辽墓出土团花纹金手镯

图三五　小喇嘛沟辽墓出土摩羯纹五曲银碗

图三六　小喇嘛沟辽墓出土摩羯纹长盘

图三七　朝阳沟 2 号辽墓出土双翼马纹鎏金银饰件

图三八　小喇嘛沟辽墓出土莲花纹鎏金银扦腰

早期金银器的造型影响很深，间接地影响到了辽代金银器上。如喀左县北岭辽墓出土的六曲银碗和凌源市小喇嘛沟辽墓出土的摩羯纹五曲银碗。翼马纹的装饰题材也源于粟特，翼马纹早在唐代就已经出现，是唐代吐鲁番地区出土的织锦上的主要题材，据研究，这种纹饰通过丝绸之路传入唐[55]，后传入草原辽地，朝阳沟 2 号墓出土的双翼马纹鎏金银饰件（图三七），就是具体表现。联珠纹也是粟特金银器上面的常见纹饰，后为唐金银器所吸收，经过草原丝绸之路逐渐影响到辽金银器的制作上，如凌源市小喇嘛沟辽墓出土的莲花纹鎏金银扦腰上下边缘以及中部莲花花蕊均用联珠纹镶嵌（图三八）。

此外，阜新市新营子辽塔、朝阳市北塔都发现了金银制的佛塔、佛教造像及供奉器，虽然器物本身融合了中国的特征，但其根源却来自于印度[56]。

辽代金银器大都间接地受到来自西域文化因素的影响，尤其是早中期的文化创作因素都是直接来源于唐文化的因素，而"胡化"是唐末直到五代时期北方地区文化的典型特征之一。可见西域文化对中原地区甚至是草原地区文化的传播所产生的深远的影响。

3. 宋文化因素的影响

1004 年，辽宋签订"澶渊之盟"，双方开始了以和平为主的政治外交，客观上促进了双边的经济、文化交流。《契丹国志》卷 21《南北朝馈献礼物》记载："宋朝贺契丹生辰礼物：契丹帝生日，南宋遣金酒食茶器三十七件，衣五袭，金玉带二条……金花银器三十件，银器二十件……其国母生日，约此数焉。正旦，则遣以金花银器、白银器各三十件……"。虽然考古学资料尚未有直接证据证明有金银器的输入，但辽墓出土很多输入瓷又可以作为有力佐证。如叶茂台 7 号墓出土北宋鎏金银釦凤纹官字款白瓷碗[57]（图三九）。还有关山辽墓群 5 号墓出土的青瓷执壶（图四○）、青瓷盏托（图四一），7 号墓出土的青瓷小碟、青瓷盖罐（图四二），从胎、釉、支烧方法、器形、纹饰和装饰技法等多方面综合分析，它们应属于越窑瓷器[58]。

器形上，宋代金银器的一个显著特点是仿生多变的造型，用钣金的方法制作如花朵、荷叶形状的碗、盘等。辽宁建昌龟山 1 号辽墓出土的花瓣式口银杯（图

图三九　叶茂台 7 号墓出土北宋鎏金银釦凤纹官字款白瓷碗

图四〇　关山辽墓群 5 号墓出土青瓷执壶

图四一　关山辽墓群 5 号墓出土青瓷盏托

图四二　关山辽墓群 7 号墓出土青瓷盖罐

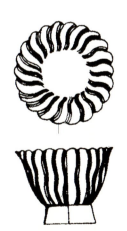

图四三　龟山 1 号辽墓出土花瓣　　图四四　前窗户村辽墓出土戏童纹鎏金银带饰　　图四五　朝阳北塔银囊盒
　　　　　式口银杯　　　　　　　　　　　　（引自张景明《辽代金银器研究》，第 226 页）

四三），就体现了宋代金银器的这个特点。

在装饰方法上，采用了因器施画的多种布局形式，使其装饰与造型和谐统一。宋代金银器多取材于植物类造型，这是宋代金银器惯用的表现手法。辽代中期以后，金银器上的龙、凤、卷草、云纹、折枝纹等纹饰便能识别出宋的因素，如纹饰布局打破了辽代金银器受唐影响的团花格式，类似宋代写实风格的金银器不断出现。辽代金银器中还出现了宋代金银器中普遍应用的装饰技法——浮雕凸花工艺[59]。如朝阳市前窗户村辽墓出土的戏童纹鎏金银带饰（图四四）、朝阳北塔银囊盒上的纹饰（图四五）都具备宋代金银器的特征。

通过对辽宁省辽代金银器的分析可知，辽代金银器的器物造型、纹饰布局、制作工艺，除了本土文化渊源有自外，其外来文化因素包括影响巨大的唐文化、宋文化因素，还间接地受到印度、中亚等外来文化因素的影响。辽代金银器上所体现出的多种文化因素，从一个侧面反映了辽文化的兼收并蓄，并在此基础上创造了别具风格的辽代金银器，以及独具特色的辽文化。

注释

[1] 《辽史》卷 45《百官志一》，中华书局，1974 年。

[2] 国家文物局主编：《中国文物地图集·辽宁分册（上）》，西安地图出版社，2009 年。

[3] 辽宁省文物考古研究所：《辽海记忆——辽宁考古六十年重要发现》(1954~2014)，辽宁人民出版社，2014 年，第 310~315 页。

[4] 向南：《辽代萧氏后族及其居住地》，《社会科学辑刊》2003 年第 2 期；李宇峰、李品青：《从考古发现略述阜新及毗邻地区辽代后族的墓仪制度与文化》，《辽金史研究》，中国文化出版社，2003 年。

[5] 鞍山市文化局、辽宁省博物馆：《辽宁鞍山市汪家峪辽画像石墓》，《考古》1981 年第 3 期。

[6] 都兴智：《二十年来辽代考古的重要发现与研究》，《辽金史研究》，中国文化出版社，2003 年。

[7] 张国庆：《佛教文化与辽代社会》，辽宁民族出版社，2011 年。

[8] 陈述石、佟强：《兴城白塔峪地宫铭刻与辽代晚期佛教信仰》，《辽金历史与考古》（第四辑），辽宁教育出版社，2013 年。

[9] 辽宁省博物馆：《辽宁北票水泉一号辽墓发掘简报》，《文物》1997 年第 12 期。

[10] 王春艳：《辽代金银器研究》，吉林大学博士学位论文，2015 年，第 231 页。

[11] 冯永谦：《辽宁省建平、新民的三座辽墓》，《考古》1960 年第 2 期。

[12] 同 [11]。

[13] 刘谦：《辽宁锦州市张扛村辽墓发掘报告》，《考古》1984 年第 11 期。

[14] 李宇峰：《彰武朝阳沟辽代墓地》，《李宇峰考古文集》，中国社会出版社，2006 年。

[15] 辽宁省文物考古研究所：《关山辽墓》，文物出版社，2011 年，第 138 页。

[16] 辽宁省文物考古研究所等：《辽宁阜新梯子庙二、三号辽墓发掘简报》，《北方文物》2004 年第 1 期。

[17] 李宇峰：《阜新海力板辽墓》，《李宇峰考古文集》，中国社会出版社，2006 年，第 127 页。

[18] 辛岩：《阜新南皂力营子一号辽墓》，《辽海文物学刊》1992 年第 1 期。

[19] 阜新市博物馆筹备处：《辽宁阜新县契丹辽墓的清理》，《考古》1995 年第 11 期。

[20] 康平县文化馆文物组：《辽宁康平县后刘东屯辽墓》，《考古》1986 年第 10 期。

[21] 裴耀军：《康平张家窑 1 号辽墓》，《辽海文物学刊》1996 年第 1 期。

[22] 辽宁省博物馆等：《法库叶茂台辽墓记略》，《文物》1975 年第 12 期。

[23] 辽宁大学历史系考古教研室：《辽宁法库县叶茂台 8、9 号辽墓》，《考古》1996 年第 6 期。

[24] 张兴华、刘焕民：《法库县小房身村南沟辽墓墓葬》，科学出版社，2009 年，第 129 页。

[25] 靳枫毅：《辽宁朝阳前窗户村辽墓》，《文物》1980 年第 12 期。

[26] 辽宁省文物考古研究所：《辽宁建平县两处辽墓清理简报》，《北方文物》1991 年第 3 期。

[27] 辽宁省文物考古研究所：《辽宁喀左北岭辽墓》，《辽海文

物学刊》1986 年第 1 期。

[28] 辽西博物馆、北票市博物馆：《辽宁北票白家窝铺辽代墓葬》，《北方文物》2008 年第 4 期。

[29] 辽宁省文物考古研究所：《凌源小喇嘛沟辽墓》，文物出版社，2015 年。

[30] 辽宁省文物考古研究所：《辽宁朝阳新华路辽代石宫发掘简报》，《文物》2010 年第 11 期。

[31] 朝阳地区博物馆：《辽宁朝阳姑营子辽耿氏墓发掘报告》，《考古学集刊》(3)，中国社会科学出版社，1983 年。

[32] 朝阳博物馆、朝阳市城区博物馆：《辽宁朝阳市姑营子辽代耿氏家族 3、4 号墓发掘简报》，《考古》2011 年第 8 期。

[33] 辽宁省文物考古研究所、朝阳市北塔博物馆：《朝阳北塔——考古发掘与维修工程报告》，文物出版社，2007 年。

[34] 同 [14]。

[35] 辽宁省文物考古研究所、阜新市考古队：《辽宁阜新县辽代平原公主墓与梯子庙 4 号墓》，《考古》2011 年第 8 期。

[36] 伦俊岩：《法库红花岭辽墓》，《沈阳考古文集》，科学出版社，2007 年，第 144 页。

[37] 韩国祥：《朝阳西上台辽墓》，《文物》2000 年第 7 期。

[38] 王成生：《辽宁朝阳市辽刘承嗣族墓》，《考古》1987 年第 2 期。

[39] 雁羽：《锦西西孤山辽萧孝忠墓清理简报》，《考古》1960 年第 2 期。

[40] 靳枫毅、徐基：《辽宁建昌龟山一号辽墓》，《文物》1985 年第 3 期。

[41] 辽宁省文物考古研究所：《辽海记忆——辽宁考古六十年重要发现》(1954~2014)，辽宁人民出版社，2014 年，第 313 页。

[42] 李文信：《义县清河门辽墓发掘报告》，《考古学报》1954 年第 2 期。另见《李文信考古文集》，辽宁人民出版社，2009 年。

[43] 辽宁省博物馆藏。

[44] 辽宁省文物考古研究所：《关山辽墓》，文物出版社，2011 年，第 137 页。

[45] 沈阳市文物考古研究所：《沈阳新民辽滨塔塔宫清理简报》，《文物》2006 年第 4 期。

[46] 同 [11]。

[47] 辽宁省文物考古研究所、沈阳市文物考古研究所：《辽宁法库县叶茂台 23 号辽墓发掘简报》，《考古》2010 年第 1 期。

[48] 辽宁省文物考古研究所：《关山辽墓》，文物出版社，2011 年，第 139 页。

[49] 沈阳市文物考古研究所：《沈阳考古发现六十年》(出土文物卷)，辽海出版社，2008 年，第 203 页。

[50] 同 [49]。

[51] 《辽史·圣宗纪七》，中华书局，1974 年。

[52] 赵瑞廷、康宇凤：《唐代金银工艺对辽代金银器的影响》，《内蒙古师范大学学报》2008 年第 5 期。

[53] 赵瑞廷、康宇凤：《唐代金银工艺对辽代金银器的影响》，《内蒙古师范大学学报》2008 年第 5 期。

[54] 《辽史》卷 91《耶律韩八传》，中华书局，1974 年。

[55] 薄小莹：《吐鲁番地区发现的联珠纹织物》，《纪念北京大学考古专业三十周年论文集》，文物出版社，1990 年。

[56] 张景明：《辽代金银器中之西方文化和宋文化的因素》，《内蒙古大学艺术学院学报》2006 年第 1 期。

[57] 辽宁省博物馆藏。

[58] 辽宁省文物考古研究所：《关山辽墓》，文物出版社，2011 年，第 139 页。

[59] 张景明：《辽代金银器中之西方文化和宋文化的因素》，《内蒙古大学艺术学院学报》2006 年第 1 期。

辽宁地区的辽金佛教遗存

Buddhist Arts of the Liao and Jin Dynasties from the Liaoning Region

◎ 都惜青 / Du Xiqing

10~13 世纪，我国北方民族契丹和女真先后建立了辽、金两朝。契丹和女真这两个民族同中国历史上所有北方民族一样，最初都信奉萨满教，但是，随着他们南下扩张领土，与汉地民族交往日益频繁，宗教信仰也发生了变化。由于佛教不仅文化内涵丰富而且没有排他性，统治者在建立政权后均积极地接受佛教，大力提倡和尊崇佛教。

一 辽金佛教信仰概述

佛教传入契丹的时间比较早，在耶律阿保机建国前后就已在社会上流传。阿保机为夷离堇的第二年（902 年），在龙州建开教寺；神册三年（918 年），又诏建佛寺。辽夺取燕云十六州之后，佛教信仰逐渐取代萨满教在社会上占据主导地位。辽王朝统治的 210 年间，佛教发展尤为兴盛，其中在辽圣宗、兴宗和道宗三位帝王在位期间表现更为突出。辽圣宗统和四年（986 年）七月，诏上京开龙寺建佛事一月，饭僧万人；到辽道宗时，"一岁而饭僧三十六万，一日而祝发三千"[1]。统治者大兴佛教事业，从而使佛教信仰广泛地深入到社会各个阶层之中，上至皇室贵戚，下至士庶百姓，信徒遍布，崇佛风气十分浓厚，佛教文化呈现出一派繁荣景象。

由于佛教在北方地区的广泛传播，女真早期就有人信佛，如始祖函普之兄阿古遒（乃）即好佛事，《金史·本纪一》中称："金之始祖讳函普，初从高丽来，年已六十余矣。兄阿古乃好佛，留高丽不肯从。"但据金太宗天会元年（1123 年）十月，"上京庆元寺僧献佛骨，却之"[2]来看，金初女真统治者并不接受佛教，甚至持排斥态度。从金熙宗开始，金朝统治者及很多皇室贵族在接受中原文明的同时也开始接受佛教，并大肆推崇佛教。熙宗及其后妃都是虔诚的佛教信徒。太子济安病重，熙宗便和皇后一起去"佛寺焚香，流涕哀祷"；太子去世后，熙宗又"命工塑其像于储庆寺"，并"与皇后幸寺安置之"[3]。海陵王改元正隆，亲自到宣华门迎佛，并"赐诸寺绢五百匹，彩五百缎，银五百两"[4]，然而他并不主张臣下佞佛逾制。金世宗完颜雍即位后，出于政治需要，做出了尊崇并支持佛教的姿态，各地纷纷修缮辽代旧寺，并新建寺院。世宗生母贞懿太后也是虔诚的佛教信徒，出家后，"以内府金钱三十余万即东都建清安寺"[5]，并别建一尼院供自己居住。

二 辽宁地区辽金佛教遗存

辽宁地区是辽金时期的重要区域之一，辽金两朝的东京、中京、北京均设置于此，辽朝的中京道、上京道的东南部、东京道南部所辖区域以及金朝的东京路、北京路、咸平路、曷苏馆路辖区也大多位于今辽宁省境内。辽宁地区的佛教，在辽金两朝非常兴盛，特别是辽代统治者崇信佛教，城乡各地遍布塔寺，如医巫闾山地区"广袤数百里，凡峰开地衍，林茂泉清，无不建立精舍"[6]。入金后，很多辽代兴建的寺庙保存下来，并纷纷得到修缮。可惜的是，金末政权更迭，大量佛教寺庙毁于战火。辽宁境内留存至今的佛塔寺院遗迹，以及发现的大量佛教碑刻、塔铭、经幢、摩崖造像等佛教珍品[7]，是了解、考察辽宁地区佛教信仰传播和佛教文化存在状况的重要实物资料，具有很高的宗教、文物和历史价值。

1. 寺院

辽金时期的辽宁境内，寺院林立，然而因其多为木结构建筑，大多颓毁无存，留存至今的寺院仅剩位于锦州市义县城内的奉国寺（图一）。

奉国寺，原名咸熙寺，始建于辽开泰九年（1020年），是辽圣宗耶律隆绪建造的皇家寺院。至金代，金熙宗天眷年间进行了大规模的扩建，"宝殿穷临，高望双峙，隆楼杰阁，金碧辉煌"。1215年，蒙古骑兵南下辽西地区之时，兵马都元帅王珣领兵到义州，专门派兵常加巡卫，号令严明，无人敢侵毁寺院，奉国寺在战争中得到了保护。但由于年久失修，加之蒙古太宗二年（1230年）义州发生地震，寺中大部分建筑受损严重，殆不可支。直至大德七年（1303年），驸马宁昌郡王与普颜可里美思公主"施元宝一千锭，缯帛马牛数亦称是，续降之物不可胜计"[8]，对奉国寺进行了重新翻修，殿阁堂廊连绵数百间，工艺极为精巧。

奉国寺占地5万余平方米，现有重修的外山门、清代的内山门、牌楼、钟亭、碑亭、天王殿及辽代大雄殿，是目前国内规模最大、保存最完整的辽代寺院之一，

图一　奉国寺航拍图

图二　奉国寺大雄殿

是集佛教、古建筑、雕塑、绘画等研究价值于一体的古代寺院。其标志性建筑——大雄殿是国内稀有的辽代单体木构建筑，殿内有珍贵的辽代大型泥塑佛像群和建筑彩画（图二）。

辽代大雄殿为单檐庑殿顶，坐北朝南，面阔九间，进深五间，单檐四柱，耸立在高台上。大雄殿面阔48.2、进深25.13米，通高24米，是国内现存最大的辽代佛殿。为了最大限度地利用空间，大雄殿采取了减柱法，只用20根内柱，角柱有明显的侧角和生起。四周的檐柱依据"彻上明造"，全部梁架不加遮掩，显露可见。檐下斗拱用材粗大，粗犷简练，气势雄浑。由于支梁架柱完全符合结构力学原理，虽历经千年，仍保持平直挺健，没有发生弯曲变形现象，是我国建筑史上的一项光辉成就。殿内七尊佛像为辽代泥塑，连莲座通高9米以上；梁架和斗拱上有辽代彩画；四壁有壁画，画有十佛、八菩萨、十八罗汉等，为元代作品。

2. 佛塔

佛塔，印度梵文的音译，又称为浮屠，最早是用来供奉和安置舍利、经文和各种法物。东汉时期，随着佛教传入中原，中原也开始了佛塔的建造。出于佛事的需要，辽金两代在各地修建了大量的佛塔。辽金时期是中国佛塔建造史上一个非常重要的阶段，"在唐风宋韵的混合当中，谱写了中国古塔黄金时代里的又一光辉篇章"[9]。据统计，辽宁省境内现存的辽代佛塔有40多座，金代佛塔有6座（表一）。

从表一中可以看出，辽宁境内的辽代佛塔，主要分布在今辽西地区的朝阳、锦州、阜新、葫芦岛，辽宁中部的沈阳、辽阳，以及辽南的大连、鞍山等地。辽塔多与辽代城址相伴，或置于城内，或屹立于城外山丘之上，是辽代城址的显著标志。也有极少数辽塔，远离当时的城址，建造于风景秀丽的深山之中。

辽宁地区的辽塔，从建筑材料看，除地处朝阳县南双庙乡三官营子村的槐树洞塔为石筑塔外，其余均为青砖筑塔；从塔底部截面形状看，主要有四方形塔、六角形塔和八角形塔；从立体层数来看，主要有三、五、七、九、十一、十三层塔；从建筑形式上看，主要是密檐式塔，此外，还有极少量花塔、楼阁式及覆钵式塔，如凌海的班吉塔属于花塔，朝阳的双塔寺东塔属于覆钵式塔，槐树洞石塔则属于仿楼阁式塔。

在我国，保存至今的辽塔有100多座，主要分布

表一　辽宁境内现存辽金佛塔统计表

名称	修建朝代	塔高	类型	现存地点
无垢净光舍利塔	辽重熙十三年（1044年）	高33米	八角十三级密檐空心砖塔	沈阳市皇姑区塔湾街
石佛寺塔	辽咸雍十年（1074年）	残高不到20米	六角七级密檐式砖塔	沈阳市沈北新区石佛寺七星山
辽滨塔	辽	高约44米	八角十三级密檐砖塔	新民市公主屯镇辽滨塔村
小塔子塔	辽天赞、天显年间（922~926年）	高约25米	八角十三级密檐式实心砖塔	康平县郝官屯乡小塔子村
辽阳白塔	辽	高71米	八角十三层密檐式砖塔	辽阳市中华大街北侧白塔公园
香岩寺南塔	辽	高15.71米	六角九级密檐式实心砖塔	鞍山市千山景区香岩寺东南山顶
海城金塔	辽	高13.5米	八角十三层密檐式实心砖塔	海城市析木镇羊角峪
海城铁塔	辽	高10余米	六角七级密檐实心砖塔	海城市析木镇析木村
崇寿寺塔	辽	高45.82米	八角十三级密檐式实心砖塔	开原市老城崇寿寺内
圆通寺塔	辽	高32米	八角十三级密檐砖塔	铁岭市银州区古城中心银州贸易城
高尔山塔	辽大安四年（1088年）	高14.1米	八角九级密檐式实心砖塔	抚顺市顺城区高山路高尔山公园
广济寺塔	辽清宁三年（1057年）	高71.25米	八角十三级实心密檐砖塔	锦州市古塔区广济寺内
班吉塔	辽清宁四年（1058年）	高11.25米	八角三级实心砖筑花塔	锦州市凌海市班吉塔镇
广胜寺塔	辽乾统七年（1107年）	高42.5米	八角十三级密檐式实心砖塔	锦州市义县城内西南隅
八塔子塔	辽	塔高不等，1.88~3.93米	有正方形、五角形、六角形、八角形、十面形，均为砖塔	锦州市义县前杨乡八塔村八塔山
崇兴寺双塔	辽晚期	东塔高43.85米	八角十三级密檐式实心砖筑	锦州市北镇市广宁镇
		西塔高42.63米		
朝阳北塔	辽重修	高42.6米	方形十三级密檐式砖塔	朝阳市双塔区北大街
朝阳南塔	辽大康二年（1076年）	高56米	方形十三级密檐式空心砖塔	朝阳市新华路南侧
摩云塔（云接寺塔）	辽	高37米	方形十三级密檐实心砖塔	朝阳市双塔区凌风街道八宝村凤凰山云接寺内
大宝塔	辽	高16.5米	八角十三级密檐式空心砖塔	朝阳市双塔区凌风街道八宝村凤凰山北沟中部
青峰塔	辽	维修前残高约25米	方形十三级密檐式空心砖塔	朝阳县西营子乡五十家子村
东平房塔	辽	高约24米	六角九级密檐式砖塔	朝阳市龙城区大平房镇东平房村
双塔寺双塔（东西塔）	辽	西塔11米	八角三级密檐式空心砖塔	朝阳县木头城子镇木杖子村
		东塔11米	八角覆钵式空心砖塔	

续表

名称	修建朝代	塔高	类型	现存地点
八棱观塔	辽	高 29.43 米	八角十三级密檐式实心砖塔	朝阳县大平房镇八棱观塔村塔营子屯
黄花滩塔	辽	残高 31.7 米	八角十三级密檐式实心砖塔	朝阳县大平房镇黄花滩村
槐树洞石塔	辽	残高 2.6 米	八角三级空心仿楼阁式石塔	朝阳县南双庙乡三官营子村
十八里堡塔	辽	存高 24 米	八角七级密檐式空心砖塔	凌源市城关镇十五里堡村十八里堡屯
四官营子塔	辽	高约 12 米	六角五级密檐式实心砖塔	凌源市四官营子镇汤杖子村小塔沟屯
大城子塔	辽	维修前残高约 34 米	八角楼二级阁式与七级密檐式空心砖塔	朝阳市喀左县大城子镇第一中学院内
红帽子塔	辽大康二年（1076 年）	高 35 米	八角十一级密檐式空心砖塔	阜新市阜新蒙古族自治县红帽子乡镇塔子山村
塔营子塔	辽太平三年至清宁年间（1023~1055 年）	残高 31.5 米	八角十三级密檐砖塔	阜新市阜新蒙古族自治县塔营子古城址
十家子塔	辽会同元年（984 年）	高 28 米	八角九级密檐式砖塔	阜新市阜新蒙古族自治县十家子镇塔山屯山顶
双塔沟塔	辽	高 11 米	六角七级密檐式实心砖塔	葫芦岛市南票区沙锅屯乡双塔沟村大塔山
安昌岘塔[10]	辽	维修前残存 17.11 米	八角七级密檐式砖塔	葫芦岛市南票区暖池塘镇安昌岘村东山
白塔峪塔	辽	高 43 米	八角十三级密檐式实心砖筑	葫芦岛市兴城市白塔乡塔沟村九龙山
磨石沟塔	辽	维修前存高 17.23 米	八角九级空心密檐式砖塔	葫芦岛市兴城市红崖子乡二道边村磨石沟屯西沟山
妙峰寺双塔[11]	辽乾统年间（1101~1110 年）	东塔高约 24 米西塔高约 10 米	八角九级密檐式实心砖筑六角五级密檐式实心砖筑	葫芦岛市绥中县永安乡塔子沟村妙峰山
前卫斜塔	辽	高约 10 米	八角三级密檐式实心砖塔	葫芦岛市绥中县前卫镇
宝严寺塔（永丰塔）	辽	高 22 米	八角十三层密檐式实心砖塔	大连市瓦房店复州古城
唐屯石塔	金	高约 7 米	八角形六级石塔	普兰店市双塔镇唐屯村西塔山
藤屯石塔[12]	金	通高 5.6 米	八角形五级石塔	普兰店市墨盘乡藤屯村西庙屯西二塔山
塔寺屯石塔[13]	金	原高约 2.7 米	仅存塔座	普兰店市城子坦镇碧流河村塔寺屯
沙锅屯石塔	金泰和六年（1206 年）	高 4.6 米	六角五级密檐式石塔	葫芦岛市南票区沙锅屯村
香岩寺北塔	金	高约 20 米	六角九级密檐式实心砖塔	鞍山市千山区千山西南香岩寺
美公灵塔	金大定十六年（1176 年）	残高 6.3 米	六角五级密檐式砖塔	朝阳市建平县深井镇小马场村塔子屯

图三　朝阳北塔

图四　沙锅屯石塔

在山西、北京、河北、吉林、辽宁。然而，四方形的辽塔仅有5座，即朝阳北塔（图三）、南塔、摩云塔、大宝塔、青峰塔，全都集中分布在今辽宁省朝阳市辖区内。朝阳为唐代柳城重镇，当地人擅造佛塔，辽代在隋唐朝阳北塔的塔体基础上只是进行了维修改造，故仍保留唐代风格。其他四座受北塔的影响，采用了同样的建造风格，这也是辽代早期佛塔的建筑特点。从中期开始，辽塔的修建转变为八角多级密檐式实心砖塔，这种建筑形式对后世产生了深远的影响。不可登临的八角形多级密檐式实心砖塔，一般由塔基、塔座、塔身、多层密檐和塔刹五部分构成。密檐层数多为十三层，每层塔檐之间紧密重叠，其距离特别短。佛教的思想内涵则重点体现在塔座和塔身上，装饰极为华丽，常有精美的砖雕，各面布满了佛像、菩萨、力士、飞天等造像。

金代继承辽代佛塔，并对其进行了维修，同时也新建了一些佛塔。目前为止，确定时代为金的佛塔有

6座，除鞍山香岩寺北塔为砖塔外，其余均为石塔，其中两座有明确的纪年，为研究金代佛塔的特点和文化因素等问题提供了重要的考古学依据。

沙锅屯石塔，建于金泰和六年（1206年），位于南票区沙锅屯乡石龙山上。高4.6米，为六角五级密檐式，用十块褐色花岗岩石雕刻接砌而成，置于一块沉积岩的巨石上。塔座为须弥式，束腰各面均雕一门，内雕一兽，神态各异。塔身雕有莲座，每面正中有尖拱式佛龛，置坐佛于莲花之上。龛上雕有花纹，饰宝盖。各角雕圆形倚柱。塔身之上用五块石材雕成塔檐，六角翘起，逐层收敛，最上层六角攒尖，刻玉珠塔刹。檐上部雕脊、兽、瓦，角脊前端留有挂风铎的圆孔。塔西南岩石上刻有"泰和六年七月"。是我国目前发现甚少的金代密檐式石塔之一，也可能是早期出现的镇压塔之一，即镇守风水的风水塔（图四）。

美公灵塔，建于金大定十六年（1176年），位于建平县深井镇小马场村南。高6.3米，为六角五层密

檐式实心砖塔。修复前，原基座和须弥座残破，塔身毁坏亦较重，南三面残破，北三面尚较完整。背面设假门，有门钉和铺首，门上方嵌一块题记方砖，阴刻楷书"将理论沙门美公灵塔门人裕显大定十六年"。另两面中间刻直棂窗，别无雕饰。塔身各角砖雕圆倚柱，上面施转角和补间斗拱各一朵，承揽第一层塔檐，无瓦。刹顶已毁。2009 年，辽宁省对其进行了修缮。此塔是朝阳现存的唯一有明确纪年的金代佛塔。

3. 经幢

幢，源于旌幡，是在竿上加丝织物做成。由于印度佛教的传入，特别是唐代中期佛教密宗的传入，起先将佛经或佛像书在丝织的幢幡上，为保持经久不毁，后改书在石柱上，因刻的主要是《佛顶尊胜陀罗尼经》而称为经幢。经幢一般由幢顶、幢身和基座三部分组成，主体是幢身，刻有佛教密宗的咒文或经文、佛像等。

朝阳东塔石经幢[14]，立于辽开泰六年（1017 年），发现于 1952 年，为东塔的塔心。石经幢通高 1.48 米，为绿砂岩质，截面呈八面柱体，各面印刻楷书汉字，其中 6 面刻经文，另两面记载东塔的再建年代、修塔施材人名及建塔办事，书写刻字等人员的职位、姓名。现藏于朝阳县博物馆。

朝阳北塔地宫经幢[15]，立于辽兴宗重熙十三年（1044 年），高 5.27 米，青砂岩雕制而成。幢座雕刻佛教内容图案；幢身阴刻佛教经、咒。这是迄今所见东北地区保存最好、形体最大、雕刻最精美的辽代经幢。现藏于朝阳北塔博物馆。

沈阳柳条湖石墓幢[16]，立于辽清宁二年（1056 年），1980 年 11 月出土于沈阳市于洪区柳条湖辽代张宁墓。石经幢通高 45 厘米，置于石棺的盖上，为灰色滑石质，呈八角亭式，由天盖、幢身、幢座三部分组成。天盖顶部雕刻莲花，幢身为八面柱体，每面皆竖排阴刻楷书佛顶陀罗尼经。现藏于沈阳市文物考古研究所。

朝阳中山营子石墓幢[17]，立于辽咸雍九年（1073 年），出土于朝阳市中山营子村辽刘懿墓。呈八棱体，八面满刻汉字，记载墓主刘懿曾居官辽金城太守，卒于咸雍九年。现藏于朝阳市博物馆。

阜蒙大羊圈子石经幢[18]，立于辽道宗咸雍十年（1074 年），出土于阜蒙县王府镇大羊圈子村一辽代寺庙遗址上。高 1 米，八面均刻汉字，其中六面刻经文，两面刻题记。

阜蒙关山石经幢[19]，立于辽大康二年（1076 年），2002 年发现于阜蒙县关山马掌洼萧德让墓中。

彰武小南洼石经幢[20]，立于辽乾统三年（1103 年），1983 年 6 月出土于彰武县四堡子乡兴隆村小南洼屯辽代豪州城址西墙外。高 0.85 米，青绿砂岩质，八面刻，七面刻梵文，间有零星汉字，一面刻楷书汉字题记。

朝阳龚祥墓石经幢[21]，立于辽乾统四年（1104 年），1989 年出土于朝阳市纺织厂附近龚祥墓。此幢是在墓顶坍塌时坠落于墓室内，应属墓上地面所立之物。通高 87.5 厘米，呈八面体，一面阴刻楷书汉文，七面阴刻梵文。

义县奉国寺石经幢，共 4 通，仅存幢身。其中，广胜寺前尚座沙门可经幢，刻于辽乾统七年（1107 年），1980 年 5 月出土，高 1 米；佛说佛顶尊胜陀罗尼经幢，建于辽天庆十年（1120 年）。现收藏于义县奉国寺西宫二进院内。

彰武梨树村石经幢[22]，立于辽天庆元年（1111 年），出土于彰武县平安乡梨树村石佛沟屯辽代遗址中。高 76 厘米，白砂岩质，八面刻。幢身八面，七面刻梵文，间有零星汉字，一面刻楷书汉字题记。

沈阳故宫石经幢[23]，俗称大十面，立于辽末天祚帝时期。为八面石柱形，由天盖、幢身、幢座三部分组成，天盖上的顶部早已无存，通高 2.1 米。天盖为八角亭檐式，幢身八面，每面竖刻阴文；幢座八面，各有力士兔兽浮雕像。因其八面加上顶、底座，故人们俗称"大十面"，后来谐音"大世面"。现存沈阳故宫大政殿院内（图五）。

金州永庆寺石经幢[24]，立于辽末，20 世纪初发现于大连金州城外永庆寺院内。现通高 1.37 米，呈六棱柱形，有幢座、幢身、幢盖三部分。幢身六面，全部刻有汉字。现藏于旅顺博物馆（图六）。

凌源大金中都天宫院经幢[25]，立于金皇统七年（1147 年），1979 年发现于凌源市五家子乡。红砂岩质，幢身八面棱体，盖已不存，存高 13 厘米。八面均

图五 沈阳故宫石经幢　　图六 金州永庆寺石经幢

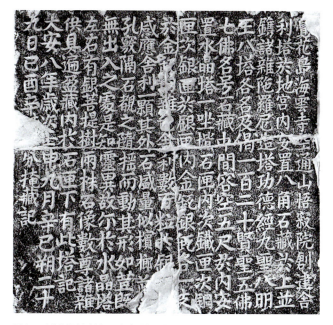

图七 兴城菊花岛海云寺舍利塔碑拓片

刻汉字。主要记载即缘法师出家受戒及讲经传佛之事。现藏于凌源市博物馆。

铁岭凡河石经幢[26]，立于金大定七年（1167年），1980年发现于铁岭市凡河镇大凡河村小学院内。只存幢身，呈八棱柱形，八面阴刻楷书，包含首题、铭文、题名。1991年入藏铁岭市博物馆。

喀左杖子村墓幢[27]，立于金大定二十五年（1185年），1990年出土。褐砂岩质，幢身八棱柱形，通高70厘米。四面刻汉字，四面刻梵文经语。墓幢为虔诚的佛门弟子们为其师所立。现藏于喀喇沁左翼蒙古族自治县博物馆。

义县庞公兴特建墓幢[28]，立于金大定二十六年（1186年），出土于义县。现只存幢身，通高90厘米，呈八棱柱形。八面阴刻楷书，其中六面刻首题、庞兴公与其子为其父母建立铭幢序及后续子孙补刻题名；二面刻陀罗尼真言。现藏于义县文物管理所。

朝阳八里堡乡榆树林子村石经幢[29]，立于金泰和三年（1203年），1988年3月发现。绿砂岩石质，仅存幢身，高1.09米，八面均刻汉字。通篇文字尽是佛教咒语。现藏于朝阳市双塔区文物管理所。

辽金时期在辽宁留下的这些经幢，从内容上看，可分为仅刻录经文的经幢和记载逝者生平并刻有经文为墓主祈福的墓幢。幢上以雕刻《佛顶尊胜陀罗尼经》经文为主，有的还刻有佛像。经幢大多以梵汉间书，也有全用梵文书写的，有的附有题记、序文和题名。从形式上来说，大部分为柱式幢，主要由幢座、幢柱、幢盖和宝顶四部分组成。幢座有圆形、六角形和八角形，有的为素面，也有的雕刻莲花、垂幔等图案；幢柱多为六棱柱和八棱柱；幢盖多为六角或八角飞檐；宝顶多为单层或双层仰莲烘托的宝珠或葫芦形宝顶。现存的经幢中，辽代所占比重较大。从雕刻艺术上来看，辽代的金幢比金代经幢雕刻更为精美。

4. 碑刻

辽金佛教昌盛，到处皆有寺院，寺院之内多立石碑，或记建寺（重修）之经过，或记高僧之往行，或具录经文等等。

沈阳石佛寺七星山舍利塔地宫石碑[30]，刻于辽咸雍十年（1074年），出土于沈阳市新城子区石佛寺七星山舍利塔地宫内。碑文记载了主持筹办建塔事宜的邑首、帮办和捐资邑众230余人的姓名、职事及建塔地址、年代等。现藏于沈阳市塔湾文管所。

兴城菊花岛海云寺舍利塔碑[31]，刻于辽大安八年（1092年），1972年发现于兴城西北14千米白塔峪的一口古井中。主要记载了辽大安八年建塔时掩藏埋葬在地宫内的佛教遗物。现藏于锦州市博物馆（图七）。

阜新大辽国欢州西会龙山塔碑铭，刻于辽大安八年（1092年），1966年发现于阜新县大巴乡半截塔村西山岗一座辽代塔地宫中。记载建塔之人和时间。现藏于阜新市博物馆。

锦州安昌县永和村东讲院重修舍利塔碑铭[32]，刻于金天德四年（1152年），通高2.59米，立于葫芦岛市南票区暖池塘镇安昌岘村舍利塔之西南。主要记载，在金天德三年（1151年）时，旧有辽塔——安昌岘舍利塔残损十分严重，随时有倒塌的可能，于是，众人集资，在原塔基础上重新修筑（图八）。

朝阳改建三学寺千人邑碑[33]，刻于金大定七年（1167年），位于朝阳市北郊狼山东麓。碑文记载，辽时在府西有三学寺，兵学以来廊庑俱无，高恩廉金大定五年（1165年）出任兴中府尹，出游狼山，见有辽祥峦院已废为荆榛，于是将三学寺改建于狼山。里人韩长嗣撰文。

宜州大奉国寺续装两洞贤圣题名记碑[34]，立于金明昌三年（1192年）正月，通高1.67米，现立于锦州义县奉国寺大雄殿内。碑文主要记述了辽金时期奉国寺初建时的宏大规模，以及金天眷三年（1140年）续装两洞贤圣的经过。寺僧捷公曾于辽乾统七年（1107

年）改两庑为贤圣洞，内塑佛像一百二十尊，后因辽亡而四十二尊妆銮未毕。至金天眷三年，义擢等继续修建，完成了此项工程（图九）。

彰武佑先院碑[35]，1982年发现于彰武县平安乡衙门村。为灰砂岩，存高1.08米，主要记载了创办寺院始末，并刊刻了重修寺院时布施人员名单及邑社人员的分工情况。原位于平安乡街门村佛圣地宫庙址，现为彰武县文管所收藏。

通慧圆明大师塔铭[36]，刻于正隆六年（1161年），碑高1米，1940年在辽阳老城外西北白塔公园附近出土，1982年在辽阳县东王家庄姚姓村民家中收得。碑文记载了贞懿皇后的出身家世、籍贯，以及寡居后出家为尼、营建佛寺、卒后金世宗建塔安葬等事。现藏于辽阳博物馆（图一〇）。

铁岭凡河村塔铭[37]，刻于金大定十六年（1176年），2007年出土于铁岭新区（凡河村）建设工地。高1.1米，八棱形，为觉智和尚的发迹成长记录。现藏于铁岭博物馆。

辽金时期这些有文字记载的寺碑、塔铭，是我们研究当时寺塔兴建、重修缘由、佛教发展以及住持、

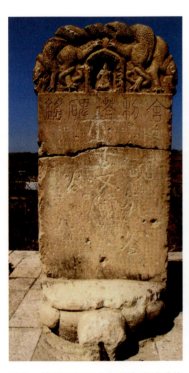

图八　锦州安昌县永和村东讲院重修舍利塔碑铭　　图九　宜州大奉国寺续装两洞贤圣题名记碑　　图一〇　通慧圆明大师塔铭拓片

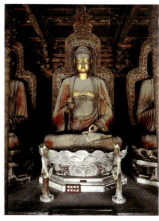

图一一　奉国寺大雄殿内七尊辽代塑像　　　　　　　图一二　奉国寺释迦牟尼佛　　　　图一三　奉国寺毗婆尸佛

高僧、捐资人员等情况的重要资料。

5.造像

佛教信仰的深入和势力的壮大，带来了佛教文化的全面兴盛。"城邑繁富之地，山林爽垲之所，鲜不建于塔庙，兴于佛像"[38]，可见，兴造佛像是当时颇为重要的一项佛教事业。辽宁各地出土或发现了许多辽金时期佛教造像，如义县奉国寺大雄宝殿的七尊辽代泥塑佛像（图一一），从左依次为释迦牟尼佛（图一二）、拘那含牟尼佛、毗舍浮佛、毗婆尸佛（图一三）、尸弃佛、拘留孙佛、迦叶佛；大连广鹿岛塘洼村北庙屯出土的五尊辽代石佛造像[39]，以及庄河青堆子镇胡沟村转角楼屯松塔寺旧址出土的一尊辽代四面佛造像[40]，等等。这里主要介绍一下摩崖石刻造像以及石窟造像。

梦真窟[41]，又名古佛洞、神仙洞，位于大连市金州区友谊街道前石社区北屏山主峰西北部，是一个天然形成的石灰岩溶洞，洞内有利用天然石灰岩雕刻的石佛像十七尊。其中保存略好的是主洞正中如来佛像，手臂已被破坏，但石佛像整体比较清晰，具有辽代石造像风格。其他十六尊佛像均利用洞壁钟乳石人工雕刻而成，中有七尊石佛像是辽代雕刻的，其他造像为后来所雕刻。因此，梦真窟石造像始建年代最迟应为辽代。

庄河千佛洞[42]，位于大连市庄河仙人洞乡天门山，史料记载始建于辽金时期。洞内原有佛像多尊，移至洞口处的石佛像仅存二十尊，佛首绝大多数被砸掉，仅存一个佛首。佛像多为坐姿，少数为立像。虽然头部被砸掉，但形态、衣着、雕刻风格都具有辽代遗风。据考证，千佛洞最早开凿于辽代，既有石窟造像又有圆雕石造像，金代陆续开凿，但规模和数量不及辽代。辽金以后千佛洞遭到严重破坏，石造像数量不断减少，目前仅存辽代遗物石造像。千佛洞属于石窟类，与梦真窟应为同时代、同类型的佛教艺术形式。

望海寺摩崖造像[43]，1980年5月发现于大连普兰店市双塔镇栗寺沟望海寺西北的山坡上，花岗岩石崖，长7.26、高5米，上面雕塑有十八尊罗汉。龛形造像大小各异，最高的罗汉96厘米、最矮的仅18厘米，且姿态多样、面孔不一。造像有15个龛为圆弧形，一尊无龛为线雕，左侧线刻不清，右上方阴刻"天上"二字；有两个龛连在一起，每龛一尊浮雕佛像；有一龛可视为供养人，圆脸、披裟、拱手静坐，龛高40、像高24厘米；无龛像有两尊被打坏，其余的都是长方脸、光秃头、扇形大耳，有的手持念珠，有的身披袈裟，有的双手扶膝结跏趺坐，有的手捧物品肃穆端坐。在石崖造像中上部有阴刻题记："大定三年七月造六尊，僧义选匠人李记"的铭文。可见有6尊造像是金世宗大定三年（1163年）七月建造，其余11尊其雕刻时间当在大定三年前后（图一四）。

图一四　望海寺摩崖造像
1. 造像立面线图
2. 大定三年造像题记

三　辽金时期佛教文化发展的特点

从前述可知，辽宁地区辽金时期的佛教遗存主要为寺院、佛塔、经幢、碑铭、石窟造像和摩崖造像等，从这些丰富的实物资料可以看出辽金时期佛教文化发展的几个特点：

第一，辽金（尤其是辽代）佛教文化深受唐代的影响，同时也有自身特性。从信仰宗派上看，辽代佛教信仰延续唐代以密宗为主而兼修华严宗，如朝阳凤凰山云接寺在辽代为华严寺，寺中所建四方形佛塔塔身上砖雕为密宗金刚界四佛；义县奉国寺主祀七佛，七佛属密宗，而出自《华严经》的一百二十贤圣则属显教。此外，从辽塔的砖雕艺术上和辽金经幢所刻经文和纹饰也能看出这一特点。辽金经幢上的陀罗尼经文也是受唐代佛教密宗的影响，但区别于唐代的是大都仅刻陀罗尼咒语；幢身纹饰"早期的花纹是方形的勾云纹承唐代之风，到辽代晚期为水波牡丹纹居多，这又是典型的辽代风格，到了金代主要是缠枝莲，这又是明显的金代特色"[44]。

第二，辽金佛教文化一脉相承。主要体现在辽代寺院以及佛塔为金所沿用。辽末之际因社会动荡，大量寺塔损毁，金对辽佛寺予以包容和收纳，并对佛塔进一步修缮。当然，金代在继承的基础上，也修建了一些具有时代风格的佛塔。

第三，辽金佛教发展在辽宁地区拥有深厚的群众基础，社会影响极其深刻。当时社会对佛教采取积极的态度，非常重视寺塔的兴修，以义县奉国寺为代表的辽代寺院和遍布辽宁各地的辽金佛塔是这一时期佛教昌盛的物质表征。另外，从出土的碑刻看，参与建寺修塔的人数众多，其中包括官员、僧人、匠人、城乡民众等各阶层人士。如沈阳石佛寺七星山舍利塔地宫石碑记载，主持筹办建塔事宜的邑首、帮办和参与捐钱建塔的沙门、僧尼、百姓、工匠230余人。《朝阳改建三学寺千人邑碑》记载，朝阳三学寺改建时兴中府尹首倡"男女老幼每岁十月一日各纳钱二百，米一斗"，以资僧寺，该倡议得到信众的一致支持，"合郡官民争为敬从，延及邻境之人"。义县《宜州大奉国寺续装两洞贤圣题名记碑》记载，天眷三年（1140年）沙门义显、义谦等续装四十二尊圣像时，所耗之费"约用钱千万"。佛教信徒为超度亲友亡灵而建的墓幢，不仅说明了墓主人尊崇佛法的虔诚程度，同时还极力教其后代以此为信仰，表明佛教对社会的影响是极其深刻的。

第四，辽金佛教的发展促进了建筑艺术与造像雕刻艺术的发展。著名建筑学家梁思成先生有言"艺术之始，雕塑为先"[45]。辽金佛教的雕塑在装饰题材风格、工艺技法等方面融合其他民族的艺术精华，形成独特的艺术风格，对后世产生深远影响。如义县奉国寺的七佛、菩萨、天王塑像，嵌砌在众多砖塔上的佛像与飞天，以及摩崖、石窟造像等等。这些雕塑造型优美，工艺精湛，具有极高的艺术价值。

总之，辽金时期的佛教遗存是当时社会崇佛、信佛之风的历史见证，是研究当时辽宁地区佛教发展状况及相关辽金时期佛教历史、文化、艺术的重要实物资料。

注释

[1] 《辽史·道宗纪》，中华书局，1974 年，第 314 页。

[2] 《金史·太宗纪》，中华书局，1975 年，第 48 页。

[3] 《金史·济安传》，中华书局，1975 年，第 1798 页。

[4] 《金史·海陵王纪》，中华书局，1975 年，第 106 页。

[5] 罗福颐校录：《满洲金石志》卷三《英公禅师塔铭》，《石刻史料新编》第 1 辑第 23 册，台湾新文丰出版社，1982 年，第 17305 页。

[6] 王晶辰主编：《大元国大宁路义州重修大奉国寺碑》，《辽宁碑志》，辽宁人民出版社，2002 年，第 50 页。

[7] 限于篇幅，本文未收辽金时期的佛教遗物及壁画等内容。

[8] 同 [6]。

[9] 罗哲文等：《中国名塔》，百花文艺出版社，2000 年。

[10] 此塔创建年代一直存在争议。刘谦《锦州各寺考》和林威《锦西文史资料》第三辑中推断该塔建造年代为金代。曹汛在编辑《辽宁古迹大观》时认为该塔建于辽代，金代重修。李宇峰《安昌岘舍利塔建筑年代考》认为"金天德四年"碑为辽代所作，后经金代铲平改刻，进而推断该塔为辽代所建。此处暂按辽代统计。

[11] 孟玲：《绥中妙峰寺双塔》，《辽金历史与考古国际学术研讨会论文集》（下），辽宁教育出版社，2012 年。

[12] 孙激扬、杲树主编：《普兰店历史遗迹概述》，《大连历史文化丛书》（二），大连海事大学出版社，2008 年，第 38 页。

[13] 张翠敏：《大连地区辽金时期佛教遗存考略》，《辽金历史与考古》（第三辑），辽宁教育出版社，2011 年。

[14] 张洪波、林象贤：《朝阳三塔考》，《北方文物》1992 年第 2 期。

[15] 朝阳北塔考古勘察队：《辽宁朝阳北塔天宫地宫清理简报》，《文物》1992 年第 7 期。

[16] 王菊耳：《沈阳柳条湖辽代石棺墓》，《辽宁文物》1981 年第 1 期。

[17] 李宇峰：《辽代石棺综述》，《李宇峰考古文集》，中国社会出版社，2006 年，第 198 页。

[18] 梁姝丹：《阜新地区辽代石经幢及其相关问题的研究》，《辽金历史与考古》（第三辑），辽宁教育出版社，2011 年。

[19] 同 [18]。

[20] 同 [18]。

[21] 尚晓波：《辽宁省朝阳市发现辽代龚祥墓》，《北方文物》1989 年第 4 期。

[22] 同 [18]。

[23] 王明琦：《沈阳石经幢考》，《社会科学辑刊》1981 年第 2 期。

[24] 宋艳秋：《旅顺博物馆藏〈佛顶尊胜陀罗尼真言经幢〉新解读》，《辽金历史与考古》（第三辑），辽宁教育出版社，2011 年。

[25] 冯文学、李宇峰：《辽宁凌源发现"大金中都天宫院法师幢记"经幢》，《博物馆研究》2003 年第 4 期。

[26] 王晶辰主编：《辽宁碑志》，辽宁人民出版社，2002 年，第 203 页。

[27] 傅宗德：《喀左杖子村金大定二十五年墓幢》，《辽海文物学刊》1992 年第 1 期。

[28] 王晶辰主编：《辽宁碑志》，辽宁人民出版社，2002 年，第 205 页。

[29] 李宇峰：《辽宁朝阳发现金泰和三年石经幢》，《博物馆研究》2001 年第 1 期。

[30] 沈阳市文物管理办公室：《沈阳市文物志》第六章《碑刻》，沈阳出版社，1993 年。

[31] 王晶辰主编：《辽宁碑志》，辽宁人民出版社，2002 年，第 36 页。

[32] 王希金：《安昌岘塔》，《辽宁大学学报》（哲学社会科学版）1996 年第 3 期。

[33] 王冬冬、郎成刚：《朝阳市辽金佛教文物资源概述》，《辽金历史与考古国际学术研讨会论文集》（下），辽宁教育出版社，2011 年。

[34] 姜念思：《金代〈宜州大奉国寺续装两洞贤圣题名记〉的撰者张邵》，《辽金历史与考古》（第二辑），辽宁教育出版社，2010 年。

[35] 陈志健：《彰武金代佑先院碑为复建藏经千人邑碑考》，《辽海文物学刊》1996 年第 1 期。

[36] 方殿春：《金代〈通慧圆明大师塔铭〉再证》，《北方文物》2007 年第 1 期。

[37] 周向永：《凡城双塔研究》，《辽金历史与考古》（第二辑），辽宁教育出版社，2010 年。

[38] 阎凤梧主编：《全辽金文》，山西古籍出版社，2002 年，第 767 页。

[39] 张翠敏：《大连地区辽金时期佛教遗存考略》，《辽金历史与考古》（第二辑），辽宁教育出版社，2010 年。

[40] 同 [39]。

[41] 同 [39]。

[42] 同 [39]。

[43] 周连科主编：《辽宁文化记忆·物质文化遗产三》，辽宁人民出版社，2014 年，第 797~798 页。

[44] 张明悟：《辽金经幢研究》，中国科学技术出版社，2013 年，第 47 页。

[45] 梁思成：《中国雕塑史》，百花文艺出版社，2006 年，第 1 页。

异域之眼：明清时期朝鲜使臣的辽宁之旅

In the Eyes of the Aliens: The Journey of the Korean Envoys in Liaoning in the Ming and Qing Dynasties

◎ 温科学 / Wen Kexue

辽宁与朝鲜以鸭绿江为界，一衣带水，互动交流频繁且悠远。洪武初年，中国与朝鲜建立“宗藩”关系，辽宁遂成为朝鲜使臣陆路朝贺的必经之路。从此，来自异域的使臣，以一种猎奇的心态和探究的眼光，记录下许多有关辽宁的见闻，留下了像《朝天录》[1]（图一）和《燕行录》[2]（图二）这样用“异域之眼”建构和解构辽宁五百多年陈事过往的文献资料。在下面的研究中，笔者将由一种在文献中做田野的视角，呈现出一幅朝鲜使臣笔下的辽宁景物。

一　出使缘起：中国主导的东北亚秩序

中朝两国是一对有着悠久的特殊关系的国家，这种关系的特殊性在于两国间维系着古代东北亚地区所特有的由中国主导的“朝贡”秩序（图三）。

朝天錄
發京日亡書餞戲題
失却書囊任僕癡平生長物只吟詩從今廢課都無事
始信亡書亦一奇
天壽亭五絶
林外提壺供酒勸門前飛絮待人歸舊時冠蓋銷魂地
秋草寒松客過稀
秋草寒松客過稀偶逢持餉勞騑騑無巡亂酌留賓從
取醉都忘十里歸
取醉都忘十里歸暮山如戟尚旁圍少年訪古經行地

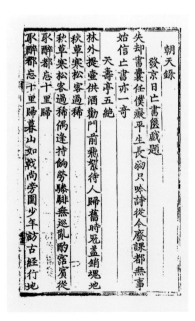

图一　《朝天录》（郑士龙:《朝天录》,《燕行录全集》第 3 册，东国大学校出版部，2001 年，第 16 页）

燕行錄

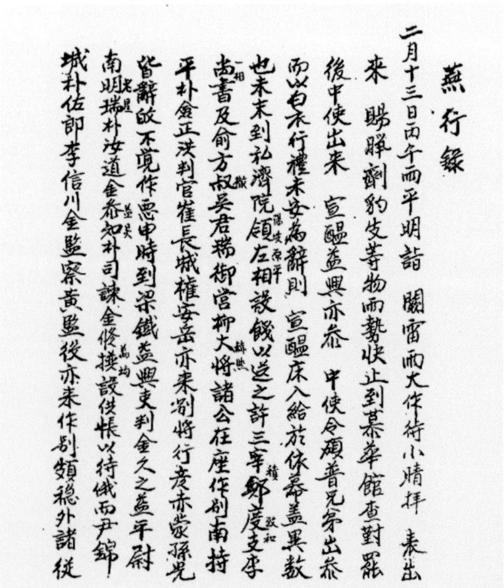

图二　《燕行录》（洪命夏：《燕行录》，《燕行录全集》第 20 册，东国大学校出版部，2001 年，第 248 页）

不论是以"华夏"自居的明政权，还是以"夷狄"入主的清王朝，都将这种想象的"朝贡"体系看成是怀柔和羁縻朝鲜的重要手段。就朝鲜来说，每年除了差遣冬至使、正朝使、圣节使、岁币使来中国朝贺外，还要派出谢恩、奏请、陈贺、进香、请安等各种名目繁多的使团，使节和随行人员的数量往往因出使的目的不同而呈现出明显的差异。一般一个正规的赴京使团由正使、副使、书状、通事（翻译）、官兵、医生、画师、马夫、驿卒等构成，少则几人，多则数百人（图四）[4]。

整个明代，朝鲜使臣出使中国的次数非常频繁，常有几个使团在北京玉河馆相遇的情况发生。据《明实录》《李朝实录》和《高丽史》等文献统计，在明朝二百七十七年里，朝鲜总共派出使团 1252 次，平均每年出使 4.6 次[3]。虽然明朝朝鲜出使频繁，但是，使团的规模并不是很大。明宪宗成化元年（1465 年）八月，朝鲜中枢院副使李边在上书世祖时，提及了朝鲜使团的规模："在前自洪武至永乐年间，赴明使臣大小人数八九。逮洪熙、宣德年间，其数多不过十五人。今通事、押马、押物、打角皆加定讲肄汉学官等，虽职微者各率自己奴子。且方物虽少，其押物或多至十人，其人数视古倍多。"[4] 按照李边的说法，洪武至永乐年间使团规模只有八九人；洪熙、宣德年间使团人数达到十五人，较洪武至永乐年间增长了近一倍；到宪宗时期，使团的规模已经超过了三十人。大量的中国史料显示，最迟从宣德年间开始，朝鲜使团的规模就基本保持在三十人左右[5]。然而，我们从朝鲜使臣李弘胄（1562~1638 年）的《梨川相公使行日记》中，看到了这样一份使团规模的详单：

副使金寿贤，书状官金起宗。此外，使节团堂上译官一人，折卫将军两人，堂上写字官一人，质问医官一人，正使子弟军官司果一人，军官前万户一人，司果一人，兼司仆一人，打角保人一人，副使子弟军官一人，军官前监察一人，前主簿一人，行司果一人，内禁卫一人，羽林卫一人，书状军官一人，上通事行训导一人，加定押物前正一人，质问行训导一人，倭学前正一人，质问前正一人，押物前正一人，前金正两人，蒙学前金正一人，女真学前主簿一人，打角前主簿一人，蒙学前

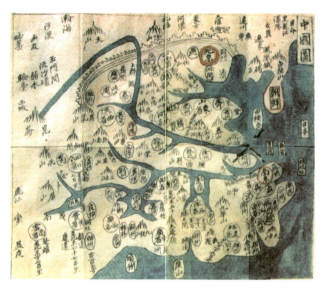

图三　李朝朝鲜所绘中国图（葛兆光：《想象异域：读李朝朝鲜汉文燕行文献札记》，中华书局，2014 年，图 2）

图四　朝鲜传统服饰（葛兆光：《想象异域：读李朝朝鲜汉文燕行文献札记》，中华书局，2014 年，图 11；济州国立博物馆：《朝鲜名儒崔溥的中国见闻》，平面网（www.graphicnet.kr）出版部，第 91、93 页）

司果一人，质问前奉事一人，次上通事一人，女真学前奉事一人，打物奉正大夫一人，医员前直长一人，前直长一人，书员前司果一人，押马官前司果一人，前司果一人，旗牌前部将一人，安骥二人，别破阵一人，香掌一人，养马两人，正使奴子两人，副使奴子两人，书状奴子一人，义州官奴四人。[6]

这支使团的总人数有 57 人之多，可谓是规模空前。

崇德二年（1637 年），大清的八旗军兵临江华岛，朝鲜被迫与大清签订了城下之盟（《丁丑条约》），按照条约的规定，李朝每年要派遣使臣到盛京（今沈阳）向大清朝贺。顺治元年（1644 年），大清王朝迁都北京，新皇帝为了体恤朝鲜使臣路途劳顿，遂把冬至、正朝、圣节合于岁币，组成一个庞大的使团。至于临时的谢恩、奏请、陈贺、进香、请安等使团，也常常与每

年例行的使团合并为一。也就是说，每年冬天到北京的朝鲜使团往往兼有多种职责[7]。因此，清朝朝鲜使团的规模要比明朝大得多，总人数少则二三百名，多则四五百人。朝鲜使臣的待遇也要比明朝高，这表现在：①朝鲜使臣在大清朝堂上的班行、座次比明朝有了明显的提高，即位居亲王以下、各国使臣之上；②朝鲜使臣在北京逗留的时间取消了限制，一般可以停驻两个月，且行动自由[8]。朝鲜使臣可以在北京参加重大的庆典，能经常得到皇帝的接见、赐宴、赏酒，并视同内臣（图五）。除公事外，他们还可以以私人身份接触大清的官员、学者，游览书肆和名胜古迹。

二　跨过鸭绿江：朝鲜使臣的辽宁旅程

自从朝鲜王国与中国建立朝觐制度以来，从洪武到光绪的五百多年里，朝鲜使团离开朝鲜进入中国境内之后，在中国的土地上总是沿着规定的路线前行。

明代"朝天"路线较为复杂，大致经历三次大规模的调整（图六）。

第一次调整是在从明初至永乐十九年（1421 年）间，这一时期，朝鲜半岛处于高丽和朝鲜两个王朝交替阶段，而明朝定都南京，辽宁尚在北元统治之下，所以使节来往只有通过陆海交替的模式。高丽朝使团只好由海路直接抵达登州或者太仓港，下船后再由陆路前往金陵。然而，这一路线的海路较长，再加之受当时航海及造船技术的限制，使得高丽朝使臣的旅程充满了危险。洪武五年（1372 年），明朝军队占领辽东半岛，第二年（1373 年）朱元璋准许高丽朝使臣由辽东入境经山东前往南京。洪武十九年（1386 年），朝鲜使臣郑梦周（1337~1392 年）出使明朝，据他在《赴南诗》中的记载，其使行的往返路线为："渤海—登州—蓬莱—日照—淮阴—扬州—南京—高邮—即墨—蓬莱阁—旅顺—金州—复州—熊岳—辽河—渤海古城"，即从登州渡过渤海取道辽宁回国的[9]。又据洪武二十二年（1389 年）出使明朝的朝鲜使臣权近（1352~1409 年）的记载，他的使行路线是"逾鸭绿，渡辽河，以北抵于燕，浮河而南入淮泗，历徐兖之墟，溯江汉以达于京师。由淮而北，过齐鲁东以涉渤海。

往还万余里"[10]。权近的往返旅程选择了两条不同的路线：去程是经由陆路，即从义州渡鸭绿江，北上经汤站、开州、龙凤、连山关、甜水、头馆入辽东城，南下经鞍山、牛庄后渡辽河，过沙岭、板桥、十三山、连山岛、曹家庄、东关、沙河到山海关，从永平、蓟州一路到北平，由通州沿京杭大运河南下，渡扬子江后到南京；回程则是走陆海交替模式，即先沿运河北上，过淮河后弃舟，经淮阳、上庄、诸桥到登州，渡海到旅顺登陆，过木场、金州、孛兰店、麻河、复州、盖州、鞍山、辽东、铁场，再南下过鸭绿江回国[11]。可见，郑梦周和权近的回程路线，即陆海交替模式，是高丽朝后期向明朝派遣使臣的主要使行路线。而随着北方局势的稳定，使行的路线也一度调整为通过辽宁直接由陆路抵达南京，但时间并不长。权近去程路线的开辟，也为明迁都北京后陆路的开通奠定了基础。总之，在中朝交往中，辽宁的地位逐渐变得越来越重要了。

高丽覆灭，朝鲜王朝建立。为了加强与明廷的交往，李氏朝鲜马上派遣使臣出使明朝。朝鲜朝使臣出使明朝的路线，仍然沿袭高丽朝末年的陆海交替模式。分别于建文二年（1400 年）和建文四年（1402 年）出使明朝的朝鲜使臣李詹（1345~1405 年）在其《观光录》中记载，来回所经路线与上述权近回程的路线基本一致。第一次出使的具体路线是渡鸭绿江、松站、连山站、分水岭、甜水站、鞍山驿、海州、熊岳驿、五十寨、孛兰店、甲匠、木场、旅顺、登州、高密、日照、淮安、南京、沐阳、桃林、朱桥、登州、沙门、旅顺、复州、五十寨、鞍山驿、甜水站、连山站、松站、鸭绿江，第二次出使的具体路线是鸭绿江、婆婆府、松骨站、开州站、松站、龙凤站、连山站、头馆站、辽东、海州、盖州、五十寨、栾古站、金州、木场、旅顺、登州、龙山、莱州、东关、沐阳、邦渠、界首、

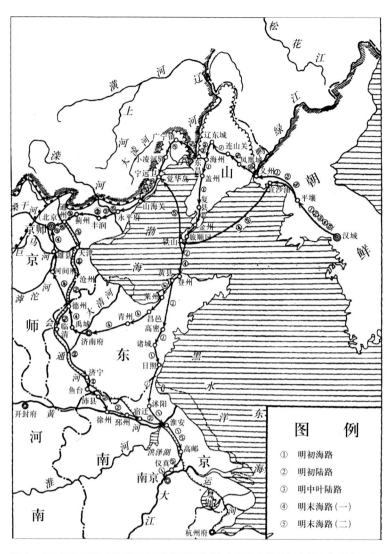

图六　明时期朝鲜使臣出使路线图（杨雨蕾：《十六至十九世纪初中韩文化交流研究：以朝鲜赴京使臣为中心》，复旦大学博士学位论文，2005 年，第 19 页）

南京、扬子江、仪真、旅顺、木场、复州、盖州、辽东、鸭绿江[12]。所以，明朝定都南京时，朝鲜朝使臣出使的路线，主要是渡鸭绿江后取道辽宁，在旅顺乘船渡过渤海，从登州上岸后，经高密、日照、淮安，上船由大运河抵达南京。

第二次调整是在从永乐十九年（1421 年）至万历末年间，这一时期，使行路线历时最长，也最为稳定。明朝迁都北京以后，随着朝鲜使团使行距离的缩短，两国间的交往变得更加频繁和亲密。为了两国间友好关系的持续，在使团使行路线上还进行了明文的规定。据《明会典》记载，使行的路线大致为"自鸭绿江，

历辽阳、广宁，入山海关，抵京师"[13]。这条路线大致可以分为三段：第一段是鸭绿江到辽东（今辽阳），即九连城、汤站、凤凰城、镇东堡（松站）、镇夷堡（通远堡）、连山关、甜水站、辽东；第二段是从辽东至山海关，即鞍山驿、海州卫、东昌堡（一名牛家庄，今牛庄）、西平堡（一名沙岭）、镇武堡（一名高平）、盘山驿、广宁、闾阳驿、十三山驿、小凌河、杏山驿、曹家庄驿（一名曹庄驿）、东关驿、沙河驿、高岭驿、山海关；第三段是从山海关抵北京，即迁安驿、榆关驿、芦峰口驿、滦河驿、义丰驿、阳樊驿、渔阳驿、三河驿、夏店驿、北京玉河馆。自朝鲜使臣渡过鸭绿江至山海关止，在整个辽宁地区一共走行25站，行程约30天。从使行的路线上来看，辽宁在整个行程中占有举足轻重的地位，朝鲜使臣外国之旅有三分之二是在辽宁度过的。这条路线后期因北方局势的变化而变得不再稳定，但也不可否认，它一直是两国使臣使行的最主要路线。

第三次调整是在万历末至明朝与朝鲜交往的中断，这一时期，使行路线主要有两次较为明显的变动，但均以海路为交通的首选。萨尔浒战役之后，女真人大举进攻明朝的东北地区，朝鲜朝与明朝的陆路通道被阻断。于是，朝鲜朝国王李珲请求使行路线改由海路，至登州登陆后，再前往北京。天启四年（1624年），以圣节兼冬至使身份出使北京的朝鲜司宪府监察洪翼汉，在他的《花浦先生朝天航海录》中记载了这次行程的路线：自朝鲜宣川府宣沙浦发船下海，经铁山、椵岛，再到车牛岛、竹岛……过鹿岛、石城岛，入长山岛、广鹿岛、三山岛、平岛、砣矶岛、泊庙岛，到达登州。登陆后，由登州至黄县，经莱州、掖县、昌邑、潍县、昌乐、青州、长山、邹平、章丘、济南、济河、禹城、平原、德州、景州、阜城、献县、河间、任邱、雄县、新城、涿州、良乡等府县，最后到达北京，从朝阳门入城[14]。崇祯二年（1629年），时任辽东督师的袁崇焕为了限制椵岛（一名皮岛）主帅毛文龙的势力，提出改变朝鲜使团使行路线的建议，并得到明政府的允准，于是朝鲜使团改由石多山发船，经旅顺口、铁山嘴、羊岛、双岛、南汛口、北汛口、觉华岛，

从宁远登陆，入山海关，最终抵达北京。这两条使行路线是在明末一二十年内的变动，而且极为不稳定，再加上航行路途遥远、自然灾害不可避免等弊端，朝鲜使臣对这一路线甚为不满。据朝鲜《增补文献备考》记载："改路后，觉华岛水路远倍登州，所经铁山嘴一带巨海接天，绝无岛屿，躲藏暗礁，险恶无比，数年之间陪臣淹死者五人，中朝符验表咨及方物并皆漂失。"[15] 此时使臣在辽宁的使行路线大幅缩短，主要是沿海的岛屿及宁远至山海关一带。总之，朝鲜使臣的使行路线在清的压迫下不断地发生变化，直至最终的中断。

明朝朝鲜使团在中国的使行路线虽几经改易，但辽宁特别是辽东半岛始终是其旅程的必经之地。朝鲜使团在辽宁使行路线的变迁，也在一定程度上反映了明时期辽宁地区政治格局的变化。同时，正是有了众多不同的使行路线，朝鲜使臣笔下的辽宁景物才变得更加全面、丰富和真实。

与明朝的"朝天"相比，清朝朝鲜使臣的使行路线变化不大。清时期朝鲜使团的使行旅程，基本上继承了明朝的陆路路线。但是在入关前后，朝鲜使团的使清路线还是有几次调整的。入关前，朝鲜使臣的出使旅程只到沈阳，而入关后则是到北京，若适逢皇帝在热河行宫，朝鲜使臣还需到承德（图七）。

在清入关前，朝鲜朝使臣出使路线为：

渡鸭绿江后，经镇江城（九连城）、汤站，入栅门，由凤凰城、镇东堡（薛刘站，朝鲜称松站）、镇夷堡（通远堡）、连山关（鸦鹘关）、甜水站、辽东、十里堡，最终抵达盛京。

在清入关之后，朝鲜朝使臣在中国境内的使行路线有两条。一条是从入关后至康熙十八年（1679年）以前，他们的使清路线是：

鸭绿江—镇江城—汤站—栅门—凤凰城—镇东堡—镇夷堡—连山关—甜水站—狼子山—辽东—沙河—鞍山—海州（今海城市）—平家庄—沙岭—高平驿—盘山驿（今盘山县）—闾阳驿—石山站（朝鲜称十三山）—小凌河—杏山驿—连山驿—宁远—曹庄驿—东关驿—沙河驿—前卫屯—高岭驿—山海关—深

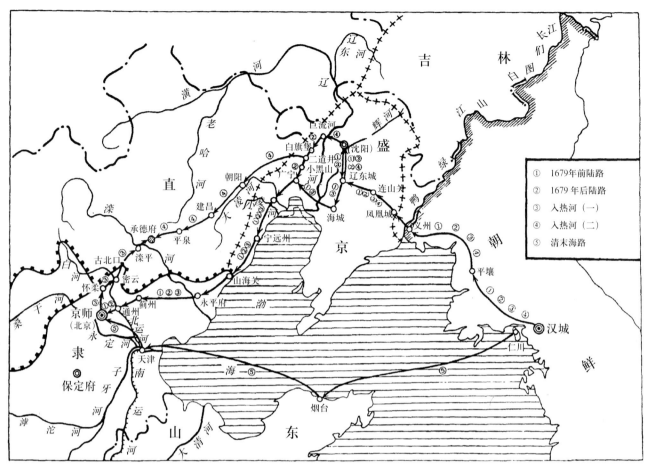

图七　清时期朝鲜使臣出使路线图（杨雨蕾：《十六至十九世纪初中韩文化交流研究：以朝鲜
　　　赴京使臣为中心》，复旦大学博士学位论文，2005 年，第 25 页）

河驿—抚宁—永平—七家岭—丰润—玉田—蓟州—三
河—通州—北京。

　　而康熙十八年（1679 年）后，路线则改为先抵达
盛京再到北京，具体如下：

　　鸭绿江—镇江城—汤站—栅门—凤凰城—镇东
堡—镇夷堡—连山关—甜水站—狼子山—辽阳—十里
堡—盛京（今沈阳）—边城—巨流河（朝鲜称周流河）—
白旗堡—二道井—小黑山—广宁—间阳驿—石山站—小
凌河—杏山驿—连山驿—宁远—曹庄驿—东关驿—沙河
驿—前卫屯—高岭驿—山海关—深河驿—抚宁—永平—
七家岭—丰润—王田—蓟州—三河—通州—北京。

　　至于前往热河的路线，主要有两种情况：一是使
行到北京后，再从北京北上经怀柔、密云、古北口、
滦平至热河，这是一条常规路线，如朴趾源（1737~1805

年）一行于乾隆四十五年（1780 年）便由此路线前往
热河贺清高宗七十寿诞；二是使行不经北京而直接抵
达热河，使团渡江后由上述路线至沈阳后，经白台子、
正安堡、花儿楼、朝阳、建昌、平泉抵达热河，这条
路线是在特殊情况下形成的，如乾隆五十五年（1790
年），进贺使徐浩修等一行到热河朝贺乾隆八十寿诞，
念及时间仓促，礼部特咨文准朝鲜使团直接前往热河，
"不必到京后，再行前往转至纡折可也"[16]。

　　如上所述，在明清五百多年的时间里，除了明初
到南京、清初到盛京之外，朝鲜使团出使的目的地基
本上都是北京（图八）。因此，一代又一代的朝鲜使
臣大体在相同的时间里出使中国，不仅在一个个相似
的驿站中餐风饮露，而且总是观看着相同的水光山色，
也经历着类似的风花雪月。

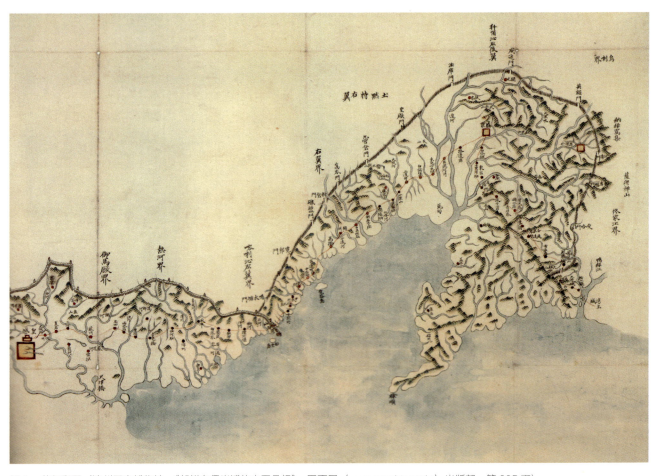

图八　燕行舆图（济州国立博物馆：《朝鲜名儒崔溥的中国见闻》，平面网（www.graphicnet.kr）出版部，第 205 页）

三　那山那水：朝鲜使臣笔下辽宁的生态环境

在明清两朝五百年里，朝鲜使团如走马灯般穿梭于两国的边境。虽然路线几经改易，但是，无论海路还是陆路，辽宁基本上都是朝鲜使臣接触中国的第一站。对于大多数初到辽宁的朝鲜使臣来说，对异域风情最为直观的认知，便是从辽宁独特的生态环境开始的。辽宁的地势走向大致为自北向南、自东西向中部倾斜，山地和丘陵分列两厢，中部是平坦宽广的下辽河平原，只有辽西渤海沿岸狭长的滨海平原—辽西走廊与中原地区相连，地理特征可以概括为"六山一水三分田"。在众多《朝天录》和《燕行录》的作品当中，凤凰山、千山、医巫闾山等名山以及鸭绿江、辽河等大川，都成为众多朝鲜使臣笔下吟咏和记录的对象（图九）。辽宁旅途上的锦绣风光——"那山，那水"，

图九　墨筒和笔匣（济州国立博物馆：《朝鲜名儒崔溥的中国见闻》，平面网（www.graphicnet.kr）出版部，第 95 页）

不仅丰富了朝鲜使臣的旅途见闻，也扩大了他们的历史视野。

弘治元年（1488 年）五月，朝鲜使臣崔溥（1454~1504年）在其《锦南先生漂海录》中对辽宁的"六山一水"进行了比较详细的描述（图一〇）：

初九日，晴……是日所渡河有三四十子、狗儿、六州等河，河北有殷恶山。

十一日，过宁远卫……女儿河来绕城，东北而西、而南注之。城之西有铁冒山，北有立山、虹螺山，南有青粮山，虹螺三叠独秀起。

十四日，晴。（凌河）驿之城东有小凌河……又有大凌河，两河相距可四十余里。兴安铺、东岳庙临河之东岸，河之东北有六七里间有白沙场……十三驿城

东有十三山，以有十三峰，故名，驿亦因山得名。北又有小昆仑、熊奉诸山。

十五日，晴……到间阳驿，有山自十三山之北横亘东走，过此驿之北，以抵于广宁卫之北而东。其中有龙王、保住、望海、分水、望城冈、禄河等诸峰，通谓之医巫间山……尝闻出榆关以东，南滨海，北限大山，尽皆粗恶不毛，主山哨拔，摩空苍翠，乃医巫间，正谓此也。

二十二日，晴而风。至三汊河，河即辽河也。源自开原，东北经铁岭至此，与浑河、泰子河合流为一，故名三汊河。盖辽地濒海而高充，支河皆逆流，故泰子河、浑河皆自东而西，又有境外支河，皆自北而南，曲折萦回，俱会于此。

二十三日，至辽阳驿……过武安王庙、长占铺至沙河铺。有二水俱带于铺之东西，名皆沙河。盖自通州以来，地多沙土，故水以沙河得名者多。

（六月）初二日，晴。朝至分水岭，自岭以北，地势北下，溪壑诸水俱会于泰子河，西入于连河，自岭以南之水俱会于八渡河，岭之得名，以此。

初三日，晴……过八渡河，以其八渡其水，故名，或谓之半涂河。以其自我朝鲜至中国北京，此河正在其中界两半，故名。[17]

从《锦南先生漂海录》的相关记载可以看到，崔溥对辽宁旅途中见到的山川景观进行了具体细致的调查，如：六州河、虹螺山、女儿河、小凌河、大凌河、十三山、辽河、泰（太）子河、沙河、分水岭、八渡河等，像辽河这样的大河，还将其得名、源头、流向、支流等具体的信息一一记录下来。

鸭绿江是地理和政治概念中的一条界河，但在朝鲜使臣眼中，它往往不是单纯的界河这么简单（图一一）。对于朝鲜使臣们来说，鸭绿江即是离别与重聚的象征，也是"不辱使命"的起始与终结。如朝鲜使臣权近于洪武二十二年（1389 年）途经鸭绿江时，写下《过鸭绿江》：

远游塞北与天南，今日沙头又系骖。鹤野晚山青似黛，鸭江秋水碧于蓝。故乡屡入客中梦，异域终畎醉后谈。喜听庭闱消息好，不辞杯杓已沉酣。[18]

图一一 鸭绿江口舆图（济州国立博物馆：《朝鲜名儒崔溥的中国见闻》，平面网（www.graphicnet.kr）出版部，第222页）

这是权近又一次驻足鸭绿江边，即将前往异域"朝天"前的创作。此时的鸭绿江边，青山似黛，江水如碧，在梦中屡屡想起久违了的故乡，听到庭闱传来的好消息，大家在觥筹交错中渐渐酣睡，梦中对故乡的离愁又一次袭来，鸭绿江边成了诗人离别愁绪的伊始。再如乾隆四十五年（1780年），跟随朴明源为进贺兼谢恩正使前往热河祝贺高宗皇帝七十寿诞的朴趾源，在其《热河日记》的开篇引用了《山海经》《唐书》和陈霆所著的《两山墨谈》三部文献，对历史上鸭绿江资料进行了梳理。初离祖国的朴趾源由于"霜雨江涨，益生躁郁"，他"遥瞻前途，溽暑蒸人，回想家乡，云山渺漠"，不由地生出"怃然退悔"之意[19]。朴趾源在义州悄然独酌，纵情欢愉，似乎能够暂时舒

缓对陌生国度的畏惧、担忧和不安（图一二）。

临行前义州的娱乐终究要过去，总是要离乡背井出使异国的（图一三）。今天新义州对岸的丹东，早已是人流熙攘、繁华富庶之地，但在那个时代却大不一样。比如《李朝实录》记载：正统元年（1436年）十二月，"在先本国使臣来往东八站（今丹东至辽阳）一路，自来山高水险，一水弯曲，凡八九渡，夏潦泛涨，本无舟楫，冬月冰滑雪深，人马多有倒损。又有开州、龙凤等站，绝无人烟，草树茂密，近年以来猛虎频出作恶，往来人马，实为艰苦"[20]。朝鲜使臣丁焕（1497~1540年）也写道："昔闻诸人，辽阳以东，鸭绿以西，空山绝谷，羯胡之乡，荒草四合，蚊虻扑面，行者甚苦。"[21]直到乾隆四十三年（1778年），朝鲜使团的正使蔡济恭（1720~1799年）明明看到九连城到金石山之间是"山川洞壑，明媚深邃，缘以嘉木，间之奇花，无往非苕雪之趣，武陵之幽"，但仍然因为它是"介乎两国之界，空旷废弃，不知为几百年"[22]。这当然是去国离乡人的心情所致，因此，几乎每一个朝鲜使臣笔下，从义州渡过鸭绿江到九连城这一段不过几十里的路途，就好像满目凄凉，处处是枯木败苇，萧萧瑟瑟。这并不像是要去朝觐天朝，反倒有点准备亲赴龙潭虎穴的意味。

凤凰山位于辽宁东部丘陵的东南端，是朝鲜使臣跨过鸭绿江后所见到的第一座大山。在诸多朝鲜使行人员的笔下，凤凰山的雄奇险秀被最大限度地表达出来。当尹根寿（1537~1616年）再一次因使命途经此处时，即兴创作了一首优美的诗篇：

征车又过凤凰山，回首烟云缥缈间。天外数峰谁得似，镜台妆罢美人鬟。[23]

诗文将凤凰山与烟云缠绕的朦胧景象形象地表达出来，诗中表现的满是欣喜和惊异，最后一句将山峰比作是靓丽佳人，更是恰到好处地表达了凤凰山绮丽的风光。又如：

伊昔勾丽祖，于兹作邑畿。地灵真间世，天险设重围。凤去山空在，城迁石自巍。茫茫兴废迹，今古一沾衣。[24]

这首诗是朝鲜使臣李廷龟（1564~1635年）路过

凤凰山的触景抒情之作，从历史的角度入手，描写了凤凰山上的一座古城遗址——东明王旧城。诗人于诗中既有对这一历史遗迹来历的说明，同时从历史、民族的情感出发，表达了对朝代更迭、历史兴废的感叹。再如朴趾源在途中"望见凤凰山，恰是纯石造成，拔地特起，如擘掌立指，如半开芙蓉，如天末夏云，秀峭成削，不可名状，而但欠清润之气"[25]，他用寥寥数笔勾勒出凤凰山的样貌与神韵。

除凤凰山之外，辽宁东部丘陵的高山还有双岭（今蘑菇岭）、分水岭、高岭（今摩天岭）、青石岭等等。双岭位于凤凰城与镇东堡之间，因两岭相对而得名，据朝鲜使臣许篈（1551~1588年）在《朝天记》（图一四）中记述："朝逾白杨台地，有两岭相对，路甚险巇，我国人呼为双岭云。"[26]分水岭在辽阳城东四百里，朝鲜使臣李民宬（1570~1629年）曾途经此处，据他描述："分水岭以北众壑之水俱会于太子河，西入辽河。南水俱会于八渡河（今草河），岭之得名以此。"[27]高岭山路艰险，山上多草木，据朝鲜使臣黄士佑（1486~1536年）记载："逾高岭，岭盘曲嵯牙状，似吾故乡竹岭，异乡见似山，其喜何异见似人"[28]，又据朝鲜使臣李安讷描述："高岭高且险，地形如蜀门。岭上复有岭，下马相攀援。冰雪苍崖滑，藤萝白日昏。非怀东去兴，辛苦岂堪论。"[29]青石岭因岭上多青石而得名，这种青石可以制作砚台，朝鲜使臣赵宪在他的《朝天日记》中写道："每遇冬月冻滑之时，则护送军人之马，多裂于此"[30]，又据朝鲜使臣许篈记述："逾青石岭，岭在一路比诸岭为最险，两山挺出，林樾深邃，径石槎牙，马多颠蹶，人颇苦之。"[31]可见，辽宁东部地区山多且险峻，朝鲜使臣想要通过这些山岭实非易事。

在渡过辽河以后，朝鲜使臣沿途所见的高山并不多，主要有医巫闾山、十三山等。医巫闾山位于广宁城（今北镇）西五里（图一五），风景秀丽，山峰挺拔，舜封它为北方幽州镇山，朝鲜使臣黄士佑称赞它为"万壑千峰奇秀特立，如鬼剜神镂，飞腾涌出于云霄间"[32]。十三山在广宁右屯卫北三十里，峰峦峻峭，逶迤十几里，且山顶有池，底部有洞，据朝鲜使臣郑士信（1558~1619年）记载："（十三山）奇峰

图一二　鸭绿江泛舟图（葛兆光：《想象异域：读李朝朝鲜汉文燕行文献札记》，中华书局，2014年，图6）

图一三　义州南门（济州国立博物馆：《朝鲜名儒崔溥的中国见闻》，平面网（www.graphicnet.kr）出版部，第223页）

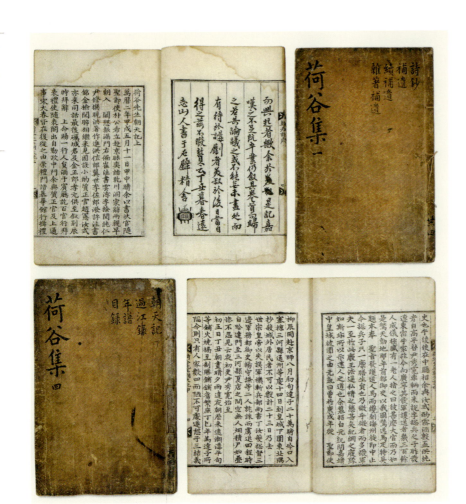

图一四　许篈《荷谷集》（济州国立博物馆：《朝鲜名儒崔溥的中国见闻》，平面网（www.graphicnet.kr）出版部，第285页）

子河"[37]，朝鲜使臣黄士佑记述："三流河，河名本汤河，我国人谓之三流，以一河而三渡也。"[38]

在辽河以西地区，朝鲜使团要涉过三岔河、大凌河、小凌河等多条河流。三岔河即辽河、浑河、太子河三条河流交汇，朝鲜使臣许篈对途经的三岔河有所记述，据载："（三岔河）其广类我国临津，结舟为浮梁，以渡行人"[39]，又据黄士佑记录："三义（岔）河发源于胡地，水色黝浊，波涛浩荡，截流搭舟为桥，以渡行者。"[40]大凌河在广宁右屯卫城西二十五里，"源出大宁松山，经义州东南入于渤海"[41]，据朝鲜使臣李弘胄载："大凌河广半马场，深没马腹。"[42]小凌河位于锦州城东南十五里，比大凌河略短，据朝鲜使臣郑士信描述："小凌河水之源亦出于胡地，而差小于大凌河，故不用舟楫"[43]。

朝鲜使臣除了关注自然景观外，沙尘暴、暴雨、结冰、大雪等天气状况也时有记载。如嘉靖十二年（1533年），苏巡在《德真堂燕行日记》中记载：

（一月）二十三日，晴……薄暮到宿唐老家，岭高树密，雪塞无路，几不免颠坠之患。（二月）十日，晴……抵小凌河，冰解水涨，不得直渡，从流而下，至五里许，乃渡。（二月）十二日，晴，平明登程，风高日寒，黄尘大起，几不能行。（二月）十七日，晴，平明乃行，风尘忽起，眯目难开。（三月）十八日，风雨尤恶，令通事留待车辆避达贼，冒雨先发，风雨转急，道路泥泞，羸马颠仆，难以运步……我马尤隤，用是先发，抵河边，水极涨，所骑忽仆，陷泥不起。（三月）二十五日，晴……朝饭至数里许，狂风忽起，扬沙走石，黄尘蔽天，人马欲倒。（三月）二十七日，阴……遭暴雨。（三

叠嶂，其数十三"[33]，又据黄士佑描述："路上平原相望之地挺出铺立，若芙蓉涌出莫邪森列。"[34]

朝鲜使臣在《朝天录》或者《燕行录》中记载渡河的文字也很多，尤其是在夏季，河水易涨溢而形成水患。

在辽河以东地区，朝鲜使团要先后渡过草河、汤河等众多河流。草河蜿蜒曲折，朝鲜使臣们为了减少路程需要多次反复渡河，故而将其称为八渡河（有使臣称其为翁北河、三官河、蛇稍河、金家河等），据黄士佑记载："其上有三官庙，河所以名也。河即八渡河之第一也，北迤东折入龙湾，分为三江达于海"[35]，又据许篈记载："蛇稍河、八渡河等二河与瓮北水，皆一派也。"[36]汤河在辽阳城东三十里，"出窟宠山，东至头馆站，经平顶山通太

月）二十九日，阴雨，行到数里，黑云四起，天风驱雨，倾注移时，道途成川。[44]

苏巡的遭遇并非个案，若朝鲜使团是在夏季出使，经常连日遇雨，造成河水上涨，大大增加旅途前行的难度。如嘉靖十八年（1539年），朝鲜使臣丁焕（1497~1540年）途经草河，据其载："过杜岭、八道二河，只一水萦曲数千里间，与瓮北河别为三渡，源远而铺底多大石，又会分水岭以南诸谷之水，故淫雨之节，泛涨腾陵动至旬月，八站阻水之患，此三河为最。"[45]再如万历二年（1574年），朝鲜使臣许篈途经汤河，正值雨季，据其《朝天记》记载："汤河尤深且急，可过马腹。今日之雨若不开霁，则余等决不免阻水矣。"[46]据朝鲜使臣苏光震（1566~1610年）记述："每夏雨节则胡中之水奔□长墙，墙缺而入。自沙岭十里铺至广宁制胜铺一百七八十里之间，浑成一海，高处则往往微露，洼处则可以运船。"[47]可见，牛家庄至广宁一带水患已经相当严重，朝鲜使臣丁焕就曾目睹水患对辽宁生产生活造成的破坏，据其记载："海子东西大原沉为水府，舟行□畴凫戏丘陵，禾稼屋居之荡没，到到皆然。舟子云'今夏雨水之患，近古所无也'。"[48]水患也时常造成朝鲜使团使行日期的延误，如乾隆四十五年（1780年），以朴明源为正使的进贺兼谢恩使团前往热河祝贺高宗皇帝七十寿诞，一行人在通远堡被暴雨困了五天，一直到七月初六日河水减退，使行团才冒险渡河，随行的朴趾源（图一六）记录了渡河过程的艰险：

下隶三十余人，赤身抬轿，至中流湍急处，轿忽左倾几堕，危哉危哉，与正使两相抱持，仅免垫溺。渡在彼岸，望见渡水者，或骑人项，或左右相扶，或编木为扉而乘之，使四人肩抬而渡。其乘马浮渡者，莫不仰首视天，或紧闭双目，或强颜嬉笑。

厮隶皆解鞍肩荷而渡，意其恐湿也。既渡者又肩荷而返，在而问之，盖空手入水则身轻易漂，故必以重物压肩也。数次往返者，莫不战慄，山间水气甚冷故也。[49]

从上文可以看出，朝鲜使团一路坎坷艰辛，渡河时的危险以及使行人员的慌乱紧张的景象，被朴趾源的寥寥数语真实地呈现出来。

此外，辽宁农村的田园景象也进入到朝鲜使臣的关注视野。如乾隆四十五年（1780年）七月十三日清晨，朴趾源在沈阳停留两天后来到新民郊外的一个村屯，

图一五　医巫闾山图（济州国立博物馆：《朝鲜名儒崔溥的中国见闻》，平面网（www.graphicnet.kr）出版部，第217页）

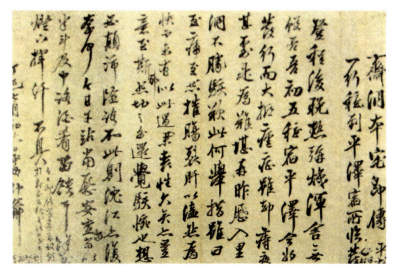

图一六　朴趾源手迹（葛兆光：《想象异域：读李朝朝鲜汉文燕行文献札记》，中华书局，2014年，图3）

据《热河日记》记载：

> 少焉，天色向曙，万柳秋蝉，一时发响。非渠来招，已知午天酷炎矣。野雾渐收，远村庙堂前，旗竿如帆樯。回看东天，火云瀚潏，荡出一轮红日，半涌半沉于蜀黍田中，迟迟冉冉，圆满辽东，而野地上去马来车，静树止屋，森如秋毫皆入火轮中矣。[50]

这是乾隆时期辽宁中部下辽河平原上一个小镇郊外的晨景：一轮红日如同是太平盛世的象征，辽宁大地上良田万顷、车马如梭，村庄聚落都沐浴在红彤彤的朝霞之中，一派安定祥和的气象！

朝鲜使臣从辽东至辽西，一路悉心观察，对辽宁旅途中的见闻做了比较细致的记录，涉及政治、经济、文化、宗教、社会生活等各个方面，为我们多角度、多层次地展现了明清时期辽宁地区的历史画卷。明清时期的辽宁，政治稳定、经济发展、宗教兴旺、文化多元，逐渐成为中央政府抵御北方民族南进的重要屏障和控制东北亚地区的经略中心。朝鲜使臣笔下的《朝天录》和《燕行录》等文本，为我们呈现出一幅别开生面的辽宁历史图景。

注释

[1] 《朝天录》主要是记录明时期朝鲜使臣在中国各种见闻的使行作品。

[2] 《燕行录》主要是记录清时期朝鲜使臣在中国（入燕途中）各种见闻的使行作品。

[3] 高艳林：《明代中朝使臣往来研究》，《南开学报》（哲学社会科学版）2005 年第 5 期。

[4] 《朝鲜世祖实录》卷 36 世祖十一年八月庚寅。

[5] 同 [3]。

[6] 李弘胄：《梨川相公使行日记》，《燕行录全集》第 10 册，东国大学校出版部，2001 年。

[7] 葛兆光：《想象异域：读李朝朝鲜汉文燕行文献札记》，中华书局，2014 年，第 63 页。

[8] 蒋非非、王小甫：《中韩关系史》古代卷，社会科学文献出版社，1998 年，第 327 页。

[9] 郑梦周：《赴南诗》，《燕行录全集》第 1 册，东国大学校出版部，2001 年。

[10] 权近：《奉使录》，《燕行录全集》第 1 册，东国大学校出版部，2001 年，第 156 页。

[11] 权近：《奉使录》，《燕行录全集》第 1 册，东国大学校出版部，2001 年。

[12] 李詹：《观光录》，《韩国文集丛刊》第六册，景仁文化社，1990 年。

[13] 《明会典》卷 105 朝贡一。

[14] 刁书仁：《天启四年朝鲜使臣的北京之行——以洪翼汉〈华浦先生朝天航海录〉为中心》，《学习与探索》2012 年第

3 期。

[15] 《增补文献备考》卷 177 交聘考七。

[16] 徐浩修：《燕行纪》，大东文化研究院：《燕行录选集》下册，成均馆大学校东亚学术院，1962 年。

[17] 崔溥：《锦南先生漂海录》，《韩国汉文燕行文献选编》第 1 册，复旦大学出版社，2011 年。

[18] 权近：《奉使录》，《燕行录全集》第 1 册，东国大学校出版部，2001 年，第 213 页。

[19] 朴趾源著，朱瑞平点校：《热河日记》，上海书店出版社，1997 年，第 2 页。

[20] 《世宗庄宪大王实录二》，《朝鲜李朝实录中的中国史料》，中华书局，1980 年，第 393 页。

[21] 丁焕：《朝天录》，《燕行录全集》第 3 册，东国大学校出版部，2001 年，第 69 页。

[22] 蔡济恭：《含忍录》上，《燕行录全集》第 40 册，东国大学校出版部，2001 年，第 332~334 页。

[23] 尹根寿：《朝天录》，《燕行录全集》第 4 册，东国大学校出版部，2001 年，第 220 页。

[24] 李廷龟：《戊戌朝天录》，《燕行录全集》第 10 册，东国大学校出版部，2001 年，第 441 页。

[25] 朴趾源著，朱瑞平点校：《热河日记》，上海书店出版社，1997 年，第 8 页。

[26] 许篈：《朝天记》，《燕行录全集》第 6 册，东国大学校出版部，2001，第 85 页。

[27] 李民宬：《壬寅朝天录》，《燕行录全集》第 15 册，东国大

学校出版部，2001 年，第 16 页。

[28] 黄士佑：《朝天录》，《燕行录全集》第 2 册，东国大学校出版部，2001，第 474 页。

[29] 李安讷：《朝天录》，《燕行录全集》第 15 册，东国大学校出版部，2001 年，第 228 页。

[30] 赵宪：《朝天日记》，《燕行录全集》第 5 册，东国大学校出版部，2001 年，第 150 页。

[31] 许筠：《朝天记》，《燕行录全集》第 6 册，东国大学校出版部，2001 年，第 88 页。

[32] 黄士佑：《朝天录》，《燕行录全集》第 2 册，东国大学校出版部，2001 年，第 488 页。

[33] 郑士信：《梅窗先生朝天录》，《燕行录全集》第 9 册，东国大学校出版部，2001 年，第 281 页。

[34] 黄士佑：《朝天录》，《燕行录全集》第 2 册，东国大学校出版部，2001 年，第 491 页。

[35] 黄士佑：《朝天录》，《燕行录全集》第 2 册，东国大学校出版部，2001 年，第 471 页。

[36] 许筠：《朝天记》，《燕行录全集》第 6 册，东国大学校出版部，2001 年，第 85 页。

[37] 李辅：《全辽志》卷 1，《辽海丛书》，辽沈书社，1984 年，第 533 页。

[38] 黄士佑：《朝天录》，《燕行录全集》第 2 册，东国大学校出版部，2001 年，第 475 页。

[39] 许筠：《朝天记》，《燕行录全集》第 6 册，东国大学校出版部，

2001 年，第 139 页。

[40] 黄士佑：《朝天录》，《燕行录全集》第 2 册，东国大学校出版部，2001 年，第 486 页。

[41] 毕恭等编：《辽东志》卷 1 地理，《辽海丛书》，辽沈书社，1984 年，第 359 页。

[42] 李弘胄：《梨川相公使行日记》，《燕行录全集》第 10 册，东国大学校出版部，2001 年，第 51 页。

[43] 郑士信：《梅窗先生朝天录》，《燕行录全集》第 9 册，东国大学校出版部，2001 年，第 283 页。

[44] 苏巡：《德真堂燕行日记》，《燕行录全集》第 3 册，东国大学校出版部，2001 年，第 375、384、387 页。

[45] 丁焕：《朝天录》，《燕行录全集》第 3 册，东国大学校出版部，2001 年，第 68 页。

[46] 许筠：《朝天记》，《燕行录全集》第 6 册，东国大学校出版部，2001 年，第 89 页。

[47] 苏光震：《朝天日录》，《燕行录全集》第 11 册，东国大学校出版部，2001 年，第 303 页。

[48] 丁焕：《朝天录》，《燕行录全集》第 3 册，东国大学校出版部，2001 年，第 77 页。

[49] 朴趾源著，朱瑞平校点：《热河日记》，上海书店出版社，1997 年，第 27 页。

[50] 朴趾源著，朱瑞平校点：《热河日记》，上海书店出版社，1997 年，第 51 页。

后记
Postscript

    2007 年 6 月 28 日，位于沈阳市府广场的辽宁省博物馆新馆第二期开馆的重点展览"辽河文明"正式对外展出，分五个专题馆，以点代面反映辽河文明。当年与展览配套，印制了一本《辽河文明展文物集萃》。时光飞逝，转瞬间十年过去了，辽宁省博物馆已搬迁至浑南区的又一个新馆。根据展览的需要，基本陈列"古代辽宁"以通史展的方式，按年代顺序，分五个展厅于 2017 年 8 月 5 日对外试展。

    "古代辽宁"是对"辽河文明"展览的增容与改造，按照中国古代历史发展演变的脉络，依托与辽宁历史文化相关的文物资料及文献资料，系统展示从史前时期直至清代中期的辽宁历史。针对辽宁古代历史的特点，以辽宁历年重大考古发现，特别是"辽河文明"展览后近十年来的重要考古新发现为依托，以史带物，以物托史，重点展现辽宁历史上的典型物质文化、精神文化创造。新展览还补充了原"辽河文明"展中缺项的金元两个时代，对展现不充分的明清部分做了增改，以文物展示极大丰富了辽宁地区的古代历史。

    "古代辽宁"的展品除辽宁省博物馆馆藏外，其余来自省内 27 家文博单位，以辽宁省文物考古研究所外借文物数量最多，展品多是各单位的珍贵馆藏，是本地区最具代表性的出土文物，展览的顺利举办，是省内相关文博单位大力支持的结果。"古代辽宁"图录正是在展览的基础上，精选各时代有代表性的展品，力求管中窥豹反映古代辽宁的历史风貌；由各位策展人，撰写有关专文，从考古与文物的角度记录古代辽宁的某一个特色，以期能够还原那个年代的某一历史节点。

在本书的编辑过程中，郭大顺先生欣然作序，史前时期、夏商周时期的内容由蔺新建、韩雪负责，战国至隋唐时期的内容由卢治萍、马卉负责，辽代部分的内容由齐伟负责，金元时期的内容由都惜青负责，明清时期的内容由温科学负责，全书由刘宁统稿。文物摄影林利、沙楚清、李祎，书中所用的相关遗址图片由辽宁省文物考古研究所等相关单位提供。

在此图书出版之际，对省内各文博单位，及参与展览各项工作的同志表示诚挚的感谢！

书中讹误之处难免，敬请诸位方家指正。

编者

2017 年 8 月 18 日